American Muckraker

Rethinking Journalism for the 21st Century

谎言下的美国

新闻乱象与丑闻揭露者

James O' Keefe
[美]詹姆斯·奥基夫 著

王莉 译

当代中国出版社
Contemporary China Publishing House

A POST HILL PRESS BOOK
American Muckraker:
Rethinking Journalism for the 21st Century

The simplified Chinese translation rights arranged through Rightol Media（本书中文简体版权经由锐拓传媒取得 Email:copyright@ rightol. com）
版权合同登记号 图字:01－2023－0357 号

图书在版编目(CIP)数据

谎言下的美国：新闻乱象与丑闻揭露者／（美）詹姆斯·奥基夫著；王莉译. -- 北京：当代中国出版社，2023.12

书名原文：American Muckraker：Rethinking Journalism for the 21st Century

ISBN 978－7－5154－1305－1

Ⅰ. ①谎… Ⅱ. ①詹… ②王… Ⅲ. ①社会问题—研究—美国 Ⅳ. ①D771.28

中国国家版本馆 CIP 数据核字(2023)第 221425 号

出 版 人　王　茵
责任编辑　邓颖君
责任校对　贾云华
印刷监制　刘艳平
装帧设计　李默涵
出版发行　当代中国出版社
地　　址　北京市地安门西大街旌勇里 8 号
网　　址　http://www. ddzg. net
邮政编码　100009
编 辑 部　(010)66572744
市 场 部　(010)66572281　66572157
印　　刷　中国电影出版社印刷厂
开　　本　880 毫米×1230 毫米　1/32
印　　张　9.625 印张　3 插页　214 千字
版　　次　2023 年 12 月第 1 版
印　　次　2023 年 12 月第 1 次印刷
定　　价　78.00 元

目 录

序言　苦难

革命者身上的品质，相较于其欲抗争的制度，可谓是背道而驰——制度越是压迫、越是残酷，觉醒的人们就越是英勇、越是义无反顾；换言之，制度越是优越、越是宽厚，就显得革命者越是鲁莽。[1]

——莱奥波德·泰尔曼(Leopold Tyrmand)，

Tyrmand's Law[2]

在美国，丑闻揭露者总会被问到两个问题：

一、你会担心自己的人身安全吗？

二、我能做什么？

之所以会问第一个问题，是因为过去那些丑闻揭露者、广播员、律师、法官和学者们，他们冒着生命和事业上的风险，揭露社会机构的腐败和恶行，写了一箩筐的资料。专业的真相调查者致力于实现这一高尚目标，所以并不会畏手畏脚，他们

---

① Leopold Tyrmand, *Notebooks of a Dilettante* (New York: The Macmillan Company, 1970), 147.

② 马修·泰尔曼(Matthew Tyrmand)，莱奥波德·泰尔曼的儿子，在真相工程(Project Veritas)的董事会任职。

深信,为了捍卫新闻自由、为了在视频新闻领域开展“讨伐运动”,自己的生命就是冲锋陷阵的武器。之所以会问第二个问题,背后深层次的问题是:自己真正应该追求什么?正如维克多·弗兰克尔(Viktor Frankl)所说“为某个配得上的目标而奋斗”。① 大肆行谎的世道里,说真话是个好兆头,是乔治·奥威尔(George Orwell)所说的“革命性壮举”。② 丑闻揭露者的革命不是改革、也不是激进主义,而是回归唯一的真相。

追求幸福还是追求真理

和制度相抗争会给丑闻揭露者带来巨大的伤害,比如政治迫害,甚至是被起诉。尽管残酷、尽管怵心刿目,但却无法避免,长此以往都可能会让揭露者们越来越有“受虐倾向”,进入恩培多克勒(Empedocles)所说的充满“艰难困苦”的“逆境领域”,忍受着“无法彻底洞悉、无法挥展拳脚”。③

外行人对这种艺术满是诧异、甚至有点着迷,从而衍生出了一种好奇心,这让丑闻揭露者难以理解。我们都知道五角大楼的“吹哨人”丹尼尔·艾尔斯伯格(Daniel Ellsberg),他曾说以前的朋友和同事们对他“没有钦佩、也

---

① Viktor Frankl, *Man's Search for Meaning* (New York: Pocket Books, 1985), 184.

② 尽管这句话通常被认为是奥威尔说的,但目前还没有确定的出处。

③ Sissela Bok, *Secrets: On the Ethics of Concealment and Revelation* (New York: Random House, 1989), 103. 博克提起了恩培多克勒。讲真话的人面临着困境,而且这一问题具有普遍性。正如2500年前恩培多克勒在希腊所面临的,丑闻揭露者安迪·吴在过去几年在波特兰的街道上也面临着同样的情况。

没有指责，而是满怀诧异，就像在太空行走的宇航员切断了和母舰的救生索”。①

丑闻揭露者觉得自己就像是西绪福斯（Sisyphus），费力地将巨石推上山头，结果又滚落下来，徒劳无功。虽然有时会迎来成功，但即使是传奇人物厄普顿·辛克莱尔（Upton Sinclair），也会觉得自己的任务颇有西绪福斯的味道。他曾在《贿赂》（*The Brass Check*）一书中写道，“你将看到的，是一个与残酷狡诈的敌人持续战斗十四年的人遭受到的苦难”。②

随着时间的推移，丑闻揭露者与那些诧异于他们事业的人渐行渐远，他们搞不懂为什么这些“好人”不能和自己做一个战壕里的队友。即使之后被感谢，丑闻揭露者也不知所以。事业远不会结束，也永远不会结束，所完成的部分事业尚不过蜻蜓点水。

拉迪亚德·吉卜林（Rudyard Kipling）曾写道，长期的训练和大量的经验告诉他“坦然地面对胜利和苦难”。③ 一如亚历山大·索尔仁尼琴（Aleksandr Solzhenitsyn）在《古拉格群岛》（*The Gulag Archipelago*）④中描述的那种生存智慧——

---

① C. Fred Alford, *Whistleblowers: Broken Lives and Organizational Power* (Ithaca and London: Cornell University Press, 2001), 5.

② Upton Sinclair, *The Brass Check: A Study of American Journalism; Evidence and Reasons Behind the Media's Corruption* (Adansonia Press, First Published in 1919), 31.

③ Rudyard Kipling, "*If-*" *and other poems* (London: Michael O'Mara Books Limited, 2016).

④ Aleksandr Solzhenitsyn, *The Gulag Archipelago* 1918–1956 *An Experiment in Literary Investigation*, trans. Thomas P. Whitney and Harry Willets, abr. Edward E. Ericson, Jr. (New York: HarperCollins Publishers, 2007).

“得到时不必高兴,失去时不必哭泣”。丑闻揭露者知道自己的成功来之不易,知道自己隐忍了多少,知道自己在未来还将遭受怎样的苦难,以及这一切背后的代价。

揭露贩卖婴儿器官事件,使计划生育协会(Planned Parenthood)几近关门的大卫·达莱登(David Daleiden),他瞥见了自己的未来。达莱登清楚地记得,“在南加州如田园诗歌般的春天里”,他正在倒垃圾的时候,难以想象的事情发生了:

我转过街角,迎面是一辆白色的、没有窗户的大货车,车门打开,一位高大的、身着制服的警官向我走来,挡住了我的去路。“大卫·达莱登吗?”他问。“是的”,我紧张到僵住了身体,心里满是困惑和惊诧。“这是加州司法部签发的公寓搜查令”,他边说边拿出文件向我示意。加州司法部的武装人员,至少有11个人,带着警犬部队从货车中鱼贯而出,环绕在附近的警车旁。一半人进入我的公寓里搜查,其余人牵着警犬、手持突击步枪在外等候。带队的探员试图阻挠我和律师通话,而且还在我和法律顾问交谈时威胁要扣押我的手机。公寓被翻了个底朝天,他们甚至在圣母玛利亚的雕像和圣像后面找所谓的“证据”。他们翻阅了StemExpress、Advanced Bioscience Resources、臭名昭著的犯罪公司DaVinci的发票印件,但没有拿走,他们还查封了所有附载原始卧底录像的硬盘和设备,包括我从高中就开始用的笔记本电脑。我看着这一切的发生,却无能为力,仿佛被海水淹没,仿佛这场搜查永无止境。①

达莱登之所以被盯上,就是因为他调查了某些机构,揭露

① 摘自大卫·达莱登2021年3月12日发给詹姆斯·奥基夫的邮件。

了某些真相。他的成功为自己埋下了祸根。安迪·吴(Andy Ngo)也是如此。这位年轻的公民新闻记者,仅凭一部手机、一台 GoPro 相机,就记录下了俄勒冈州波特兰反法西斯主义组织 ANTIFA 日益猖獗的恐怖活动,堪称美国报道之最。2019 年 6 月,ANTIFA 声称自己已经“忍够了”:

突然,一阵拳打脚踢向我袭来。我的右膝不堪冲击,跪倒在地。这些袭击者们,他们蒙着面、戴着战术手套,就是那种指关节处用玻璃纤维硬化过的手套,有的人甚至还戴着铜指关节。我举起胳膊表示投降,但却让他们愈发猖狂。他们抢走了我的相机,抢走了我的证据……当我跌跌撞撞逃离时,这些暴徒们一边嬉笑一边怒吼。①

一如达莱登的遭遇,主流媒体要么无视安迪的困境、要么默默地为袭击者欢呼。至于当局的作为,安迪写道,“警察自始至终没有伸出过援手”。②

看到像安迪和达莱登这种讲真话的人的遭遇后,美国的丑闻揭露者整夜噩梦缠绕:文字信息无处遁形,失去结社自由的权利,捐赠者的身份信息遭到非法泄露和公布,警察们选择视而不见,联邦探员徘徊在家门口。2021 年,时任纽约州长在新闻发布会上被问到自己的失职行为时,他辩称道,“我不会在媒体上探讨此事”,这让丑闻揭露者们无比生厌。③ 因为他们清楚,如果这位纽约州长想要对付意识形态上的“敌人”,

---

① Andy Ngo, *Unmasked: Inside Antifa's Radical Plan to Destroy Democracy* (New York: Hachette Book Group, 2021), 9.

② Ngo, *Unmasked*, 9.

③ Yahoo Finance, "Governor Cuomo holds press briefing (Audio only)", March 12, 2021, YouTube video, 34:00.

“媒体”无疑是最好使的枪——就像总检察长写给丑闻揭露者的信尚未送到收件人手中，就提前印在了《每日新闻》(*Daily News*)。一方面，头版头条上印着“可逮着你了”(GOTCHA)①，而另一方面，当局坚称“我不会在媒体上发声”。

这位丑闻揭露者没有违反新奥尔良市的法律，却被剥夺自由、被监禁、被殴打，这就是一个生动的例子。他握着的SD芯片中有能让他获得自由的录像，但却被联邦法官所销毁，当局就这样逃脱了所有罪责，毕竟媒体可不会说证据已经被销毁。镣铐“锁住”了他保持沉默的权利，“撬开”了他的嘴巴，即使是同战壕的队友也会问道，“你为什么会这么说？”②但如果镣铐戴在了你的手腕上，你也不知道自己会讲什么。

你被捕了……这种“缺心眼儿的人”穷其一生也没想通“自己？到底为了什么？”……绝望中，马戏团的假月亮会向你眨眨眼说：“这是个错误！事情总会回到正轨的！”

与此同时，被调查的那位参议员的新闻秘书罗伯·萨威基(Rob Sawicki)在向媒体夸夸其谈：“被监禁的那位还是把这些站不住脚的话讲给FBI和法官听吧。”③我们都知道，联邦检察官们并不会真的听他辩解，这些检察官们只会在主流媒体上悄悄匿名为自己站台，就像某位检察官用化名在《新奥

---

① 见后文“保密”一章中的“捐赠者保密”，其中叙述了纽约总检察长与媒体的沟通协调。总检察长埃里克·施耐德曼(Eric Schneiderman)，在简·梅尔(Jane Mayer)和罗南·法罗(Ronan Farrow)的《纽约客》(*New Yorker*)文章详述了其性行为不端的证据后，他黯然辞职了。

② James O' Keefe, *Breakthrough*: *Our Guerilla War to Expose Fraud and Save Democracy*(New York: Threshold Editions, 2014), 151 - 152.

③ Jonathan Tilove, "Activist says Landrieu plot was to uncover dodged phone calls", *The Times-Picayune*, January 30, 2010.

尔良时报》(*The New Orleans Times-Picayune*)的评论区写道，“他们当然应该受到惩罚，还得是狠狠地被惩罚”。[①] 这种违反联邦道德法的行径非常恶劣，有朝一日肯定会被列入美国律师课程中“绝不能做的事”。但在时下，他们却好意思说自己**不会在媒体上审案**。

这位丑闻揭露者所遭遇的一切，不知道何时才会被公众知晓，也许要很多年，才会浮出冰山一角。[②] 事实上，检察官对新闻媒体有着绝对的掌控力，不管是《纽约时报》(*New York Times*)的专栏，还是这位丑闻揭露者的维基百科，其中内容都是那么让人嗤之以鼻，令知晓实情的人不免倒吸一口凉气。[③]

地球在不停地转动，谎言也在宣传的漩涡中无休止地发酵，在大众百科全书中被反复引用，被那些所谓的“知情人士”用乔姆斯基(Chomsky)的“转换—生成”法则颠来倒去地反复生成。[④] 这个漩涡的中心就是科技平台——虚假信息甚嚣尘上，揭露真相的视频却被淹没。那些对真相一无所知的人被蛊惑，甚至将丑闻揭露者看作虚假信息的代言人。但如今，还有相当一部分美国人相信 CNN(美国有线电视新闻网)

---

① Project Veritas Action, “O' Keefe Exposes DOJ Corruption in Louisiana US Attorney Office and DOJ Civil Rights Division”, December 4, 2014, YouTube video, 7:54.

② 受处罚的检察官包括前助理联邦检察官萨尔·佩利肯(Sal Perricone)、前助理联邦检察官简·曼妮(Jan Mann)和前联邦检察官吉姆·莱藤(Jim Letten)。

③ 蒂姆·普尔(Tim Pool)对“真相工程”维基百科页面的个人评论。也有人说，它读起来像一个政党性质的新闻稿。

④ Edward S. Herman and Noam Chomsky, *Manufacturing Consent: The Political Economy of the Mass Media* (New York: Knopf Doubleday Publishing Group, 2011).

的报道。蔑视和诽谤如潮水般向丑闻揭露者们涌来,但很讽刺的是,这恰好与记者工作的真实程度成正比。接二连三的诽谤会让同战壕的队友们低下头颅,即使他们曾并肩为真理而战。最近,尼尔·戈萨奇(Neil Gorsuch)就**《纽约时报》诉苏利文**(*New York Times v. Sullivan*)一案评论道,虚假信息被发表的规模如此之大,“无法昭雪的‘蒙冤者’越来越多,这是所有人都无法预料的”。①

至暗时刻

就像被心理虐待过的人浴火重生般似的,随着时间的推移,丑闻揭露者们发现了一种新的力量。经过火焰的洗礼,他们会认识到自己不再是恐惧的奴隶。② 也许恐惧还会从心底萌生出,但这并不会影响他们的行动。

没人能再扳倒他们的声誉,他们已经被“可靠的记者们”污蔑太多次了。③ 所谓的“可靠”没有真凭实据,这都是那些记者自吹自擂的。他们居然想用所谓的“可靠来源”、匿名信息来源来推倒无可辩驳的真凭实据。也就是说,夺走一个人

① Shkelzen Berisha v. Guy Lawson. 594 U. S. (2021). 戈萨奇(Gorsuch)法官表示异议。它似乎“让普通的美国人在遭受严重的诽谤时丧失追索权”。

② Ngo, *Unmasked*, 40. “我想了想,决定我不能永远活在恐惧中”,安迪·吴在谈到他在波特兰街头被打得毫无知觉后决定恢复报道的时候写道。

③ 《华盛顿邮报》的雅各布·博奇在安德森·库珀面前称自己和同事为“可靠的记者”,却在邮政署工作人员理查德·霍普金斯的问题上撒谎,这让他非常骄傲。See Meredith Digital Staff, “Report: Postal worker recants claim of ballot tampering”, *Fox10 News*, November 11, 2020.

的声誉只需要一颗自我标榜的虚荣心。这种行为虽然有害无益,但也确实催生出了一种新式自由。

还有一种自由。已经被剥夺……无法再次被夺走。不存在的东西,即使是上帝也无法剥夺。这是一种基本自由。

在这样一个失去推特(Twitter)账户就像失去生命的时代,在这样一个比起自身现实形象更重视 Instagram 上社交形象的时代,人们对于说出真相往往迟疑、观望,因为这背后存在着一种反常的激励机制——鼓励大家**不讲**真话。

只要东诓西骗,也许你也能受邀上 CNN,也能在《纽约时报》上高谈阔论,也能获得推特认证的名人身份,这都能彰显出你的"成功"。久而久之,谎言成为一种存在形式。人们"表面上看着毫发无损。但内心……却已自甘堕落"。

毕竟穷其一生,结果如何才是最重要的。

但,真的是这样吗?

最重要的不应该是结果,而是——精神!

被监禁、被戴上镣铐、被解雇、被文明社会所不容,丑闻揭露者们无人庇护,前路黯淡。拉尔夫·纳德(Ralph Nader)曾指出,美国和媒体对他施加的侵害不仅仅是针对"隐私",更在于对"自我"的迫害,①这足以让一个自信不疑的人对眼前的世界感到茫然。比起担忧丑闻揭露者的生命安全,这种茫然、怀疑更加可怕。苦难,是真实存在的。真正重要的"意义"也是长存的,虽然无迹可寻,但"希望却反复提醒我们'坚

---

① Thomas Whiteside, *The Investigation of Ralph Nader* (New York: Arbor House, 1972), 85.

持住'!"①

在宾夕法尼亚州的伊利的一间酒店房间里,坐着一位邮差,他孤立无援、无以为生,但在《华盛顿邮报》(*Washington Post*)的头版头条里,他可是"撤回了对篡改选票的指控"。报道中赫然写着"三位政府工作人员简要介绍了调查情况"。② 但是通话记录显示只有两名男士和邮差本人的声音。在这场卡夫卡式的电话游戏中,"政府工作人员简要介绍……"代替了客观的音频记录,包括那部分胁迫性的内容。③ 这位"被炒了鱿鱼"的邮差坐在椅子上,盯着酒店房间墙面的画作……灯光闪烁,"煤气灯效应"操控着他的大脑。墙上的画以一种超现实主义的方式变幻,就像达利(Dali)那副《记忆的永恒》(*Persistence of Memory*)。恍惚间,他看到了自己四岁的女儿。

她对此一无所知……希望有朝一日她会为我而感到骄傲。④

这位邮差向丑闻揭露者怒吼道:"我宁愿出去打仗,回到阿富汗的战场上被敌人打死! 也不愿意沦落至此!"……球帽

---

① 拉迪亚德·吉卜林(Rudyard Kipling),"如果——"
如果你能强迫你的心、神经和肌肉
在他们死后长久地为你服务,
所以当你一无所有的时候,坚持住
除了意志对他们说:'坚持住!"

② Shawn Boburg and Jacob Bogage, "Postal worker recanted allegations of ballot tampering, officials say", *Washington Post*, November 10, 2020.

③ "我没有想吓唬你,但我确实吓到你了。希望你的想法会变……"罗素·斯特拉瑟,美国联邦邮政检查局办公室。

④ Project Veritas, "USPS Whistleblower Richard Hopkins Gives New Interview Detailing Coercion Tactics Used by Federal Agents", November 11, 2020, YouTube video, 7:02.

上象征着海军陆战队的“鹰,地球与海锚”徽记熠熠生辉。[1]这不禁让人回想起“吹哨人”杰弗里·威根德(Jeffrey Wigand),他也曾坐在布朗 & 威廉姆森烟草公司(Brown & Williamson)法律部门对面的酒店房间里,冲着《60 分钟》(*60 Minutes*)节目制作人吼道“他们就是在毁掉我!”但却只换来制作人一句“这是一个几乎没有英雄的时代,像你这样的人寥寥无几”。[2]

纵观整个 20 世纪,很多“吹哨人”最终都无家可归、妻离子散,付出了太多代价。[3] 他们的家人被盯上,最终落得个劳燕分飞、声名狼藉。正如在诉大烟草公司一案中,那位受聘于密西西比州的律师向威根德雄辩道:

> 战斗往往只持续几秒,或者几十分钟。但你所面临的一切日复一日……周而复始,月复一月……他们不仅想从心理上击垮你,还以一种特殊的手段从财务上勒紧你,以至于殃及你的孩子……你的家庭因此被连累、被挟持。[4]

当制度无法说服、教化时,他们就会施加胁迫。没有劳改营,他们就想方设法让揭露者们丢饭碗,待业在家,等着破产,落得众叛亲离。“虽然这算不上‘死亡’”,迈克尔·安东(Michael Anton)写道,“但切断了人与人之间的联系,夺走了谋生的手段,这难道不残忍吗?这又将带来多少苦痛和

---

① Project Veritas, “USPS Whistleblower Richard Hopkins”.

② *The Insider*, directed by Michael Mann, Touchstone Pictures, 1999.

③ Alford, *Whistleblowers: Broken Lives and Organizational Power*, 19.

④ *The Insider*, 1999.

绝望?”①

《惊爆内幕》(*The Insider*)一书所描述的事件发生15年后,相同的犯罪情节再次重演:联邦政府预审后又释放带来了巨大的阴影,这团黑云笼罩在四个年轻人的头上,他们并没有犯罪,也没有做过什么,他们被盯上完全是因为他们站在了政府的对立面,试图揭露一些东西。蹲监狱的日子里,这种想法“像火舌一样扑面而来……他们是记者,所以不能垮下去,但也正是**因为**这个身份,才会……”②

是的,你在无辜蒙冤。在国家和法律的面前,你什么都没有做错。

在加利福尼亚州,一位揭露计划生育协会丑闻的年轻人面临着九项重罪指控,他悲伤不已,因为回想起有人说过:如果他揭露的不道德的商业破坏行为针对的是幼犬,那整个国家都会团结起来为他辩护,但现在涉及的是出售流产婴儿身体器官。③

当下,可谓是至暗时刻。④

干涸的灵魂会因困难的浇灌而茁壮成长。

恐惧的阴云笼罩、盘旋、吞噬着一切。你咒骂着周遭的一切,懊恼着走到这般田地的每一步,但其实你的内心毫无悔意,因为你讲的是真话,遵循了自己的良知。你是因为做了正

---

① Michael Anton,“The Continuing Crisis”, *Claremont Review of Books*, Winter 2020/2021.

② O’Keefe, *Breakthrough*, prologue, xi.

③ “大卫·达莱登案的判决完全是对正义的扭曲,是对第一修正案的重大侵害。”@jamesokeefeiii 被永久停用推特账号。

④ *Nadir*—lowest point.

确的事才**受到惩罚**！这种自我折磨揭示了人的两面性。你接受了所遭遇的一切，摆脱了只将正向激励看作真善美的人类本能，整个人不断升华。

卧底丑闻揭露者杰米·菲利普斯(Jaime Phillips)因试图揭露《华盛顿邮报》内幕而被媒体攻击说应该“感到自惭形秽”。(她怎么好意思对这样一个久负盛名的机构下手!)她独自居住在佛蒙特州的一个小木屋里，以免自己的朋友和室友受到波及。她反复告诫自己，**作为一个战士，使命就是战斗**！此时此刻，她下定决心，坦然面对即将发生的一切后果。

升　华

在不停的前进中，你的思想水平也将得到升华。面前那些诽谤性的文章，它们变成了推动你进步的工具。破产、失业、被抛弃、被放弃……你的战友们在背后窃窃私语，抱怨着要离你远点儿，好奇着你能否在“失足”后全身而退。此时，你更愿意静下心来细细梳理自己的生活，思考那些所谓的“过错”……正是这些“过错”在痛击你。

……人的一生中，所有伤害都有它存在的意义。

你可以在一个比忏悔室更私密的地方进行忏悔，但绝对不是在国家或者那些耸人听闻的新闻面前。然后，开始忏悔吧，对自己忏悔。

你会开始明白，生命是痛苦的，我们每个人总是被钉在十字架上。男人、女人、小孩子,都是如此……然后你逐渐开悟。[①]

你会发现,那三年的监禁时光滋养了你的灵魂。

你的良知被洗涤,像山湖般清澈耀眼。

政治迫害,无论深浅,都是一种特殊的折磨方式——或许是奥尔良州的 FBI 探员写了份书面陈述,控诉你"恶意干扰美利坚合众国管理控制的通话系统",但你真的做了他所描述的事吗?你只是带着头盔、穿着橙色背心、扮成电话修理工,进入联邦大楼拍摄参议员兰德里欧(Landrieu)无视选民的担忧的视频罢了。[②]

或许是联邦地方法官丹尼尔·洛文塔尔(Daniel Knowles)肆无忌惮地下令销毁附有视频记录的 SD 芯片,但这些证据足以让你无罪释放,至少在你被监禁后不用再背上"重罪犯"的名头,受人指摘。[③]

或许是联邦检察官萨尔·佩利肯(Sal Perricone)在各种媒体网站上鼓动大家对其案件进行匿名评论。[④] 40 多年后,检察官吉姆·莱藤(Jim Letten)因在媒体上的不当言论而引咎辞职,此时的丑闻揭露者们只能静静地看着这一切发生,无

---

① Whittaker Chambers, *Witness* (Washington DC: Regnery Publishing, 1969).

② "Affidavit of Stephen Rayes PDF", cbsnews. com. Accessed August 30,2021.

③ 没有一家主流媒体报道证据被销毁。只是在一个鲜为人知的博客上发表的。"独家:法官下令销毁詹姆斯·奥基夫案中可能的无罪证据",2010 年 5 月 5 日,patico pontifological Blog 发表。

④ WDSU News, "Mann, Perricone gave up licenses 'in lieu of disciplinary action'", May 1, 2014, YouTube video, 2:24.

法施以援手，就像安东尼·伯吉斯（Anthony Burgess）《发条橙》（*A Clockwork Orange*）一书中，对男主人公亚历克斯·迪尔格施加的“厌恶疗法”。

或许是联邦探员罗素·斯特拉瑟（Russell Strasser）的控制、胁迫你承认：他在尝试“稍稍改变你的思维，帮你走上正轨”，他还把这话当作自己的工作佳绩透露给《华盛顿邮报》——那家曾大言不惭“民主在黑暗中死亡”的新闻媒体。或许是加州总检察长托尔克马达（Torquemada）派大队人马搜查你的公寓、没收你装有记录的硬盘，最后她还坐上了美国副总统的位置。这些想想都让人觉得诧异。

你看着压迫者们玩弄着手中的权力，那些打着正义旗号的人士，他们就像是奥威尔《一九八四》（*1984*）一书中的暴君奥勃良，宣称“迫害的对象，就是迫害”。[①] 正如克里斯·亨奇斯（*Chris Hedges*）在其抨击政治秩序《反叛的代价》（*Wages of Rebellion*）一书中所述“迫害的最终目的是摧毁意志”，并通过传递某种信息来威慑他人，即道德勇气最终会“被国家定义为叛国”。[②] 过去的10年里，你会发现那些手握强权的机构把它们自己的特性投射到了你身上。他们自己，就是他们所想驳斥的。他们自己，就是他们所憎恨的。你会在生活中明白：

法律，是为了实现“共同的利益”这个崇高目标而制定的，在生活中却是被“共同的贪婪”牵着鼻子走。在这个世界上，“非理性”如影随形，正确事物的出发点往往是错误的，然

① George Orwell, *1984*（New York: Signet Classics, 1950）.

② Chris Hedges, *Wages of Rebellion: The Moral Imperative of Revolt*（New York: Perseus Books Group, 2016）, 59.

后我们为了自圆其说,非要把这个出发点包装成正确的。没有什么是完美无瑕的,但总被饰垢掩疵,人们大谈道德原则,背地里遵循着权力行事……①

这种力量阻挡了你的脚步,但必须浴火重生、勇往直前,正如你的导师应该说过的,“是在向那些支持你的人发出信号,他们认同你、支持你,要让他们知道,他们也能像你一样做到”。② 的确,这些话听起来很抽象,估计你最开始战斗的时候也想不明白。

恰恰是在悲痛、彷徨的时刻,正如玛丽亚·卡拉斯(Maria Callas)所唱的“爱和真理终会降临”。③ 麦克尔·奥勃良(Michael O'Brien)在《日食》(*Eclipse of the Sun*)一书中也表达过类似的情感:“他突然明白了……水手和诗人所了解的东西,冬青树上的麻雀所了解的东西。尽管无知,尽管比那没眼睛的蜗牛看到的还少,但他懂得了:时间是关于智慧的幻觉。只有爱是永存的。”④你爱着你所做的事,却没有坚持到底的意愿,即使出发点是好的,这种爱也显得很空洞。20 世纪的一位“吹哨人”惠特克·钱伯斯(Whittaker Chambers)曾写过,“如果没有勇气,仁慈和怜悯不过是虚伪的姿态。”⑤

---

① Saul D. Alinsky, *Rules for Radicals* (New York: Random House, 1971), 13.

② Andrew Breitbart, *Righteous Indignation* (New York: Grand Central Publishing, 2011).

③ *The Very Best of Maria Callas*, 06 "La Mamma Morta" from Andrea Chenier, comp. Umberto Giordano, EMI Classics CD57230, 2002.

④ Michael O'Brien, *Eclipse of the Sun* (San Francisco: Ignatius Press, 1999).

⑤ Chambers, *Witness*, 113.

你既是脆弱的、又是坚不可破的。

曾几何时，你总是很尖锐、学不会宽容……你逐渐了解到自己的弱点——所以你也能理解别人的脆弱了，也会惊讶于别人的强大，希望自己能拥有同样的力量。

于是，你开始活得像将死之人。或者换种说法，你开始无惧死亡，继续写着揭露丑闻的新闻。

他想，他能够战胜一起，只要不在乎，就没有什么能够伤害到他。①

总有人会问你是否担心自己的人身安全。但你的回答，无论是肯定还是否定，总会显得你很骄傲，甚至是自负。

……一种缓和平静的液体流进你的血液，让你更有耐心。

血液向上涌动，你开始意识到，对于那些爱夸夸其谈的评论家和记者来说，有一些无形的东西比赞扬和认可更重要。然后意识到：是的，你在一定程度上受到了折磨，从更广义的存在主义上说，他们夺走了太多，某种更高的需求得到了满足。这种经历不再仅仅是激励，而是对你**灵魂**的救赎。

重要的不是结果，而是精神！

正如《杀死一个信使》(*To Kill a Messenger*)中的那位丑闻揭露者说过的：

我获奖、加薪、在大学里讲课、上电视节目、担任新闻竞赛的评委。然后我写了一些故事，这才让我意识到我的幸福是多么可悲、多么错位。我之所以一直那么一帆风顺，并不像我想象的那样，是因为我细心、勤勉、工作能力强……而是在这

① Ernest Hemingway, *The Snows of Kilimanjaro and Other Stories* (New York: Scribner, 1961).

些年里,我没写过任何重要的东西,所以才不值得被打压。①

所以,丑闻揭露者面对苦难总得常备不懈。英国作家弗雷娅·印第亚(Freya India)曾将苦难描述为"成长的必要条件",它能"使我们自我反省、转变思想、最终超越自我:重生路上必定苦难重重,它让我们凤凰涅磐,变成一个更聪慧、更清醒的自己"。②

你的名誉被冰封雪盖,就像欧内斯特·沙克尔顿(Ernest Shackleton)在北极冰层被困三年,他曾引用过诗人罗伯特·弗罗斯特(Robert Service)的一句话:"我们'经历苦难、饥饿,到最终胜利,卑躬屈膝却紧握荣耀,在伟大中成长'。"③

从这个角度看,那些审讯理查德·霍普金斯(Ernest Shackleton)的狡诈探员们,那些大费笔墨的权威媒体们,那些靠谎言为生的施暴者们,那些在描述审讯新闻的专栏下匿名评论的检察官们,那位声称**不会通过媒体审案**但又自相矛盾的纽约州长——他们才是堕落的人,才是应该受到折磨的人。

从这个角度看,施暴者们已经受到了最严重的惩罚。他们开始退化,逐渐丧失人性……

他们才是真正被苦难裹挟的人。

---

① Gary Webb, *Into the Buzzsaw: Leading Journalists Expose the Myth of a Free Press*, ed. Kristina Borjesson (New York: Prometheus Books, 2004).

② Freya India, "My Generation Isn't Suffering Enough", The Quillette Blog, entry posted February 28, 2021, accessed August 30, 2021.

③ "We had pierced the veneer of outside things." Ernest Shackleton, *South: The Story of Shackleton's Last Expedition* (New York: The Macmillan Company, 1920).

猎人变成猎物

在升华的伊始,你已经为大众所熟知,现在,你需要做一些空前绝后的事:就像德国"吹哨人"所描述的20世纪70年代愿景,那里只有由铅笔写下的沉浸式新闻。这是一个虽然明确但从未实现的战略愿景:"我看到了一条出路——枝外生枝、生生不息。"①

同样受到折磨的经历帮你找到了盟友,你们互相信赖彼此。突然间,越来越多的丑闻揭露者和"吹哨人"涌现出来。他们满怀期待,对你满是信任。硅谷工程师跳到手榴弹上,然后向你呼喊道"我终将归入尘埃。但我希望我现在所做的一切都有意义"。② 道德的弧线很长,最终会通往正义,现在,这个弧线有了起点。你的身后是千军万马,他们都在等你下令,告诉他们"该做什么",此时,只要你振臂高呼,他们也愿意用生命来诠释这个问题。

你撕裂了地平线。任何诽谤和监禁都不能阻挡你前进的势头。这是你的关键节点,你必须单枪匹马闯过去。是的,那些人大权独揽,但在某种程度上说,是我们赋予他们权力。虽然无权无势,但我们并非孤身一人。要想成功,就不能心怀畏惧、终日沉沦于恐惧之中。所以,"新闻报道拉开了真相的帷

---

① Günter Wallraff, *The Undesirable Journalist* (Woodstock: The Overlook Press, 1979).

② Project Veritas, "Project Veritas Features-Pinterest Insider Speaks Out: 'The tech companies can't fight us all'", June 13, 2019, YouTube video, 19: 33.

幕,而那些牵连其中的人的一举一动,似乎又揭示出一个新的真相”。[1]

反对者们的抗争变成了“反丑闻揭露者”运动的导火索……抗争是一种行动,而各种行动本身也体现着抗争意识……二者循环往复,周而复始。以势压人滋生出抗争意识,然后人们决定采取行动。[2]

得益于人们的抗争意识,体制的弊端被揭露出来,进入了大众视野。[3]

政治力量的天平被打破,压迫者被颠覆。“大卫重获力量,歌利亚受到了来自四面八方的攻击。猎人逐渐变成猎物。”[4]

猎人最终真的变成了猎物……

希望!

真理是我的光!

引用著作

Alford, C. Fred. *Whistleblowers: Broken Lives and Organizational Power*. Ithaca and London: Cornell University Press, 2001.

Alinsky, Saul D. *Rules for Radicals*. New York: Random House, 1971.

Bok, Sissela. *Secrets: On the Ethics of Concealment and Revelation*. New York: Random House, 1989.

---

① Wallraff, *The Undesirable Journalist*, 3.

② Alinsky, *Rules for Radicals*, 129.

③ Wallraff, *The Undesirable Journalist*, 4.

④ Wallraff, *The Undesirable Journalist*, 4.

Breitbart, Andrew. *Righteous Indignation*. New York: Grand Central Publishing, 2011.

Chambers, Whittaker. *Witness*. Washington DC: Regnery Publishing, 1969.

Frankl, Viktor. *Man's Search for Meaning*. New York: Pocket Books, 1985.

Hedges, Chris. *Wages of Rebellion*. New York: Perseus Books Group, 2016.

Hemingway, Ernest. *The Snows of Kilimanjaro and Other Stories*. New York: Scribner, 1961.

Herman, Edward S. and Noam Chomsky. *Manufacturing Consent: The Political Economy of the Mass Media*. New York: Knopf Doubleday Publishing Group, 2011.

Kipling, Rudyard. "*If-*" *and other Poems*. London: Michael O' Mara Books Limited, 2016.

Ngo, Andy. *Unmasked: Inside Antifa's Radical Plan to Destroy Democracy*. New York: Hachette Book Group, 2021.

O'Keefe, James. *Breakthrough: Our Guerilla War to Expose Fraud and Save Democracy*. New York: Threshold Editions, 2014.

Orwell, George. *1984*. New York: Signet Classics, 1950.

Shackleton, Ernest. *South: The Story of Shackleton's Last Expedition*. New York: The Macmillan Company, 1920.

Sinclair, Upton. *The Brass Check: A Study of American Journalism; Evidence and Reasons Behind the Media's Corruption*. Adansonia Press, 1919.

Solzhenitsyn, Aleksandr. *The Gulag Archipelago* 1918 – 1956 *An Experiment in Literary Investigation*. Translated by Thomas P. Whitney and Harry Willets. Abridged by Edward E. Ericson, Jr. New York: HarperCollins Publishers, 2007.

Wallraff, Gunter. *The Undesirable Journalist*. Woodstock: The Overlook Press, 1979.

Webb, Gary. *Into the Buzzsaw: Leading Journalists Expose the Myth of a Free Press*. Edited by Kristina Borjesson. New York: Prometheus Books, 2004.

Tyrmand, Leopold. *Notebooks of a Dilettante*. New York: The Macmillan Company, 1970.

法庭案例

Shkelzen Berisha v. Guy Lawson. 594 U. S. (2021).

数字文档

"Affidavit of Stephen Rayes PDF". cbsnews. com. Accessed August 30, 2021. https://www. cbsnews. com/htdocs/pdf/Landrieu_tampering_affadavit. pdf.

更多资料

On Aleksandr Solzhenitsyn: https://www. solzhenitsyncenter. org/.

第一章　媒介

我认为，那座名为贪婪的堡垒墙壁已经濒临垮塌，现在只需要再多冲撞几次……①

——厄普顿·辛克莱(Upton Sinclair)，

20 世纪早期丑闻揭露者

穿越时空之旅

70 多年前，加拿大未来学家马歇尔·麦克卢汉(Marshall McLuhan)用一个看似简单的概念重塑了我们对现实的理解："媒介即信息。"换句话说，我们用表达思想的手段改变了我们对周围世界的看法。麦克卢汉指出，媒介的选择"塑造并控制着人类交往和行动的规模与方式"。② 纵观历史，新闻的传播方式发生了很大变化，但至今，新闻行业的工作方式却没什

---

① Upton Sinclair, *The Autobiography of Upton Sinclair* (London: Harcourt, Brace, and World, 1962), 121.

② Marshall McLuhan, *Understanding Media: The Extensions of Man* (New York: McGraw Hill, 1964), 9.

么改变。[1]

印刷时代

5个世纪前,印刷术传入威尼斯,有权有势的贵族们忙不迭地要求将其列入非法行业。**他们觉得印刷是一种危险的、会破坏现状的新媒介。思想会发生传播,不再是知识分子的“专属”。**

但他们低估了印刷品的威力。英国哲学家弗朗西斯·培根(Francis Bacon)认为,印刷术和火药、指南针一样,“改变了世界的面貌和状态”。[2] 的确,印刷术直接引起了宗教改革,间接使得单一民族国家不断崛起。

又3个世纪后,电报机问世。社会评论家亨利·戴维·梭罗(Henry David Thoreau)嘲讽说,“急着从缅因州牵一台到得克萨斯州的电磁电报机,但这两个地方哪有重要的事需要交流”。[3] 作家杰克·伦敦(Jack London)发出了不同的声音,“电报机切断了时间和空间上的阻隔。每天清晨,全世界各个地方都能知道周围在想什么、在盘算什么、在做什么”。[4] 好比是,亚伯拉罕·林肯(Abraham Lincoln)在当天入睡前就能

---

① Stephan Lesher, *Media Unbound* (Boston: Houghton Mifflin Company, 1982), 56.

② Francis Bacon, *The New Organon*, ed. Lisa Jardine and Michael Silverthorne (New York: Cambridge University Press, 2000), 129.

③ Henry David Thoreau, *Walden* (Boston: Beacon Press, 2004), 48.

④ Jack London, *War of the Classes*, *The Question of the Maximum* (Scotts Valley, CA: Create Space Independent Publishing, 2016).

收到 1860 年总统选举结果的通知。

之后,《纽约时报》批评道,电话的发明是对隐私的侵犯,这一论调广为流传。1887 年,一位专栏作家曾担心电话会让人们"像透明的果冻"。[①] 当时还有一位批评家曾抱怨过,以前人们单纯用个眼神或手势就能打断交流,但电话的发明就让事情变得复杂了。[②] 1890 年,在撰写《哈佛法律评论》(*Harvard Law Review*)中那篇著名的《隐私权》(*The Right to Privacy*)一文时,未来的最高法院院长路易斯·布兰代斯(Louis Brandeis)和同僚塞缪尔·沃伦(Samuel Warren)将"电话"定义为威胁该权利的新型"机械装置"之一。即时摄影和报纸的快速传播加剧了他们的担忧。虽然布兰代斯很担忧未来技术,但他不知道在下个世纪,有同步录音功能的电影也将问世。但是,电报和电话并没有取代占据主导地位的印刷媒介,它们只是让印刷变得更加高效。

20 世纪之前,新闻业获得了部分政党的支持。19 世纪,即使在小镇里也能找到宣传政党思想的杂志,比如联邦党、民主党、共和党和辉格党。一方面,虽然《纽约时报》等报刊仍言不由衷地承诺会"无所畏惧、不偏不倚"地报道,但它们的出现,确实使得公开场合的党派之争逐渐"隐晦";另一方面,从更深层次上看,这种新媒介也催生出了一种新类型的记者,即独立调查作家。他们愿意冒险、愿意尝试未经证实的策略,开始跟踪那些能让大众产生深刻共鸣的故事。美国新闻界开

---

① Mitchell Stephens, *The Rise of the Image, the Fall of the Word* (New York: Oxford University Press, 1998), 31.

② Stephens, 31.

始斗争不断,即想施加控制的力量和想揭露真相的力量,两相抗衡。

至少在一段时间,记者的内驱力是“无法忍受被欺骗和权力被滥用,相信通过曝光,这些错误可以被修正”。[①] 记者们都清楚自己不能拯救世界,但可以警醒人们待时而举。正如新闻史学家詹姆斯·戴格特(James Dygert)所说,新闻业将“推动改革、揭露不公、启迪民众、摒弃恶行”。[②] 戴格特还提到过,开国元勋们也会认同知情的民众是“行使民主权利、履行义务的必要条件”。[③] 阿道夫·奥克斯(Adolph Ochs)也很赞同。阿什利·林德斯伯格(Ashley Rindsberg)在《眨眼的灰色女士》(*The Gray Lady Winked*)一书中也写道,“在 20 世纪的许多岁月中,《纽约时报》都被视为真理的旗手。正是凭借这种特殊的地位,才有了《纽约时报》的那句著名标语——‘(刊载)所有适合出版的新闻’,这一标语自从 1897 年就被印在每份报纸的抬头,不带任何讽刺或尴尬的意味”。[④]

即使在像这样积极正向的旗帜下,新闻从业者的价值和效率最终还是取决于个体的自我导向力、自我管理力,甚至是自我奖励机制。大部分时间里,记者们被管理层束住了手脚,有创造性、需要胆识的工作只占少数,并不常见。20 世纪初,

---

① James H. Dygert, *The Investigative Journalist: Folk Heroes of a New Era* (Hoboken: Prentice-Hall, 1976).

② Dygert, *The Investigative Journalist*.

③ Dygert, *The Investigative Journalist*.

④ Ashley Rindsberg, *The Gray Lady Winked: How the New York Times' Misreporting, Distortions and Fabrications Radically Altered History* (Monee, IL: Midnight Oil Publishers, 2021), 16.

《麦克卢尔》(*McClure's*)是具有风向标性的月刊杂志，它窥探到了新闻业的空白领域，决心不仅要报道周围的世界，而且要改变这个世界。① 该杂志的编辑们旨在“描述、承认、谴责、引起改变”。②《麦克卢尔》的明星记者艾达·塔贝尔(Ida Tarbell)公开表示，她希望自己能奉献给比自己更伟大的事业。塔贝尔写道，“报道‘唤起’了我尘封的知觉，我的国家出现的问题，就是我的问题”。③ 塔贝尔关于标准石油公司(Standard Oil)的报道使得这个强大的垄断企业走向解体。她或许曾是数一数二的“丑闻揭露者”，但她的成功也仰仗于身后的好平台。比如，为《纽约论坛报》(*New York Tribune*)和《纽约世界报》(*World*)撰稿期间，朱利安·钱伯斯(Julius Chambers)和娜丽·布莱(Nellie Bly)就曾展开秘密工作，推动了新法的出台、新设备的发明，还让一些不人道的精神卫生设施关门大吉。④

塔贝尔、布莱其他同僚们都出身底层。他们凭借着顽强的毅力，跻身这一由少数特权者掌控的领域，并打破了新闻编辑部内部权力的社会天平，新闻产物不再是纯粹的“商品”。⑤其他调查记者很快也采用了这种报道风格。在20世纪的头些年里，调查记者们揭露了一连串的内幕消息，让读者大为震

---

① Stephanie Gorton, *Citizen Reporters: S. S. McClure, Ida Tarbell, and the Magazine That Rewrote America* (New York: HarperCollins Publishers, 2020), 128.

② Wallraff, *The Undesirable Journalist*, 9.

③ Ida M. Tarbell, *All in the Day's Work: An Autobiography* (New York: Macmillan, 1939), 179.

④ Gorton, *Citizen Reporters*, 125.

⑤ Gorton, *Citizen Reporters*, 125.

撼。普利策奖得主克拉克·英伦霍夫(Clark Mollenhof)曾写道,"如果你想在这个行业做出成绩……就必须持之以恒"。[①]没有坚持到底的毅力,"仅仅曝光内幕可能会适得其反,因为人们会看到一个傲慢、腐败的国家机器是如何成功的"。[②] 比较理想的方式是抱团取暖。戴格特阐述说,"**讽刺的是,除非经其他新闻媒体采纳并宣传,否则调查性的披露没什么影响力**"。[③]

但当时的状况和现在一样,媒体机构拒绝改变。尽管他的事业取得了成功——1906 年后他曝光了肉类加工业的内幕,行业的游戏规则因此发生了改变。但《丛林》(*The Jungle*)的作者——丑闻揭露者辛克莱(Sinclair),还是觉得自己"像一只被关在笼子里的动物,报纸就是那些铁栏"。[④] 1919 年,他在《贿赂》(*The Brass Check*)一书中提到自己的奋斗史,不仅仅针对包装厂,还是针对那个时代腐败的新闻机构。

当辛克莱在"家畜围栏"里头忙活的时候,许多绅士派头十足的同僚们还带着自己那顶软呢帽、握着手杖,尽可能在私人拜访和拿名片时少使用电话。[⑤] 对大多数记者来说,新闻工作是一项"更容易、更整洁"的事业,但对辛克莱和塔贝尔

---

① Clark Mollenhoff, *Investigative Reporting*: *From Courthouse to White House* (New York: Macmillan, 1981), 78.

② Mollenhoff, *Investigative Reporting*, 78.

③ Dygert, *The Investigative Journalist*, 48.

④ Sinclair, *The Brass Check*, 42.

⑤ David Halberstam, *The Powers That Be* (Champaign, IL: University of Illinois Press, 2000), 7.

而言却并非如此。① 特别是在华盛顿,新闻界和政治家之间出现了一种默契,他们囿于制度,选择了视而不见。"罗斯福式规则"让公众人物的隐私生活免于被公开。在罗斯福的四届任期内,大多数民众甚至不知道他是坐轮椅的,更不知道他有那么多情妇。

广播时代

当丑闻揭露者们为揭露不公现象而奔走时,主流媒体选择保守秘密。直到 1950 年前后,大众基本是通过印刷品、广播、电视新闻了解信息。印刷品和广播都属于麦克卢汉所说的"热"媒体。麦克卢汉写道,这两者需要某种"感觉",而且是永远不会消失的那种,"有那么多东西需要读者来丰满"。② 相比较而言,电视就属于"冷"媒体了,它能调动各种感官,但不如印刷品或广播的刺激那么强烈,而且它需要观众进行互动。经过编辑的视频存在信息空白,只能让观众自己推导结论。这是不可避免的,这也是媒介的本质。

主流媒体从"热"转"冷",这是一场伟大的、但鲜为人知的信息革命。报纸和杂志的受众正在转向电视。1960 年左右,美国几乎家家都有电视,这一媒介的普及改变着人们的生活,也终结了公民权利的动荡风波。有史以来第一次,人们可以在晚间新闻频道看到和平抗议、暴乱、警察暴行的最新内容

---

① Larry Sabato, *Feeding Frenzy*: *Attack Journalism and American Politics* (Baltimore: Lanahan Publishers, 2000), 26.

② McLuhan, *Understanding Media*, 39.

和相关镜头。苏珊·桑塔格(Susan Sontag)曾写道,这种新的视觉代码“扩充了‘什么值得关注、什么是我们有权知晓’的相关内容”,**电视“带来了一种新的体验,我们可以看到整个世界的全貌”,并最终提供了能佐证“真相真实发生的有力证据”**。[①]

虽然电视有“直言不讳”的本事,但囿于三家总部位于纽约的网络公司高管们的严格把控,其中两家占主导地位,即CBS(哥伦比亚广播公司)和NBC(全国广播公司),这种能力最终被扼杀。美国新闻业领军人物——沃尔特·李普曼(Walter Lippmann)认为,从理论上说,“负责”领导电视网络行业的“专业人士”,至少应该把事情讲明白。李普曼写道,“大众舆论完全不提及公共利益”。[②] 并非所有人都觉得这种控制是件好事。诺姆·乔姆斯基(Noam Chomsky)和爱德华·赫尔曼(Edward Herman)在《制造甘愿》(*Manufacturing Consent*)一书中提到,媒体成为支持体制的宣传工具,操纵着大众的反应。[③] 报纸编辑、社会评论家约翰·洛夫顿(John Lofton)观察到,“报纸更偏向于迎合当时的主流政治文化和社会正统观念,压制反驳的声音”。[④]

多年来,最能代表这类“专业人士”的记者是CBS的殿堂级主播沃尔特·克朗凯特(Walter Cronkite),他曾在1968年2

① Susan Sontag, *On Photography* (New York: Picador, 1977), 3.

② Quoted in Noam Chomsky, *Media Control: The Spectacular Achievements of Propaganda* (New York: Seven Stories Press, 2002), 15.

③ Herman and Chomsky, *Manufacturing Consent*, 15.

④ John Lofton, *The Press as Guardian of the First Amendment* (Columbia, SC: University of South Carolina Press, 1980), 279.

月的节目中说过,“这位记者很清楚,[越南]唯一合理的出路是谈判,不是作为胜方,而是应该作为一个可敬的人,尽其所能来履行捍卫民主的承诺”。[1] 当时的克朗凯特刚刚结束在越南的访谈,提到1968年初的越南春节攻势,他仍心有余悸。普遍认为,林登·约翰逊(Lyndon Johnson)总统在听到这番话后说过,“如果我失去了克朗凯特,就如同丢掉了美国中部”。[2] 这一事件标志着CBS等媒体帝国的权力达到了顶峰,他们像军队和政府一样强大。大卫·哈伯斯坦(David Halberstam)在《掌权者》(*The Powers that Be*)一书中写道,“这是美国历史上第一次由主持人宣布战争结束”。[3]

纵观整个20世纪70年代,“负责”领导电视网络行业的“专业人士”们一手遮天。亚历山大·索尔仁尼琴(Aleksandr Solzhenitsyn)在其著名的1978年哈佛大学演讲中指出,“新闻业已经成为西方国家最强大的力量,比立法权、行政权、司法权都更有力”。[4] 很大部分原因是电视新闻占据了主导地位,这个“第四权”已经足以把总统赶出白宫、把美国军队赶出越南。但是,正如索尔仁尼琴对新闻业的诘问,“哪条法律赋予它这样的权力?它又该对谁负责?”[5]

---

① NPR,“Final Words: Cronkite's Vietnam Commentary”, All Things Considered hosted by Guy Raz, broadcast on July 18, 2009.

② Joseph W. Campbell, *Getting It Wrong: Ten of the Greatest Misreported Stories in American Journalism* (Berkeley: University of California Press, 2010).

③ Halberstam, *The Powers That Be*, 514.

④ Solzhenitsyn Center,“Harvard Address”, April 12, 2013, YouTube video, 1:02:29. Accessed August 31, 2021.

⑤ Solzhenitsyn Center,“Harvard Address”.

在20世纪70年代,没人提过这个问题。人们一般假定说,记者们遵循的是奥克斯·苏兹伯格家族(Ochs family)的指令,"……不论党派、宗教或利益之争,公正、无所畏惧、不偏不倚"。[①] 公众们大多没有察觉到克朗凯特的偏见,他藏得很深,生怕被发现。他自己后来承认说,"我觉得有朝一日,天会塌下来,如果某天有人在报纸上写篇文章什么的,我可无法幸免于难了"。[②] 同样,《华盛顿邮报》中水门事件的报道编辑本·布拉德利(Ben Bradlee),他曾是肯尼迪最好的朋友,并且还和华盛顿大佬们关系密切。

"匿名消息"来源

在水门事件发生的那个年代,新闻记者们猜测罗伯特·伍德沃德(Robert Woodward)和卡尔·伯恩斯坦(Carl Bernstein)的匿名消息来源——"深喉",并非真实存在,而是一个"信息综合体"。他们猜对了。《华盛顿邮报》中大部分报道都是基于连该报编辑本·布拉德利都不认识的"匿名信息来源"。[③] 很多年后,据透露,有一位核心人物被美化为"深喉"——那位名叫马克·费尔特(Mark Felt)的联邦调查局高级官员。不过现在回过头来看,很明显,费尔特将报道的方向引向了他自己

---

① David W. Dunlap, "Looking Back: 1896 'Without Fear or Favor'", *New York Times*, August 14, 2015.

② Douglas Brinkley, *Cronkite* (New York: HarperCollins Publishers, 2012).

③ Gillian Brockell, "Deep Throat's identity was a mystery for decades because no one believed this woman", *Washington Post*, September 27, 2019.

和《华盛顿邮报》的共同目标,虽然《华盛顿邮报》永远不会承认,但在“咬住尼克松”这件事面前,真相都是次要的。

1974 年,共和党领袖理查德·尼克松(Richard Nixon)因水门事件败露,选择辞去总统职位,新闻业也因此发生了巨变。新闻业变得更具对抗性、更纯粹、更愤世嫉俗、更加计较。**记者们都梦想一炮成名,变得像《华盛顿邮报》的伍德沃德和伯恩斯坦一样成功。**

在这个过程中,新闻业被记者们那“想改变世界”的廉价口号荼毒颇深,他们并非想修复被破坏的东西,而是想打击像理查德·尼克松这样的目标。最后变成了“我们可算揭露出这些人了”的宣泄式闹剧。因为基本上放弃了传统的收集信息的方式,记者更难获得有关政府官员人品和品质的有价值的信息。

“纯新闻”的模式一去不返。① 新闻记者们只关注丑闻。私人生活逐渐公开化,没有什么比性更具卖点,总统候选人加里·哈特(Gary Hart)就在 1987 年恶作剧式的丑闻中尝到了惨痛的教训。史蒂芬·莱舍尔(Stephan Lesher)曾写道,“水门事件”过后,新闻业变得“好战、恃强欺弱、自鸣得意、沉闷、自以为是”。② 从经济角度来看,为了扩大发行量,商业需求逼迫新闻业必须选边站,否则就没读者了。激烈的竞争和大亨的控制导致受众人群不断缩小。大家都在明星后面追着,使报道面更加狭窄,市面上满满都是些伪名人、游戏少女和资讯娱乐节目。权力逐渐被改写。

---

① Sabato, *Feeding Frenzy*, 164.

② Lesher, *Media Unbound*, 6.

媒介大众化

报纸的受众逐渐转向电视。到了20世纪80年代,电视以压倒性的优势变成了大众的首选。① 然而,在电视革命的近40年时光中,新闻内容被一小撮臭味相投的“骗子”把控。美国佐治亚州亚特兰大CNN的创始人特德·特纳(Ted Turner),就很好地利用了广播卫星技术,该节目24小时不间断播出,率先打破在新闻和娱乐业无处不在的完全统一化的电视网络。这些强大网络的霸权主义很快受到了挑战,但并非来自有线新闻这个新兴突出行业,而是来自手持便携摄像机。实时录像有利于产业化工作,而且价格合理。“手持相机”风潮席卷全球。有史以来第一次,人们可以自主选择值得记录的瞬间,同时,得益于录像机的问世,人们还可以自由共享这些信息。**这种媒介改变了我们看待周遭世界的方式,也改变了我们看待自己的方式。**② 铺天盖地的便携式摄像机打破了隐私的边界,一场媒体革命悄然发生,但很少人注意到。

多年以来,隐藏式摄像机的视觉效果和配套的埋伏式采访,是大型媒体的专属两板斧。CBS新闻网“老将”迈克·华莱士(Mike Wallace)曾十分自豪于这两板斧。但他也说过,如果不能帮助实现记者的终极目标,这两板斧不要也罢。他说,“现在的问题是:我们的生活逐渐变得像‘漫画’似的,我

---

① Sabato, *Feeding Frenzy*, 31.

② Andrew J. McClurg, “Bringing Privacy Law Out of the Closet: A Tort Theory of Liability for Intrusions in Public Places”, *North Carolina Law Review* 73, no. 3 (March 1995).

们原本追求的是光明，而现在看来我们只是在追求热度，我们不再关注于揭露真相或发现不为人知的事”。[①]

他放弃了那两板斧，转而认同视频能够“传达你想要的任何画面”。[②] 尽管所有媒体都可以这样说，但隐藏式摄像机的的确确成为最“诚实”的媒介，它能够以最诚实的方式处理原始“**动机**”。

这是华莱士的一种逃避方式、一种借口，这也不是他第次臣服于压力。1997 年，当 CBS 新闻网报道出最大的罪魁祸首——大烟草公司时，华莱士迫于集团利益低下了头。在 CBS，新闻编辑和新闻背后商业行为的边界变得模糊。主流媒体公司开始合并，对利益的追求开始深入新闻编辑部。[③] 当涉及重大新闻决策时，有钱人总是能发号施令。

西屋公司（Westinghouse）买下了 CBS，使得长篇揭露大烟草公司的报道被搁置。CBS 首席律师告诉《60 分钟》节目制作人说，“绝不允许出现任何让公司出现风险的内容”，玛丽·布伦纳（Marie Brenner）在《名利场》（*Vanity Fair*）中提到，“[该律师]所提出的要求在 CBS 历史上前所未有——因为担心尚未发生的诉讼而中途叫停了一项重要的事件”。复杂之处在于，罗瑞拉德烟草公司（Lorillard Tobacco Company）董事长安德鲁·帝势（Andrew Tisch）是 CBS 董事长劳伦斯·

---

① NPR, "Fresh Air Remembers Mike Wallace Of '60 Minutes'", Fresh Air, broadcast on April 9, 2012.

② Harry Stein, "How '60 Minutes' Makes News", *New York Times*, May 6, 1979.

③ Clarence Jones, *Winning with the News Media: A Self-Defense Manual When You're the Story*(Holmes Beach: Winning News Media, 1983), 18.

帝势(Laurence Tisch)的儿子。安德鲁是曾宣誓作证“尼古丁不会上瘾”的烟草公司高管之一。① 据布伦纳说，CBS 的律师曾问道，“你怎么能指望我们写一份会让董事长儿子入狱的报道呢？”②最终，CBS 做出了一个特殊的决定，即播出这份报道，但要忽略一些“关键信息”。华莱士甚至在节目中承认，CBS“应该屈服于行业巨头，毕竟这可能带给我们巨大的法律风险”。③

20 世纪 80 年代末，控制的放缓为脱口秀访谈节目铺开道路。因为被其他广播媒体拒之门外，保守派从调幅频道中找到了自己的一席之地。拉什 · 林堡(Rush Limbaugh)进入电视广播领域的 33 年里，《纽约时报》的记者们仍然无法接受反驳的声音。他们认为脱口秀访谈节目是“美国保守主义思想的名片”，而且很担心“这种节目的不设防性，会让大家沉迷于比福克斯新闻(Fox News)等电视网络更前卫的节目，听众还能打电话来说出他们的真实想法”。④《纽约时报》和其他“主流”媒体很担心：让像林堡这样的人会替民众开口，说出人们在想但不敢说、不知道如何说的，或只是需要被点拨一下就能想到的话。

---

① Michael Janofsky, “On Cigarettes, Health and Lawyers”, *New York Times*, December 6, 1993.

② Marie Brenner, “The Man Who Knew Too Much”, *Vanity Fair*, April 1, 2004.

③ WGBH/Frontline, “Anatomy of a Decision: Facts and context in the ‘60 Minutes’ decision not to air a tobacco industry expose”, PBS, 1999.

④ Michael M. Grynbaum, Tiffany Hsu, Katie Robertson, and Keith Collins, “How Right-Wing Radio Stoked Anger Before the Capitol Siege”, *New York Times*, February 12, 2021.

但是,访谈也有它的局限性。不得不承认,脱口秀访谈是能与主流媒体激烈交锋的有力武器,但安德鲁·布雷巴特(Andrew Breitbart)并没有把它当作自己的大杀器。布雷巴特2011年接受网络电视主持人彼得·罗宾逊(Peter Robinson)采访时说:“在一个媒体主宰一切的世界里,调幅广播是最无用的沟通方式,它太尖锐、不够健全、不够**‘阿凡达’**。我想要的是**‘阿凡达’**那样抓人眼球。”①

没人比布雷巴特更懂媒体,他可是丑闻揭露界的导师级人物。在那个时代,有关社会公平的信息少有人知,而且不断被淡化,大家都沉浸在《阿凡达》这部史诗级好莱坞电影,沉浸在3D画面那令人眼花缭乱的光声效果里。布雷巴特倡导的是隐藏式摄像机,它的视觉效果不够**“阿凡达”**,但能像电影一样让人沉浸其中。不同于脱口秀访谈节目,它能让观众参与进来并产生自己的思考。尽管根据麦克卢汉对于“冷”“热”媒介的定义,隐藏式摄像机应该属于“热”媒介,因为观众不会被告知应该思考什么、应该感受什么。但如果内容足够有冲击力,观众也能产生塔贝尔所说的“义愤填膺”的状态。② 对麦克卢汉而言,媒介可能就是一种信息,在新闻游击组织真相工程(Project Veritas)创立之初,一直是“内容为王”。在最理想的情况下,隐藏式摄像机的视觉效果能够结合有效的参与性媒介,融合同样丰富的内容,打造出低成本的**“阿凡达”**效果。

---

① Conor Friedersdorf, “Andrew Breitbart Talks Down Talk Radio”, *The Atlantic*, June 17, 2011.

② Cecelia Tichi, *Exposés and Excess: Muckraking in America*, 1900/2000 (Philadelphia: University of Pennsylvania Press, 2011).

互联网时代

当然,能将隐藏式摄像机视觉效果最大化的是互联网。如果录像机产出的作品能在工作室制作并通过邮寄的方式被传发,那么通过互联网传播的产品就具有很强即时性,可以也能在电脑上制作,甚至可以在自己的手机上制作。2010 年,布雷巴特说,“因为新媒体提供了工具,但很多人不理解,甚至是很愤慨。现在他们意识到‘哇,所有人都能做到这一点,**大家都加入进来了。我们有手段,有技术**’”。[①]

那些研究新闻史的人一定预见到了握有信息流控制权的人会做出应对。互联网时代开启 15 年后,一场信息海洋的巨变发生了,它打破了幻想、改变了信息力量的天平。就在互联网试着打响“解放战争”时,集权势力也开始了反击,其中势力之一就是美国政府。自“9·11”事件发生后,主打监控的年代就开启了,而且愈演愈烈。“吹哨人”爱德华·斯诺登(Edward Snowden)将这一事件引发的侵扰称作“在我看来是互联网的终结”。斯诺登将世界的变化描述作“我们有意无意透露的关于我们自身的一切信息,都在被监听、被出售”。[②] 即使是联邦调查局也承认,电视有监控的功能。[③]

---

① Noah Shachtman, “How Andrew Breitbart Hacked the Media,” *Wired*, March 11, 2010.

② Edward Snowden, *Permanent Record* (New York: Metropolitan Books, 2019), 5.

③ Karl Bode, “The FBI Says Your TV Is Probably Spying On You”, Techdirt, December 6, 2019.

麦迪逊大道也不例外会被监控到。随着 2010 年临近,《金融时报》(*Financial Times*)写道,“随着互联网的出现,克雷格列表(Craigslist)等在线平台,以及 Google、Facebook 等,抢走了支撑当地媒体的大部分广告收入”。① 此时,互联网正在重塑传统商业模式,但亚马逊创始人杰夫·贝索斯(Jeff Bezos)还是选择在 2013 年收购《华盛顿邮报》。贝索斯通过互联网将新闻报道从当地扩散到全国,乃至全球。《华盛顿邮报》的管理层不再“主要依靠少数用户盈利”,而是计划“说服更多用户为更便宜的纯数字订阅买单”。② 贝索斯非常认可通过大型科技公司的强大叙事力量,他称自己对《华盛顿邮报》的管理是“在我 90 岁时回顾自己的人生时,让我非常自豪的事”。③《纽约时报》和《华盛顿邮报》的数字订阅量开始增加,这两家媒体巨头在印刷新闻业寡头垄断中的份额与日俱增。

霍尔曼·詹金斯(Holman Jenkins)在《华尔街日报》(*Wall Street Journal*)上说,这两家新闻报纸有意放弃了“尽可能多地发展客户”的传统广告运营模式。“如果你觉得《纽约

---

① Anna Nicolau and James Fontanella-Khan, “The Fight for the Future of America's Local Newspapers”, *Financial Times*, January 20, 2021.

② Marc Tracy, “How Marty Baron and Jeff Bezos Remade the Washington Post”, *New York Times*, February 27, 2021.

③ 贝佐斯先生对将《华盛顿邮报》转变为一份有党派主义风格的数字出版物感到自豪,他的成功是基于获得的权力,而非新闻诚信,因为《华盛顿邮报》几乎没有调查硅谷垄断企业对华盛顿特区政客的渎职和腐败行为,也没有把全国选举的天平倾向向对科技有利的候选人。Jeff Bezos, “No thankyou, Mr. Pecker”, Jeff Bezos blog on *Medium*, entry posted February 7, 2019.

时报》和《华盛顿邮报》毫不在意他们的新闻报道会引起大部分美国民众的反感,那是因为你不清楚他们的商业模式。"①他们现在的主营业务是迎合特殊小众群体——富裕的理想家们。

《纽约时报》的读者基本没有意识到他们的"灰姑娘"已经换风格了,慢慢地从"无所畏惧、不偏不倚"转向了"批判理论",这是20世纪30年代从欧洲传入的一种新思潮。林德斯伯格在批判《纽约时报》时写道:

批判理论的工作是观察理论之下的权力架构以及这些理论是如何压制他人,因此,批判理论的首要目标并非是寻找根据权力架构的需要所产生的"真理",而是那种能影响社会变革的"真理"。②

《纽约时报》的统治地位不断加强,对"真相"愈发漠视,各地方、各州的报纸纷纷停刊,或成为被奥尔登全球资本(Alden Global Capital)等对冲基金收购的不良资产。③ 预算被削减、调查性记者被解雇,这些都是没必要的,最后只剩些"幽灵"报纸幸免于难,但它们"连具有原创性的地方新闻都报道不出来"。④ 涉足政治领域的数字记者们不再报道有意义的内容,现在报纸变成了"地下拆车厂",记者们需要每天"拆装"十几篇文章。

---

① Holman W. Jenkins, Jr., "How to Have More Police Shootings", *Wall Street Journal*, April 23, 2021.

② Rindsberg, *The Gray Lady Winked*, 226.

③ Margaret Sullivan, "The 'audacious lie' behind a hedge fund's promise to sustain local journalism", *Washington Post*, February 17, 2021.

④ Jenkins, "How to Have More Police Shootings".

编辑们用起了“秘密编辑”那一套，改改漏洞、修订些不实信息。“秘密编辑”是指编辑或记者重新利用已经报道过的故事，但为了避免被指控剽窃，他们会重新进行大量修订，然后把文章作为原创内容发表。有时批发商们甚至不管谁在进行“秘密编辑”，这样一来，即使编辑们知道报纸中会出现大量的错误，但责任却落不到任何人头上。许多“秘密编辑”都被钉在了真相工程的羞耻墙上，总部那里比比皆是被撤稿的文章。

大型报业仍然屹立不倒，成为大型媒体寡头垄断的殖民地前哨。他们不是在寻求真相，而是在重复利用过时的社会变革信息，变得不再保守、更加“左派”。随着时间的推移，他们出卖了自己的新闻行业尊严、屈服于诱惑、迎合付费用户的政治幻想，嘲弄着奥克斯那句“无所畏惧、不偏不倚”的承诺。**丑闻揭露者曾在新闻机构的体制内工作，而今天，他们只能靠自己。**

寡头崛起

20 世纪后期，美国人的生活已然趋向于匿名化。私人轿车、自动车库门、没有前廊的郊区住宅……许多美国人“淹没在隐私中”，[①] 21 世纪的到来扭转了这种趋势。为了换取即时信息、方便交流，美国民众敞开怀抱迎接大型科技公司的各种技术，这些技术深入家家户户。科技公司肆无忌惮从事大规

① Jonathan Franzen, “Imperial Bedroom”, *New Yorker*, October 5, 1998.

模监控活动,到了连科幻小说家都想不到的程度,他们随意搜集个人私密数据,并在公开市场上出售。美国史上著名"吹哨人"爱德华·斯诺登写道,"我们的兴趣、活动、位置、喜好——我们有意无意透露的关于我们自身的一切信息,都在被监听、被出售,我们感觉到被侵犯了,但却无法避免。"①就像奥威尔笔下大洋彼岸的愚昧大众,今天的美国民众无时无刻都在被数字警察和官方宣传监控着。

斯诺登指出,大规模监控,至少说政府监控"对无辜者的影响远大于对罪犯的影响"。② 精英们很排斥关于使用隐藏式摄像机的报道,他们往往是为了**减轻**或掩盖真相,即使内容未触及关键内容,他们也会表示不满。

大型科技公司寡头们并没有阻止个人在 Instagram 等渠道上推出自己的平台,甚至打造自己的特殊平台。iPhone 10 或 iPhone 11 配备了比 10 年前的单反相机功能更强大的摄像头,对很多有雄心壮志的"网红"来说,它们已成为令人上瘾的"梦幻机器"。③ 19 世纪法国诗人斯特芳·马拉美(Mallarmé)曾说,世界上一切事物的存在,都是为了在一本书里终结。④ 用苏珊·桑塔格的话来说就是,**21 世纪已然到来了二十多年,世界上的一切事物的存在,都是为了在** Instagram

① Snowden, *Permanent Record*, 5.

② Snowden, *Permanent Record*, 5.

③ Sontag, *On Photography*, 14.

④ Alex Ross, "Encrypted: Translators confront the supreme enigma of Stephane Mallarme's poetry", *New Yorker*, April 4, 2016. Accessed September 29, 2021.

上终结。[1]

《纽约时报》的乔恩·卡拉曼尼卡(Jon Caramanica)也认为,"Twitter 是在煽动舆论,Instagram 则是'不动声色地打磨'"。[2] 只要这些"东西"没有威胁到寡头们对信息的掌控权,那么它们就可以活跃在 Instagram、Twitter、Facebook 上。

Open the Books 是一个负责游说政府问责的非营利组织,它们的的座右铭是:透明具有革命性。[3] 海因里希·伯尔(Heinrich Böll)为瓦尔拉夫的书撰写序言时,强调了实情调查对社会进步的变革性影响:"准确地描述现实是改造现实的必由之路。"[4]世界见证了视频的破坏性影响力会有多大。1991 年,公民视频新闻记者罗德尼·金(Rodney King)被洛杉矶警察殴打的视频成为公民视频新闻的导火索,引发了史无前例的"媒体多米诺"效应。

虽然他们费了大力气,但寡头们无法以他们希望的方式掌控信息。例如,在 2016 年大选期间,成百上千的人揭露市政厅、州政府、联邦中心的不法行为,不求回报。仅仅在这一年,未持许可证的记者们扛着录像机做了很多事情,从报道城市街道警察,到揭露总统选举期间顾问团队的黑幕政治活动。

---

① Sontag, *On Photography*, 24.

② Jon Caramanica, "The Young Men's Style Council of TikTok", *New York Times*, July 8, 2021.

③ Open the Books, "Every Dime. Online. In Real Time.", Openthebooks.com, 2021.

④ Wallraff, introduction by Böll, *The Undesirable Journalist*, 9.

记者成为渠道的奴隶

一般来说,报道独家消息的记者们完全仰仗自己和当权者的接触渠道。媒体学者史蒂芬·莱舍尔曾写道,如此以往带来的后果是,记者们"在应该行使独立性的时候,往往扮演的是速记员的角色,他们应当接触更博学的人来帮助我们更好地理解事物,但他们却更倾向于阐述自己的观点"。[①] 使用隐藏式摄像机的丑闻揭露者们就不会有这个问题。

纵观整个20世纪,媒体领域存在着一种紧张关系——"接触"和"自主"。[②] 一方面,一些对抗性较强的记者们,他们没有渠道,所以无法真实了解某机构内部的情况。马克·费尔德斯坦(Mark Feldstein)在《沉湎水门事件》(*Watergate*)一书中,将"丑闻文化"的伊始追溯到这一具有风向标性的事件,他认为这一事件使政治话语变得平常化,最终将落得贻笑大方。[③] 保罗·韦弗(Paul Weaver)认为,"水门事件"之后,记者们大多倾向于"完全独立于政府和官方机构"。[④] 在特殊情况下,政治界和新闻界会持续对立、永无休战,希赛拉·博

---

① Lesher, *Media Unbound*, 58.

② Gregory Magarian, "The Jurisprudence of Colliding First Amendment Interests: From the Dead End of Neutrality to the Open Road of Participation Enhancing Review", 83 *Notre Dame Law Review* 185, 2007.

③ Mark Feldstein, *Poisoning the Press: Richard Nixon, Jack Anderson, and the Rise of Washington's Scandal Culture* (New York: Farrar, Strauss, and Giroux, 2010), 4.

④ 9 Paul H. Weaver, "The New Journalism and the Lld-Thoughts after Watergate", *National Affairs*, Spring 1974.

克(Sissela Bok)写道,“敌对关系引发了个人偏见”。[①] 莱舍尔指出,具有攻击性是令人钦佩的,但“在作出判断时的温和态度……往往会被误认为是软弱或执迷不悟”。[②]

韦弗补充说,新闻界的对抗性如果过强,“就会和某个政治派别勾连,进而发展为党派主义,变得不再属于政治上的团结力量,而会成为意识形态上的分裂因素”。[③] 特朗普诉媒体(*Trump v. Media*)一案中,有句话可以作为例证,“前提是大多数记者都同意特朗普是一个危险的煽动者,即使他们无法或不愿意改变自己的观点,但他们也应该继续关注特朗普”。[④] 还有个例子是2016年一篇刊登在《纽约时报》头版头条的文章《特朗普正在挑战新闻业公正性规范》(*Trump is Testing the Norms of Objectivity in Journalism*),在这篇文章中,吉姆·卢腾伯格(Jim Rutenberg)大胆提出放弃“公平”的概念。卢腾伯格在特朗普当选总统**之前**就曾写下一段特殊声明,“你必须抛弃美国新闻业在过去半个世纪一直使用的教科书”。[⑤]《纽约时报》执行主编迪恩·巴奎特(Dean Baquet)回应道,“我认为卢腾伯格的专栏写的很对”,这句话不带任何谴责的意味。[⑥]

独家报道有一种模式,即“结构化独立”,其中“各方都知

---

① Bok, *Secrets*, 258.

② Lesher, *Media Unbound*, 42.

③ Weaver, “The new journalism and the old”, 87.

④ Mollie Ziegler Hemingway, *Trump vs. The Media* (New York: Encounter Books, 2017), 29–30.

⑤ Jim Rutenberg, “Trump is Testing the Norms of Objectivity in Journalism”, *New York Times*, August 7, 2016.

⑥ James Taranto, “Finale”, *Wall Street Journal*, January 3, 2017.

道自己的角色”。为了实现“互惠互利”，媒体官员和信息来源之间唇齿相依。[①] 这种关系往往会“腐蚀”新闻行业，用阿克顿勋爵（Lord Acton）的话说就是，记者和信息来源的关系越紧密，“腐蚀”就会越深。这一问题在肯尼迪当政时期可谓表现得淋漓尽致，当时记者们跟这位迷人、潇洒、富有、到处飞来飞去的总统打得火热。[②]

肯尼迪并不是第一位获得媒体大力支持的总统。富兰克林·D. 罗斯福（Franklin D. Roosevelt）也把自己和媒体的关系打理得很好。罗斯福会利用媒体之间的同行竞争，让立场摇摆的记者听他的话，以他的想法讲故事。他说，“如果让我报道这个事儿，我会这么写……”[③]

政府信息来源和记者之间的采访是“被设计好的”，而且往往是“虚伪的、互相配合的”，这无可避免。[④] 丹尼尔·布尔斯廷（Daniel Boorstin）将这种性质的采访称作“伪事件”。[⑤] 布尔斯廷引用了 1869 年《国家》（*The Nation*）杂志上的一篇文章中的内容，“当下的这种采访，通常是拙劣的政客的谎言糅杂记者的另一个谎言所共同形成的产物”。[⑥]

两届普利策奖得主 J. 安东尼·卢卡斯（J. Anthony

① Herman and Chomsky, *Manufacturing Consent*.

② Sabato, *Feeding Frenzy*, 26.

③ Halberstam, *The Powers That Be*, 9.

④ Charles Stewart and William B. Cash, *Interviewing: Principles and Practices* (Englewood, NJ: McGraw Hill Education, 2021).

⑤ Daniel J. Boorstin, *The Image: A Guide to Pseudo-Events in America* (New York: Vintage Books, 1961).

⑥ “The Interview”, *The Nation*, January 28, 1869, cited in Boorstin, *The Image*.

Lukas)的想法和布尔斯廷十分相似。卢卡斯表示,记者和信息来源的关系是“互相操纵的,特别是那种长期关系,充满了合作和控制”,但是,卢卡斯补充道,“这种关系又更像当权者在操控记者”。[1] 丑闻揭露者杰克·安德森(Jack Anderson)说,“**记者觉得自己应该跟在高贵显赫的人屁股后面,而不是去谴责他们;应该赞美政府官员们,而不是去揭露他们”**。[2]

《卫报》(*Guardian*)总编辑阿伦·罗斯布里奇(Alan Rusbridger)将官方认可的媒体大致分为三类:

有的人,努力保证自己不被误导,毕竟被误导就可能意味着被放弃;有的人,虽然不容易受骗,但有时会为了写个好故事而叫停自己的怀疑。在我看来,这类人重复了英国新闻界的一个恶习:顺从……还有的人,会折服于这些机构所谓的“秘密措施”,他们一想到那些非公开的通报会,似乎就要跪地发软。[3]

《华盛顿邮报》的雅各布·博盖奇(Jacob Bogage)显然就是第三类人。正如前文所提到的,博盖奇报道说,“真相工程的“吹哨人”美国邮政署邮递员理查德·霍普金斯‘撤回了对篡改选票的指控’”。博盖奇依据的是“三位了解调查情况的官员”提供的信息。《华盛顿邮报》感到害怕的是,真相工程有一份联邦探员和霍普金斯之间的现场录音,他们的报道仅

---

① Martin Gottlieb, “Dangerous Liaisons? Journalists and their sources”, *Columbia Journalism Review* 28, no. 2 (July/August 1989).

② Jack Anderson and George Clifford, *The Anderson Papers* (New York: Random House, 1974), 5.

③ Alan Rusbridger, *News and How to Use It: What to Believe in a Fake News World* (Edinburgh: Canongate Books, 2020).

仅基于“简要介绍”的“三位官员”,而非这段录音。联邦探员利用《华盛顿邮报》的报道来推进布尔斯廷描述的那种“在合众国内不适宜的国内反间谍”形式。《华盛顿邮报》对霍普金斯“捏造指控”的描述[1]与布尔斯廷对媒体伪事件的描述相符,该事件“更加模糊,充满了信任和阴谋的氛围……对相关人士而言更加有吸引力”。[2] 莱舍尔认为,媒体失真“源于新闻的本质属性,而非记者”。[3] 无论原因为何,在特朗普时代,的确有一堆糟糕的新闻报道。靠着匿名消息来源,《大西洋月刊》(*The Atlantic*)称特朗普侮辱了死去的美国军人,尽管这一说法受到了相关人士的质疑。同样地,《纽约时报》在总统选举前就特朗普的纳税申报进行了大篇幅地报道,但没有拿出任何证据,也没有任何记录在案的信息来源,甚至连份相关文件也没有。[4]

传统上,记者常受到两种驱使力:一是率先报道,二是减少成本。从“假定可信”的信息来源获取消息可以降低调查费用。[5] 资深记者詹姆斯·戴格特称,由于不愿意陷入“一个暴露的位置,以至于可能会被指控影响事件,而非仅仅报告事件”,通常的电视新闻节目都倾向于报道显而易见的事实。戴格特写道,电视制作人向来都偏向于调查已经被报道过的故

---

① Boburg and Bogage,“Postal worker recanted allegations”.

② Boorstin, *The Image*, 31.

③ Lesher, *Media Unbound*, 15.

④ David Barstow, “Donald Trump Tax Records Show He Could Have Avoided Taxes for Nearly Two Decades, the Times Found”, *New York Times*, October 2, 2016.

⑤ Anderson and Clifford, *The Anderson Papers*, 5.

事,他们对“开辟新天地”持谨慎态度。[1] 电视新闻编辑室需要做的是影响事件,而不仅仅是记录事件。

另一方面,那些完全依靠渠道获取事实真相的人,但肯·西尔弗斯坦(Ken Silverstein)并非其中一员。2007年,西尔弗斯坦冒充某家伦敦能源公司的代表,希望找到一个华盛顿特区的游说公司,帮助他在土库曼斯坦的商业伙伴“粉饰该国斯大林政权的形象”[2]他毫不费力地找到了两家公司。尽管被指控采取欺骗手段,但西尔弗斯坦还是极力辩称这样的隐秘采访能带来“丰厚利益”。西尔弗斯坦在《哈珀斯》(*Harpers*)杂志上写道,“不幸的是,很少有新闻机构愿意用隐秘采访的方式来获取消息,或者采用常规的调查采访。成本和风险都太高了;媒体宁愿把钱花在白宫记者晚宴上看卡尔·罗夫(Karl Rove)唱Rap”。[3]

西尔弗斯坦因为采取欺骗性战略而受到了新闻界的极大关注。为其辩护的人中包括媒体监督员马克·利塞隆(Mark Lisheron),他在《美国新闻评论》(*American Journalism Review*)上写道,“华盛顿的记者们在华盛顿游说团队内部走了一圈又一圈”。[4] 他们都知道这些要价高昂的游说公司曾做过什么,但没人明确整件故事始末。西尔弗斯坦解释说:

华盛顿的高级记者团很是自鸣得意,记者和他们所报道

---

① Dygert, *The Investigative Journalist*.

② Ken Silverstein,“Lobby Shops for Turkmenistan: Will lie for money”, *Harper's Magazine*, June 24, 2007.

③ Silverstein,“Lobby Shops for Turkmenistan”.

④ Mark Lisheron,“Lying to Get the Truth”, *American Journalism Review*, October/November 2007.

的人之间关系很紧密,不仅是工作上的关系,还包括私人关系。**追求虚假公平的代价是丧失了是非感。**[①]

报道独家消息的记者们常面临一个难题。加州大学伯克利分校(UC Berkeley)新闻学院院长爱德华·沃瑟曼(Edward Wasserman)认为,因为依赖于相同的信息来源,她不得不"对有新闻价值的内容弃之不顾,因为这个内容可能会让她依赖的'信息来源'感到尴尬"。她还有个选择就是:"写下来,但代价就是以后很难再跟警方打交道。"[②]

特朗普的破坏

2016年,不出意外,唐纳德·特朗普当选为总统。巴顿·斯温(Barton Swaim)在《华尔街日报》上说,特朗普的上台代表了"美国专业人士阶层的失败,如果没有值得信任的新闻媒体自愿支持,他们就不可能失败"。[③] 美国广播公司(ABC)高层大卫·赖特(David Wright)的同事安迪·菲斯(Andy Fies)向真相工程的卧底记者解释了这种失败的本质:

这就是场赛马……我想,纽约那帮人一定好奇为什么有人会支持特朗普、为什么有人会理解特朗普。你知道的,有时

① Silverstein,"Lobby Shops for Turkmenistan".

② Edward Wasserman,"The Insidious Corruption of Beats", Edward Wasserman blog archive of columns written while employed at the Miami Herald, January 8, 2007.

③ Barton Swaim,"Trump and the Failure of the Expert Class", *Wall Street Journal*, January 22, 2021.

穿过哈德逊河,出来待一会儿,你就会知道为什么了。[①]

大众情绪和企业媒体文化之间的脱节出现在2017年。CNN的员工不愿意公开他发现的信息,但私下对真相工程透露了部分内容。一位在CNN工作了25年的老员工曾这样评价他的老板:

我讨厌我们变成了……我们明明可以比现在做得更好……他们要做的就是找个主播,然后让他坐在桌前播报新闻……我们想尽办法争取收视率……**尽管我们完全是左翼的,但我们不会承认。**[②]

尽管大多数新闻记者都不愿意大方承认这种偏向性,但像格伦·格林沃尔德(Glenn Greenwald)、诺姆·乔姆斯基(Noam Chomsky)和特朗普这样不走寻常路的人却毫不避讳,尤其像特朗普谈及"假新闻"那次。尽管公众保持沉默,但在私下里,甚至CNN总监制都承认他社交网下的卑劣动机。监制人约翰·博尼菲尔德(John Bonifield)告诉真相工程卧底记者说,CNN长期关注俄罗斯的原因是为了"收视率"。博尼菲尔德补充道,"现在的主要工作就是胡说八道。比如,我们没有任何[俄罗斯施加干预的]有力证据。"[③]《华尔街日报》的

---

① Project Veritas, "'Socialist' ABC Reporter Admits Bosses Spike News Important to Voters, 'Don't Give Trump Credit'", February 26, 2021, YouTube video, 7:31.

② Project Veritas, "Part 3: CNN Field Manager: Zucker's 9am Calls 'BS;'…Totally Left-Leaning… Don't Want to Admit It", October 17, 2019, YouTube video, 15:48.

③ Project Veritas, "American Pravda: CNN Producer Says Russia Narrative 'bullsh * t'", June 27, 2017, YouTube video, 8:48.

巴顿·斯温直言不讳地说，“与俄罗斯勾结”是“愚蠢的阴谋论”。① 在新罕布什尔州的一个酒吧里，另一台隐藏式摄像机记录下了 ABC 新闻制片人安迪·菲斯，他曾说，“我们四年前（2016 年）就搞砸过一次，而今我们又重蹈覆辙”。②

效果是惊人的。大型媒体在几十年前就变成了“歌利亚”，但随着 2020 年的临近，媒体、知名 CEO 们、行政机构都“[发现]彼此之间的政治联系比过去几十年都更加紧密”。③ 但是现在，公民新闻记者得益于新技术而愈发精进，寡头们只能被迫“防守”。正如德国卧底丑闻揭露者君特·瓦尔拉夫所说，“大卫重获力量，歌利亚受到了来自四面八方的攻击。猎人变成了猎物”。④ 大卫拥有了颠覆大型科技公司、大型媒体、政治机器的力量。激进活动派艾比·霍夫曼（Abbie Hoffman）写道，“一旦勃艮第王上台，我们就要从不同的角度看问题”。对于霍夫曼来说，瓦尔拉夫的本领在于“新闻是一场游击战式的戏剧，记者就是生活化的演员”。⑤

从那年开始，在随后的几年时光里，那些“负责”的“专业人士”始终很困惑为什么特朗普的民粹主义会有吸引力，这让

---

① Swaim，“Trump and the Failure of the Expert Class”.

② Russia Today，“The truth suffers：ABC employee in leaked tape by Project Veritas”，February 27，2020，YouTube video，1：07.

③ The Editorial Board，“Speech and Sedition in 2021：The progressive press decides that dissenters should be suppressed”，*Wall Street Journal*，January 29，2021.

④ James S. Ettema and Theodore L. Glasser，*Custodians of Conscience：Investigative Journalism and Public Virtue*（New York：Columbia University Press，1998），4.

⑤ Abbie Hoffman，*Square Dancing in the Ice Age*（Boston：South End Press，1982），144.

他们始料未及;他们对公民新闻记者充满敌意,但并没有贬低过这些记者的劳动果实。对于这些没有资质的新闻记者和那些依靠记者提供信息的人士,“专业人士”们极尽调侃之能事,但其中很多人也无法接受自己透漏出的“自鸣得意”,就像 CBS 数字部经理威尔·拉恩(Will Rahn)所称的“为长期装腔作势的人服务期间,同理心已几乎丧失”。①

社交媒体已迅速成为美国人的主要信息来源。截至 2020 年,全球约 40 亿人使用各种各样社交平台。② 评论家们给社交媒体高管们带来了很大压力,借用一位科技行业人士的话说,就是要“证明他们的合法性”。③

科技公司被迫“在极度的胁迫下”冒着极大风险凭直觉做决定。④ Facebook 全球事务负责人尼克·克莱格(Nick Clegg)在真相工程上公布了一份遭泄露的内部员工通话记录:

> 理想情况下,我们[Facebook]不会自行做出这些决定,我们会完全遵循民主协商的要求和原则。但目前,这些民主协商的内容尚不存在。我们还是不得不当即做出决定。⑤

---

① James O'Keefe, *American Pravda*: *My Fight for Truth in the Era of Fake News* (New York: St. Martin's Press, 2017), 9.

② Brian Dean, "Social Network Usage & Growth Statistics: How Many People Use Social Media in 2021?", BackLink, August 10, 2021.

③ Richard Waters and Hannah Murphy, "Donald Trump, Twitter and the messy fight over free speech", *Financial Times*, January 15, 2021.

④ Kevin Roose, "In Pulling Trump's Megaphone, Twitter Shows Where Power Now Lies", *New York Times*, January 11, 2021.

⑤ Project Veritas, "Facebook Insider Leaks: Zuckerberg & Execs Admit Excessive Power", January 31, 2021, YouTube video, 2:15.

在这份泄露给真相工程的录音中,克莱格讨论了一个真实存在的“最高法院”——希望 Facebook 向当权者屈服的记者、政客和法官等外部专家组成的“最高法院”。

某些被空前放大的声音让歌利亚很害怕。大型科技公司的负责人发起反击,他们调整主流社交媒体平台的算法来检测“动摇、激励和(或)恐吓我们”的内容,并根据这些内容开展工作。[①] 结果是,那些恐吓信息传递者的人被完全排除在外,包括美国总统。同时,特定媒体也被排除在外,比如真相工程。这种排除大大损害了真相,这种社会控制的规模和速度是前所未有的。一个人或一家媒体可以瞬间失去数百万的订阅者,但却束手无策。

当下,科技公司手握集权式的政治权力,就像把“上膛的枪放在桌上”。[②] 在 2020 年大选期间,他们定期进行“虚假事实核查”,删除那些他们觉得“麻烦”的文章和视频,采用那种会让乔治·奥威尔的“真理部”印象深刻的循环渠道。[③] 到了 2020 年,他们有能力影响选举,并最终干预政策,他们以前也做过这些事情。Facebook 全球计划负责人本尼·托马斯(Benny Thomas)说过:“Facebook 和 Google 不再是公司,他们变成了一个国家……而且比其他国家都更强大……必须阻止

---

① Christopher Mims, “GameStop, Bitcoin and QAnon: How the Wisdom of Crowds Became the Anarchy of the Mob”, *Wall Street Journal*, January 29, 2021.

② Barak Richman and Francis Fukuyama, “How to Quiet the Megaphones of Facebook, Google and Twitter”, *Wall Street Journal*, February 12, 2021.

③ The Editorial Board, “Fact-Checking Facebook’s Fact-Checkers”, *Wall Street Journal*, March 6, 2021.

他们。”[1]

《通信规范法》第230条赋予社交媒体巨头们豁免权，免受其他媒体劳动相关法的影响。共和党给科技公司施加压力，让他们保持中立。一些人尝试删去第230条下的豁免权，但国会做出的各种努力都没有解决最核心的困境。共和党要求政策改革向着减少审查的方向，而民主党则提交法案，要求科技公司“负责开展网络跟踪、定向骚扰、进行辨别”以加强审查。[2]

查尔斯·默里（Charles Murray）在《民治：重建无须仰赖许可的自由》（*By the People*）一书中提出，“美国政府现在处于体制僵化晚期，选举和立法都无法拯救它”。[3]

在2020大选期间及大选之后，美国的**两大主要**政党都因“选民欺诈”这个问题向硅谷低了头。在竞争激烈的选举中执行前所未有的审查政策，大型科技公司动摇了“美国实验”的核心支柱，而政治阶层却毫无反抗之意。

在一个媒体主宰的世界，或许打破这种僵局唯一的方法就是：科技公司和媒体公司之间的内容决策全透明化。这会涉及**“真实电影”**（*cinéma vérité*）和诽谤诉讼结合下的产物，以“发现”来强行实现透明化。实例就是真相工程诉《纽约时报》（*Project Veritas v. The New York Times*）一案。乔纳森·特利

---

① Project Veritas, “FB exec says Zuckerberg is too powerful”, March 16, 2021, YouTube video, 2:01.

② Christopher Mims, “How Congress Might Upend Section 230, the Law Big Tech is Built On”, *Wall Street Journal*, February 13, 2021.

③ Charles Murray, *By The People* (New York: Crown Forum, 2016), 10.

(Jonathan Turley)认为,法院之所以决定驳回《纽约时报》的驳回动议,并允许真相工程进行披露,值得一提的是"因为它指出《纽约时报》模糊了意见和事实"。特利将此举描述为"一箭双雕",借此机会,寡头们的权力会受到限制。① 虽然很微小,但大卫在歌利亚的盾牌上刺出了一道裂痕。

引用著作

Anderson, Jack and George Clifford. *The Anderson Papers*. New York: Random House, 1974.

Bacon, Francis. *The New Organon*. Edited by Lisa Jardine and Michael Silverthorne. New York: Cambridge University Press, 2000.

Bok, Sissela. *Secrets: On the Ethics of Concealment and Revelation*. New York: Random House, 1989.

Boorstin, Daniel J. *The Image: A Guide to Pseudo-Events in America*. New York: Vintage, 2012.

Brinkley, Douglas. *Cronkite*. New York: HarperCollins Publishers, 2012.

Campbell, Joseph W. *Getting It Wrong: Ten of the Greatest Misreported Stories in American Journalism*. Berkeley: University of California Press, 2010.

Chomsky, Noam. *Media Control: The Spectacular Achievements of Propaganda*. New York: Seven Stories Press, 2002.

Dygert, James H. *The Investigative Journalist: Folk Heroes of a New Era*. Hoboken, NJ: Prentice-Hall, 1976.

---

① Jonathan Turley, "Project Veritas Wins Victory Against *New York Times* in Defamation Action", March 21, 2021,

Ettema, James S. and Theodore L. Glasser. *Custodians of Conscience: Investigative Journalism and Public Virtue*. New York: Columbia University Press, 1998.

Feldstein, Mark. *Poisoning the Press: Richard Nixon, Jack Anderson, and the Rise of Washington's Scandal Culture*. New York: Farrar, Strauss, and Giroux, 2010.

Gorton, Stephanie. *Citizen Reporters: S. S. McClure, Ida Tarbell, and the Magazine That Rewrote America*. New York: HarperCollins Publishers, 2020.

Halberstam, David. *The Powers That Be*. Champaign, IL: University of Illinois Press, 2000.

Hemingway, Mollie Ziegler. *Trump vs. The Media*. New York: Encounter Books, 2017.

Herman, Edward S. and Noam Chomsky. *Manufacturing Consent: The Political Economy of the Mass Media*. New York: Knopf Doubleday Publishing Group, 2011.

Hoffman, Abbie. *Square Dancing in the Ice Age*. Boston: South End Press, 1982.

Jones, Clarence. *Winning with the News Media: A Self-Defense Manual When You're the Story*. Holmes Beach, FL: Winning News Media, 1983.

Lesher, Stephen. *Media Unbound*. Boston: Houghton Mifflin Company, 1982.

Lofton, John. *The Press as Guardian of the First Amendment*. Columbia, SC: University of South Carolina Press, 1980.

London, Jack. *War of the Classes, The Question of the Maximum*. Scotts Valley, CA: CreateSpace Independent Publishing, 2016.

McLuhan, Marshall. *Understanding Media: The Extensions of Man*. New York: McGraw Hill, 1964.

Mollenhoff, Clark. *Investigative Reporting: From Courthouse to White House*. New York: Macmillan, 1981.

Murray, Charles. *By The People*. New York: Crown Forum, 2016.

O'Keefe, James. *American Pravda: My Fight for Truth in the Era of Fake News*. New York: St. Martin's Press, 2017.

Rindsberg, Ashley. *The Gray Lady Winked: How the New York Times'Misreporting, Distortions and Fabrications Radically Altered History*. Monee, IL: Midnight Oil Publishers, 2021.

Rudbridger, Alan. *News and How to Use It: What to Believe in a Fake News World*. Edinburgh: Cannongate Books, 2020.

Sabato, Larry. *Feeding Frenzy: Attack Journalism and American Politics*. Baltimore: Lanahan Publishers, 2000.

Sinclair, Upton. *The Autobiography of Upton Sinclair*. London: Harcourt, Brace, and the World, 1962.

Sinclair, Upton. *The Brass Check: A Study of American Journalism; Evidence and Reasons Behind the Media's Corruption*. Adansonia Press, First Published in 1919.

Snowden, Edward. *Permanent Record*. New York: Metropolitan Books, 2019.

Sontag, Susan. *On Photography*. New York: Picador, 1977.

Stephens, Mitchell. *The Rise of The Image, the Fall of the World*. New York: Oxford University Press, 1998.

Stewart, Charles and William B. Cash. *Interviewing: Principles and Practic*e. Englewood, NJ: McGraw Hill Education, 2021.

Tarbell, Ida M. *All in the Day's Work: An Autobiography*. New York: Macmillan, 1939.

Tichi, Cecelia. *Exposés and Excess: Muckraking in America, 1900/2000*. Philadelphia: University of Pennsylvania Press, 2011.

Thoreau, Henry David. *Walden*. Boston: Beacon Press, 2004.

Wallraff, Gunter. *The Undesirable Journalist*. Woodstock: The Overlook Press, 1979.

期刊文章

Gottlieb, Martin. "Dangerous Liaisons? Journalists and their sources". *Columbia Journalism Review*, July 1989.

Magarian, Gregory. "The Jurisprudence of Colliding First Amendment Interests: From the Dead End of Neutrality to the Open Road of Participation Enhancing Review". 83 *Notre Dame Law Review* 185, 2007.

McClurg, Andrew J. "Bringing Privacy Law Out of the Closet: A Tort fteory of Liability for Intrusions in Public Places". 73 *North Carolina Law Review* 989, 1995.

第二章 图像

摄影是完全真实的。电影记录下的是每秒 24 帧的真相。①

——让 - 吕克 · 戈达尔(Jean-Luc Godard),

法国—瑞士新浪潮电影制片人

近两个世纪前,照相机的问世不仅改变了我们看待世界的方式,也改变了人类历史的进程。19 世纪诗人、博学家奥利弗 · 温德尔 · 霍姆斯(Oliver Wendell Holmes Sr.)将摄像视为一面“带有记忆的镜子”和一支“带火的笔”,能够烧掉“浮华和虚荣”等不自然的东西。② 20 世纪著名摄影师爱德华 · 韦斯顿(Edward Weston)认为相机是一种“诚实的媒介,只有经过刻意修改,相机才会说谎”。③ 和霍姆斯一样,他认

---

① *The Cinema Alone*: *Essays on the Work of Jean-Luc Godard* 1985 - 2000, ed. Michael Temple and James S. Williams (Amsterdam: Amsterdam University Press, 2000), 84.

② Oliver Wendell Holmes, "The Stereoscope and the Stereograph", *The Atlantic*, June 1859.

③ Edward Weston, *The Daybooks of Edward Weston* (New York: Aperture, 1990), xx.

为相机可以抹除不诚实、浮夸、虚荣心。作家、电影制作人苏珊·桑塔格(Susan Sontag)说:“图像使人迷惑,使人麻醉,如果没有人看到过照片作为佐证,那么一个事件可能会变得比原本的真相更‘真实’。”[①]当权者早就看穿了这一点,这就是为什么拜登不让真相工程涉足边境。

第一人称视角

和照相机一样,视频的力量是视觉性的,而非语言性的。凯文·奥尼尔(Kevin O'Neill)在一份讨论伏击式采访的伦理问题的法律简报中说,“视频是一种语言——一种远超文字的语言”,[②]电视、印刷行业资深人士、NBC 现场制片人鲍勃·温德姆(Bob Windrem)说“眼见为实,这就是为什么电视的可信度比印刷品高得多”。[③] 秘密录制的音频/视频为世界打开了另一扇窗。一个如此诚实的媒介有可能会变得过分真实,而它的准确性和效力也转化成了一种责任。

法国人提出了“真实电影”一词——没有人工痕迹的电影风格。20 世纪 20 年代,经视觉理论家吉加·维尔托夫(Dziga Vertov)和谢尔盖·爱森斯坦(Sergei Eisenstein)等人

---

① Susan Sontag, "War and Photography", in *Human Rights, Human Wrongs: The Oxford Amnesty Lectures*, ed. Nicholas Owen (Oxford: Oxford University Press, 2002), 263.

② Kevin O'Neill, "The Ambush Interview: A False Light Invasion of Privacy?", *Case Western Reserve Law Review* 34, no. 1 (1983).

③ Quoted in Diane Leenheer Zimmerman, "I Spy: The Newsgatherer Under Cover", *University of Richmond Law Review* 33, no. 4 (2000).

创新,这一风格在主流电影《持摄影机的人》(*Man with a Movie Camera*)和《波特兰战舰》(*Battleship Potemkin*)中体现的淋漓尽致。21 世纪的丑闻揭露者进一步推动"真实电影"走向真实化。这种技术印证了 20 世纪 60 年代美国电影人,如彭尼贝克(D. A. Pennebaker)所定义的"直接电影"形式。在这种形式下,被记录的对象看不到隐藏的摄像机,比如彭尼贝克的电影《初选》(*Primary*)中的约翰·肯尼迪,因此,对象的反应不会囿于经设定的制作内容和脚本化的玩笑。在真相工程对"真实电影"的改编中,镜头是**不言自明**、是最纯粹的形式。拍摄下的对话不需要核实,因为这些陈述具有天然的新闻价值,这种价值源于**附有同步声音的移动图像**的本质。[①] **在"真实电影"中,最终形成的并非道德话语,而是信息本身。**[②] 任何人,特别是新闻工作者,拒绝"真实电影"带来的"无中介、不受约束地接触世界"[③],纯粹属于毫无意义。

媒体对于丑闻揭露者使用伪装进行隐秘采访的态度近乎

---

① 例如,《哥伦比亚新闻学评论》教授比尔·格鲁斯金(Bill Grueskin)问杰瑞德·艾德,为什么我们不给利班·穆罕默德(Liban Mohamed)打电话征求意见,利班·穆罕默德是明尼阿波利斯的索马里人,他录下了自己说自己的汽车上到处都是选票。"数字不会撒谎,你可以看到我的汽车都被塞满了。所有这些都是缺席选票。看到了吗?看看这些,盆满钵满。"比尔·格鲁斯金:"在任何时候,有任何自称为真相工程记者的人联系过利班·穆罕默德吗?他的所作所为受到了一些非常严重的指控。"杰瑞德·艾德:对利班·穆罕默德的指控是他在自己的 snapchat 视频中做出的。这实际上就是他的评论。"

② Ettema and Glasser, *Custodians of Conscience*, 9.

③ Bill Nichols, *Representing Reality* (Indianapolis: Indiana University Press, 1991), 43.

于歇斯底里，大家会觉得是真相工程发明了这种做法。但事实并非如此，真相工程的工作方式带有悠久的、富有传奇色彩的新闻历史感。资深调查记者爱德华·杰·艾普斯坦（Edward Jay Epstein）曾写道，新闻工作者很少能够仅凭自身确定某个问题的真相。要确定真相，就要有捕捉真相的能力，也就是需要对问题进行第一手观察。"我们需要亲眼看到沃尔特·里德（Walter Reed）身上的问题"，记者安妮·赫尔（Anne Hull）也表示赞同，她曾在2008年因记录沃尔特·里德陆军医疗中心（Walter Reed Army Medical Center）的恶劣条件而荣获普利策奖。①

著名的《洛杉矶时报》（*Los Angeles Times*）记者大卫·肖（David Shaw）在20多年前就很坚定这一立场，他曾说道，"我特别赞同，记者应该是一个观察者。第一手的观察记录应该作为最终文件，**几乎每一个我完成的大新闻中，我都不得不模仿某人旁观"**。② 第一人称视角很重要。《哈珀斯》杂志前任编辑理查德·霍奇（Richard Hodge）曾表示，"在这样的时代，在历史事件的洪流中，要想维系良性的公民责任感，就需要需要一个'人性代理'"。③ 安迪·吴写道，"有些报道可以远程完成，但有些必须得实地进行"。④ 在报道西雅图臭名昭著的国会山自治区（Capitol Hill Autonomous Zone）时，安迪身着黑

---

① Al Tompkins, "Anatomy of a Pulitzer: Q&A with Hull and Priest", PoynterOnline, uploaded by New York University, April 8, 2008.

② Bok, *Secrets*, 263.

③ Roger Hodge, Intro, *Submersion Journalism*, ed. Bill Wasik (New York: New Press, 2008), x.

④ Ngo, *Unmasked*, 40.

色街区风的服装,这样既方便报道,又能保护自己、免受报复。

菲利普·迈耶(Philip Meyer)在其撰写的权威新闻道德指南中为隐秘采访助了把力。迈耶写道:"参与到观察中是最直截了当的,可以让记者用自己的眼睛和耳朵去看、去听,这是一种美德。""事实上,鉴于准确性是新闻行业的基本目标,这种美德就显得更重要了,因此不应当轻易放弃这种美德来和欺骗相抗争"①,②《60分钟》节目制作人唐·休伊特(Don Hewitt)引用了法律学家凯文·奥尼尔所说的一个"非常成功的概念",即"把记者塑造成一个坚强的人,直面敌人"。③

印度和美国的情况类似。印度作家帕里克希特·卡里(Parikshit Khari)写道:"隐秘采访可以让记者作为参与者—观察者,从内部来观察事件,隐秘新闻采集已被证明在揭露政府和行业欺诈、腐败和非法活动方面是行之有效的,也因此成为新时代新闻行业的高标准要求。"④

对连锁超市雄狮食品(Food Lion)的调查争议不休,ABC

---

① Philip Meyer, *Ethical Journalism: A Guide for Students, Practitioners, and Consumers* (Harlow: Longman, 1987), 81.

② 《哥伦比亚新闻学评论》教授比尔·格鲁斯金问道:"你看不到(收票人)的脸,你不知道他们是谁。"尽管真相工程的记者是一名参与观察员,并播放了电话另一端的录音。格鲁斯金在争论是权威(《纽约时报》依靠他们的可信度)还是材料(来自真相工程)决定了真相。"你不是在要求新闻的消费者、观众相信这就是记者所说的那个人吗?"作者回答说:"不,因为在一种情况下,你展示的是那个人的录像证据。我不会向你们展示这些事件背后的解释性内容。我在向你展示真实的事件。"

③ Lesher, *Media Unbound*, 151.

④ Lyrissa C. Barnett, "Intrusion and the Investigative Reporter", 71 *Texas Law Review* 433, 1993.

新闻部让两位记者去超市里工作，并在假发里装上隐藏式相机。**制作人原本可以去超市购买经重新包装的鱼和腐败的肉的样本，然后送到实验室进行分析，这件事本来很简单。**但根据《纽约时报》说的，这样做“无法代替现场采集的不法行为证据”。① 第一手观察是最纯粹的新闻报道方式，它让丑闻揭露者用自己的眼睛和耳朵去看、去听。如果观众能通过视频和音频直接看到证据，而非仅仅“告知”现场情况，那他们就会更相信该报道是合法的。在芭芭拉·卡颇（Barbara Kopple）的纪录片《美国哈兰县》（*Harlan County, USA*）中，这种感觉就体现的更明显了。在该片中，一个贫穷的肯塔基州煤矿社区为争取公平的工资待遇和合理的安全工作条件，联合起来向电力巨头公司杜克（Duke Power）罢工，所有这些都通过第一人称视频捕捉到的；生活墙上的苍蝇活灵活现，就像真实展现在“真实电影”制作人和记者面前似的。

相机削弱了第一人称报道的重要性。普利策奖得主、《芝加哥论坛报》（*Chicago Tribune*）记者威廉·盖恩斯（William Gaines）说，“在电视当道的年代，相机使第一人称报道不再那么被需要，因为当相机变得隐秘，观众就能亲身体验到故事本身”。② 记者的动机和性格在目击证据面前变得无关痛痒。事实上，视频不过是记者笔记本的进化版。他将故事带到了生活中，产生的影响力远超之前观众自己内化的产物。《一九八四》一书中的大洋洲领导人当然明白视觉证据的强大：“各

---

① Walter Goodman, "Beyond ABC v. Food Lion", *New York Times*, March 9, 1997.

② William Gaines, "Lost art of infiltration", *SAGE Publications* 8, no. 5: 2007.

党派都告诉你不要相信自己亲眼所见的证据。这是他们最后、最基本的命令。”①

虽然最高法院坚持说,记者依赖单一、无法核实的消息来源不牵扯法律问题(调查失败也并不一定是故意的)②,只要实施方式正确,隐秘视频不需要被验证,因为记录下的陈述和刻画的身份是未经过滤的信息,其内容本身就具有强烈的冲击性。塔克·卡尔森(Tucker Carlson)对真相工程的一场骗局的回应是:美国国家公共广播电台(NPR)首席财务官罗恩·席勒(Ron Schiller)与他认为是穆斯林兄弟会成员的人会面,“从审美的角度看,我有些疑惑,但新闻的意义是在于报道”。卡尔森问道,“你的主要问题是:这是真的吗?”③

成品的审美属性——图像的颗粒感、录音的音质,甚至是丑闻揭露者的动机——都不会破坏所发生事件的真实性。作为实证方法的适用方式,媒介的确引发了“审美上的困惑”这也是埃里克·为恩斯特(Eric Weinstein)在 Twitter 上提到的:“我也不得不承认:我讨厌这个该死的隐藏式摄像头拍我。”④为恩斯特这话意指真相工程一段记录 ABC 新闻记者大卫·赖特的视频。

丑闻揭露者并不相信:“你讨厌‘这个该死的隐藏式摄像

---

① Orwell, *1984*, 103.

② “Holding that to show actual malice, plaintiff must show ‘high degree of awareness of probably falsity’.” St. Amant v. Thompson, 390 U. S. 727 (1968).

③ Howard Kurtz, “NPR’s Polarizing Shake-Up: Vivian Schiller Resigns Over O’Keefe Video”, *Daily Beast*, July 13, 2017.

④ @EricRWeinstein, Twitter, February 26, 2020.

头拍你'？**赖特是在公共场合和朋友自由地进行讨论。在报纸上，这就被称作'报道'**。你对这种方法所持的偏见毫无意义，你希望我在报道时不要有'匿名消息来源'的音频？"①

视频新闻目的

新闻学者西奥多·格拉瑟（Theodore L. Glasser）写道："使用隐藏式磁带录音机，至少在有一方在场的情况下，并不会出现反对者所说的那种道德困境：这并没有侵犯隐私，不算是欺骗行为，不属于窃听，也不构成诱捕。"②

"真实电影"的丑闻揭露者只是单纯呈现了中立的信息。他的报道符合传统新闻标准。它不涉及良知，仅仅是对经验方法本身的应用。③ 它的目的在于"无利害关系、透明化。报道几乎就是事物本身，不受记者思想的干扰"。④ ABC记者大卫·赖特**在录音中**是这么说的："商业方面的要求和新闻本身是无法相容的。"⑤丑闻揭露者并没有将这话加以引用，他只是让大卫把这话说了出来。他没有进行多余的评论、没有再叙述、没有多加宣传。

毫无疑问的是，媒体，尤其是视频，它们的扩张已经影响

---

① @jamesokeefeiii, Twitter, February 26, 2020. 在该账号永久暂停前查阅。

② Ettema and Glasser, *Custodians of Conscience*, 82.

③ Ettema and Glasser, *Custodians of Conscience*, 9.

④ Jack Fuller, *News Values: Ideas for an Information Age* (Chicago: University of Chicago Press, 1997), 14.

⑤ Jamie Ross, "ABC News Suspends Correspondent David Wright Over Secret Video Footage: Report", *Daily Beast*, February 26, 2020.

了传统的隐私保护,影响了构成社会标准的社会规范。同样毋庸置疑的是,印刷品不会像电视图像那样威胁到隐私或声誉。拒绝页面上的文字要比拒绝屏幕上的图像容易得多。而且,印刷出的文字需要读者全方位投入精神阅读。单纯的图像或视频片段只需要观众投入一点时间,它的力量就会抓住观众,就像小溪中的鳟鱼,再次被甩回网络流,继续它的旅程。

CBS 晚间新闻前监制桑福德·索科洛(Sanford Socolow)认为,准确的视频新闻——即使以负责的方式进行报道——仍然会产生误导。比如他观察到:这几周来,对公共重要话题的认真报道所产生的影响力,可能会被一场两分钟的越南战争战役广播新闻完全抹去。

如果说 20 世纪的录像是三维的——镜头下伴随着人物语调、节奏、手势;那么,21 世纪的录像带就又多了一个维度,即自发性。比如 CNN 现场作业经理帕特里克·戴维斯(Patrick Davis),他就曾被同事,CNN 卫星技术员卡里·波奇(Cary Poarch)秘密录像。由于 CNN 公开背离了最初的使命,即提供客观的新闻,波奇感到非常不安,于是他以举报人的身份联系到真相工程。他记录下了戴维斯当时正在宣泄情绪——那种很多 CNN 工作人员在私下里说过,但没有人会在公开场合表露过的情绪:“我不再对我们的直播内容感到兴奋。我已经在这里待了一阵儿了,我讨厌看到我们曾经的模样,讨厌看到我们原本可以成为的模样,讨厌看到我们即将变成的模样。都太糟糕了。”[①]波奇的目的不是让戴维斯难堪,

① Project Veritas,“Project Veritas Action-Patrick Davis Manager of Field Ops at CNN”, January 16, 2020, YouTube video, 0:39.

戴维斯在这事儿上的确也没做错什么。特德·特纳(Ted Turner)可能会同意英国广播公司(BBC)1982年的一场采访中的一段话:

作为编辑,我们的原则是呈现新闻的原貌,对有争议的问题持截然不同的观点时,我们应当找到各方的支持者,让他们去表达各自的观点,然后让观众们自己决定想相信什么。这是我的哲学,只不过,是我对"自由社会应该如何运作"的看法。①

用他们自己的话来说:就像雪莉·泰特一案

捕捉一个特定对象的真实话语,本身是不存在法律问题的。这一点充分体现在了69岁的慢性阻塞性肺病患者雪莉·泰特(Shirley Teter)诉真相工程一案中。泰特第一次登上新闻是在2016年9月特朗普在北卡罗纳州的的一次集会中,据称,她被一名特朗普支持者"袭击"。那几天里,媒体乐此不疲地报道此事,比如当地一家电视台的标题就是:"据报道,一位69岁的老奶奶在北卡罗纳州集会上被特朗普支持者殴打。"②

在真相工程揭露出民主党探员斯科特·福瓦尔(Scott Foval)曾嘲讽泰特是故意挑起事件的"猎鸟者"后,泰特女士选择起诉,这很不明智。当丑闻揭露者就泰特一案进行取证

① Brit Junior, "The Man from Atlanta", August 24, 2014, originally broadcast by BBC, August 23, 1982, YouTube video, 39:35.

② Aaron Adelson, "69 - year-old woman allegedly punched in face by Trump supporter outside NC rally", WLOS ABC - 13, updated May 9, 2017.

时，他和泰特女士的四位高价律师进行了如下交流：

律师：雪莉·泰特是“猎鸟者”吗？

丑闻揭露者：我只想谈斯科特·福瓦尔是怎么说泰特女士的。

律师：那么……她到底是不是？

丑闻揭露者：我只谈在这件事上斯科特·福瓦尔是怎么评论泰特女士的。①

由于真相工程是被告方，此案一路走到了由联邦陪审团进行判决的阶段。就在此时，联邦法官马丁·雷丁格（Martin K. Reidinger）要求根据第50项动议举行听证会，来决定是否有必要采取指示判决。② 参考上面的证词摘录，泰特的律师迪克西·韦尔斯（Dixie Wells）希望雷丁格法官能要求这位丑闻揭露者就斯科特·福瓦尔所说的内容发表看法。

韦尔斯抱怨说，当问及丑闻揭露者的意见时，他只会说：“作为一个记者，我的职责是准确报道人们告诉了我什么。”这话让韦尔斯很沮丧。她告诉雷丁格法官，“他并不认同自己在视频里所说的话”。法官显然被激怒了，他不同意韦尔斯在法庭上表现出的道德立场。雷丁格法官的回应值得细细品味：

好吧，我再说一次，我不需要你读这些内容，我自己会看，这是仅仅几分钟前你和我的对话内容。前两轮我的问题是，

---

① Shirley Teter v. Project Veritas Action Fund, et al., United States District Court, Civil No: 1:17 - cv - 256 (2019).

② “Rule 50. Judgement as a Matter of Law in a Jury Trial; Related Motion for a New Trial; Conditional Ruling”, Legal Information Institute, Cornell Law School.

奥基夫先生,你能保证你的消息来源百分之百真实吗?记者不需要做出这种保证,律师也不需要。我的意思是,在向陪审团辩护时,律师必须不停说话、不停表达看法,这就是他们的工作。或者要我说,这应该是你的工作。这事儿明明不需要我来做,但是现在我不得不反复开口问你,你的看法是什么?好吧,**记者对消息来源的看法是完全无关紧要的。如果有记者对某观点发表自己的意见,那我会质疑他的职业道德**,毕竟他不该对此多加评论,这应该是权威人士的工作。①

雷丁格法官对韦尔斯所说的话还不止于此。根据第一修正案进行辩护时,他补充说:"你答辩中的某些内容,如果让迈克·华莱士听到,肯定要惹的哄堂大笑。"他还说:"我担心作出的裁决不仅会违背、甚至会破坏第一修正案。"作为法官,他可以自由发表观点,而且他的确发表了很多:"如果我弄错了,而且第四巡回法庭也说这不符合法律规定的话,那我就搞不清第一修正案在这个国家到底算什么了。"②

法官提出了一个独特的观点。传统上说,根据美国职业记者协会(Society of Professional Journalists, SPJ)的道德准则,记者要挖掘多位证人,寻找、披露多个信息来源,并征求相关意见。热心记者委员会(The Committee of Concerned Journalists)将这一做法定义为"核实纪律"。委员会表示,"这种核实纪律的目的在于,将新闻行业和其他形式的商业行为,

---

① Shirley Teter v. Project Veritas Action Fund, excerpt of proceedings, May 21, 2019.

② Shirley Teter v. Project Veritas Action Fund, opinion by Judge Reidinger, June 7, 2019.

比如宣传、广告、杜撰或娱乐节目,区分开来”。[①] 艾达·塔贝尔比其他记者早使用这种核查方法几十年。她的做法是核查信息来源的宣誓书,并且只使用经确认的消息来源。

再说回雷丁格法官,他在抨击韦尔斯女士时,也对隐秘采访持反对意见的人经常提出的那些条件反射式、非理性的意见,做出了回应:

所以,我再说一遍,韦尔斯女士,这就是我对你所说内容的看法。你一直在说,这个问题涉及面很广,是由各种碎片化的内容组成,但你陈述的每个小细节,都与你的答辩相悖。你不能这样自相矛盾,你在给自己的说法扣分,还妄图用相悖的观点佐证自己的立场。这不是数学题,减法变不成加法……[②]

与有线新闻不同,这是联邦法院,批评者不能随意泼脏水。韦尔斯的回应让她丢掉了自己的尊严:“好吧,谢谢,谢谢法官让我知道了自己身在何处。”[③]根据证据,雷丁格法官在案件进入陪审团审判之前就决定驳回。在法庭上,“真实电影”的丑闻揭露者毫无惧色,因为当他们把工作做到了极致,那就属于少数几个能被司法机构关注的原料镜头,属于“每秒24帧的真实”。

---

① Bill Kovach and Tom Rosenstiel, *The Elements of Journalism*: *What Newspeople Should Know and the Public Should Expect* (New York: Three Rivers Press, 2007).

② Shirley Teter v. Project Veritas Action Fund, excerpt of proceedings, May 21, 2019.

③ Shirley Teter v. Project Veritas Action Fund, excerpt of proceedings, May 21, 2019.

反应和分布式观念抑制复合体

埃里克·为恩斯特(Eric Weinstein)是一位有思想的文化评论员,他提出了"分布式观念抑制复合体"(DISC)这个概念,指的是"不同结构的大集合,不受任何控制,大多单独出现"。DISC的一个重要内容是它能使机构免受个人提出的有效且合理的观点的影响。[①] DISC主要用于压制对选题持反对态度的观点和论点。为恩斯特认为,**国家机构是为了发展而匆忙建立的,因此十分脆弱、易受冲击**。为了保护自己,他们不得不说出不实之词。DISC架构松散,不受主结构的控制,它的任务是不让公民知晓那些会动摇国家机构权力基础的真相。为恩斯特并不悲观,他认为DISC是可以"滑动"的。2020年1月,他在Twitter上表示,"我想你们拿着研究成果孤注一掷,我想让你们记住,我们需要你们走出停滞,我希望你能病态地信任自己"。[②]

安德鲁·布雷巴特(Andrew Breitbart)天生就可以"滑动"DISC。他相信,媒体不仅会被抢先(获得和报道新闻消息),还有可能被黑掉。"你可以玩弄媒体,你可以强迫他们进行报道",布雷巴特说,"这不单单是速记,这是一种行为艺

---

① Eric Weinstein, "Eric Weinstein (Solo), Ep. #018 of The Portal-Slipping the Disc: State of The Portal/Chapter 2020", February 13, 2020, YouTube video, 1:03:35.

② @EricRWeinstein, Twitter, January 16, 2020.

术”。[①] 索尔·阿林斯基(Saul Alinsky)也可以“滑动”DISC,他在《激进者规则》(*Rules for Radicals*)一书中写道:

制定策略的最重要前提是能向反对者施加持续的压力。正是这种压力才能让他们作出反应,这对领导运动的成功至关重要。而且,行动不仅出于反应,行动本身也是反应的结果,是对反应的反应,周而复始。压力产生反应,而持续的压力则能维持行为。[②]

正是由于报道具有真实性,丑闻揭露者对DISC的“滑动”做出了必要的反应。2020年2月,真相工程的记者记录下了ABC资深记者大卫·赖特分享他对新闻编辑室的看法。这位自诩“社会主义者”的记者告诉丑闻揭露者:“商业需要和新闻互不相容,就像现在你看《早安美国》(*Good Morning America*)时,如果没有迪士尼公主或漫威复仇者出现,你就看不到……这就是自我推销。”赖特还批评了ABC对特朗普的报复性、肤浅的报道。之后,ABC对赖特做出了惩罚,这就是该公司对记者说出真相的回应。“大卫·赖特被停职”ABC在一份声明中说,“为了避免可能出现的偏见,他复职后将不再从事政治报道”。[③]

在得知停职的消息后,DISC被激活。推特认证大V记者梅丽莎·瑞安(Melissa Ryan)立即写道,这位丑闻揭露者“本周有可能会毁掉另一个人的生活,而他的雇主正在推波助澜

---

① Noah Shachtman,“How Andrew Breitbart Hacked the Media”, *Wired*, March 11, 2010.

② Alinsky, *Rules for Radicals*, 129.

③ Jamie Ross,“ABC News Suspends Correspondent David Wright Over Secret Video Footage: Report”, *Daily Beast*, February 26, 2020.

了”。奇怪的是,她也承认,真相工程的资金可能来源于右翼捐赠者,但权力背后是来自“对这些视频作出回应的公司和组织”的支持。[①] 瑞安并不是唯一一个对赖特被停职表示质疑的人。东北大学的丹·肯尼迪(Dan Kennedy)也说,“真正困扰我的是 ABC 告诉真相工程,他们不应该这么做”。[②] 瑞安和肯尼迪抱怨的并不是事件本身,而是 ABC 对该事件的反应。他们做了为恩斯特早先预料到的为了保护 DISC 会做的事。但是,如果 DISC 不仅仅是滑落,而是被击碎,那么激起这种反应就是必不可少的步骤。

引用著作

Alinsky, Saul D. *Rules for Radicals*. New York: Random House, 1971.

Bok, Sissela. *Secrets: On the Ethics of Concealment and Revelation.* New York: Random House, 1989.

Ettema, James S. and Theodore L. Glasser, *Custodians of Conscience: Investigative Journalism and Public Virtue*. New York: Columbia University Press, 1998.

Fuller, Jack. *News Values: Ideas for an Information Age*. Chicago: University of Chicago Press, 1997.

Godard, Jean Luc. *The Cinema Alone: Essays on the Work of*

---

① Melissa Ryan, "Why James O'Keefe Still Has Power", Melissa Ryan blog on *Medium*, entry posted March 1, 2020.

② GBH News, "Project Veritas Gets ABC Correspondent Suspended", February 28, 2020, originally broadcast by PBS *Beat the Press*, YouTube video, 5:35.

Jean-Luc Godard 1985 – 2000. Edited by Michael Temple and James S. Williams. Amsterdam: Amsterdam University Press, 2000.

Hodge, Roger. *Introduction to Submersion Journalism.* Edited by Bill Wasik. New York: New Press, 2008.

Kovach, Bill and Tom Rosenstiel. *The Elements of Journalism: What Newspeople Should Know and the Public Should Expect.* New York: Three Rivers Press, 2007.

Lesher, Stephen. *Media Unbound.* Boston: Houghton Mifflin Company, 1982.

Meyer, Philip. *Ethical Journalism: A Guide for Students, Practitioners, and Consumers.* Harlow, UK: Longman, 1987.

Ngo, Andy. *Unmasked: Inside Antifa's Radical Plan to Destroy Democracy.* New York: Hachette Book Group, 2021.

Nichols, Bill. *Representing Reality.* Indianapolis: Indiana University Press, 1991.

Sontag, Susan. "War and Photography", *in Human Rights, Human Wrongs: The Oxford Amnesty Lectures.* Edited by Nicholas Owen. Oxford: Oxford University Press, 2002.

Weston, Edward. *The Daybooks of Edward Weston.* New York: Aperture, 1990.

期刊文章

Barnett, Lyrissa C. "Intrusion and the Investigative Reporter". *Texas Law Review*, 1993.

Gaines, William. "The Lost Art of Infiltration". Written by William Gaines, Professor of Journalism at the University of Illinois. *SAGE Publications*, 2007.

O'Neill, Kevin. "The Ambush Interview: A False Light Invasion of Privacy?". *Case Western Reserve Law Review*, Volume 34, Issue 1, 1983.

Zimmerman, Diane Leenheer. "I Spy: The Newsgatherer Under Cover". *University of Richmond Law Review*, Volume 33, Issue 4, 2000.

法庭案例

Shirley Teter v. Project Veritas Action Fund, et al. United States District Court, Civil No: 1:17 - cv - 256 (2019).

St. Amant v. ftompson. 390 U. S. 727 (1968).

第三章　欺骗

如果“使用未经披露或虚假的身份进行欺骗”本身就是错误的，那么，我们就得允许饭店起诉美食评论家、房东起诉公正的试住员、商店起诉秘密到访的客人，毕竟这些人的真正目的都不在消费。①

——黛安·林黑·齐默曼(Diane Leenheer Zimmerman)，
纽约大学法学院教授

如果允许丑闻揭露者为了获取信息就可以在合理的范围内自由地欺骗采访对象或消息来源，那么，他就**绝不能去**欺骗观众。这就形成了相对欺骗；要么丑闻揭露者去欺骗观众，剥夺公众获取信息的渠道；要么就是去欺骗采访对象，以便告知观众真相。吉恩·福尔曼(Gene Foreman)在《道德的记者》(*Ethical Journalist*)一书中写道，如果他的目标是向观众讲述真相，**那么在某些情况下，为了让观众了解真相，记者负有“道德义务”去欺骗他的采访对象，如果不这样做，那该记者在道**

---

① Diane L. Zimmerman, “I Spy: The Newsgatherer Under Cover”, 33 *University of Richmond Law Review* 1185 (2000).

德上就可能出现瑕疵。[①]

好记者应该充满自信

30 年前，珍妮特·马尔科姆（Janet Malcolm）著作的首页内容就在媒体界引发了轰动，她指出了新闻欺骗的常规性质："[每个记者]都是自信的，他会利用人们的虚荣心、无知或孤独，获得信任，最终毫不愧疚地背叛他们。"马尔科姆继续说：

主体所遭受的苦难并非单纯的不光彩的肖像刻画或对他的观点的歪曲；使他感到痛苦、不安的，有时甚至会让他走向复仇这一极端道路的，是被人欺骗。在阅读相关文章或书籍时，他需要直视到：这位记者，虽然看起来友好、富有同情心、善解人意、能够感同身受他对事物的看法，却从未打算和他合作，这位记者只打算独自完成属于他自己的故事。[②]

想要用抽象的方法去证明欺骗具有道德性，这几乎是不可能的。一位资深的调查员说过，"这就像试图挖出干枯的水或防火的煤一样"。[③] 对于大多数新闻行业精英阶层以及旁观者来说，欺骗就是欺骗，无论其出于多么崇高的目标。编辑们经常引用的一个老笑话，虽然大家都知道这话并非温斯

---

① Gene Foreman, *The Ethical Journalist: Making Responsible Decisions in the Pursuit of News* (Oxford: Wiley-Blackwell, 2010), 286.

② Janet Malcolm, *The Journalist and The Murderer* (New York: Vintage Books, 1990), 3.

③ 为卧底工作辩护的人认为它代表了道德欺骗，但对其他人来说，为卧底工作辩护的努力代表了欺骗的道德，其中包含了逻辑上不可调和的因素。Gary T. Marx, *Undercover: Police Surveillance in America* (Berkeley: University of California Press, 1988), 96.

顿·丘吉尔(Winston Churchill)所言,但这个笑话印证了他们的绝对主义思想。

丘吉尔:夫人,你愿意为了500万英镑跟我上床吗?

精英阶层:天哪,丘吉尔先生……我想……我们得谈谈条件。

丘吉尔:你愿意为了5英镑跟我上床吗?

精英阶层:丘吉尔先生,你把我当成什么人了?!

丘吉尔:夫人,我已经确认你是哪种人了。现在我们不过是在讨价还价。①

从一些编辑的角度看,欺骗,即使是为了崇高的目标,也会体现出记者自身的品质,即超越法律的底线。反过来说,美国丑闻揭露者会说,提供欺骗性消息会让记者们违背法律。迈克尔·沃尔夫(Michael Wolf)在撰写反特朗普的《火与怒》(*Fire and Fury*)一书时,就曾因收集证据的方式而备受争议。沃尔夫说,"我绝对和总统交谈过,但我不知道他自己清不清楚那次对话是采访,但绝对算不上秘密交谈"。② 真正的重点不在于采访的性质,而在于报道的准确性。

自新闻行业出现以来,严谨的新闻学学生一直在问自己,在采访报道对象时的欺骗行为是否符合道德标准。杰克·谢弗(Jack Shafer)在《哥伦比亚新闻学评论》(*Columbia Journalism Review*)中问道,"在明显误导和欺骗的情况下,投

① John C. Havens, "The Price of Haggling for Your Personal Data", *Slate*, March 17, 2021.

② Michael Wolff, "'Fire and Fury' author Michael Wolff: 'I absolutely' spoke to President Trump", originally broadcast by NBC, *The Today Show*, January 5, 2018.

射虚假的印象”，这是否符合道德？这一问题谢弗引用自布鲁克·克罗格（Brooke Kroeger）的《隐秘采访：关于欺骗的真相》（*Undercover Reporting: The Truth About Deception*）一书。虽然谢弗不是真相工程的粉丝，但他跟克罗格一样，都承认这个问题具有合理性。他补充道，“**‘故意投射虚假印象’是记者几乎每天都会对他的采访对象做的事情**”。①

伦理学家路易斯·霍奇斯（Louis W. Hodges）用这样的措辞描述了记者面临的道德困境：“欺骗，在道德层面是错误的……但是……在某些情况下，欺骗的错误程度相对其他可能采取的行动的错误程度，要小得多。”②霍奇斯甚至说，在进行某些“新闻采集”时，“欺骗，在道德上，是可以接受的”。虽然可以提出这样的论点——“只有在必要的情况下，记者才能欺骗，而且有义务提供充分的理由”，但霍奇斯认为，决定进行欺骗不需要正当理由。

刻意去愚弄一些人，至少在某些时候，会反复产生重要的、有说服力的、也可能是引人入胜的结果——这可能就是“欺骗”经久不衰的关键。③

这种道德困境从一开始就困扰着人类，却在启蒙运动中获得了精神贵族的青睐。18 世纪哲学家伊曼努尔·康德（Immanuel Kant）不仅针对新闻本身，而且对所有有价值的事物的追求做出了说明：

---

① Jack Shafer, "The Lying Game", *Columbia Journalism Review*, September/October 2012.

② Foreman, *The Ethical Journalist*, 286.

③ Louis W. Hodges, "Undercover, masquerading, surreptitious taping", *Journal of Mass Media Ethics*, Fall 1988, 26 – 36.

善意是唯一不需要任何正当理由的善。善意是一种为了责任而行动的善,是“发自内心”的。如果生活的目的只是获得幸福,那么我们都只会去寻求快乐和满足,并希望能反馈给我们幸福。但问题是,幸福并不在我们能力范围控制下;在很大程度上说,幸福要靠运气。①

归根到底,为了更大的善意免受摧残,揭露暴政才是道德上负责任的体现。如果不是娜丽·布莱(Nellie Bly)在1889年鼓起勇气潜入女性精神病院,那么,那些仅仅是因为背离社会规范就被当作精神病的妇女还会继续遭受非人待遇,公众也永远无法知晓真相。② 传奇性的新闻报道改变了制度。

“泄密”

然后是关于泄密的话题。泄密本质上就是泄密者的新闻发布会。以手段为目的的道德家应该会对被泄露的信息表示愤慨和怀疑,就像他们会美化那些旨在为你提供第一手观察资料的欺骗行为。因为所传输的信息可能发生变化,以至于原始信息无法被识别,所以,泄密行为通常要经过几方中介。在这种情况下,即使新闻行业不故意误导,信息也会出问题。不幸的是,报道别人的陈述是可以为人接受的新闻,而不论这个“别人”是否接受,也不管报道内容是否与事实相符。

正如希赛拉·博克所说,那些泄密者知道他们提供的信

---

① Immanuel Kant, *The Doctrine of Virtue*: *Part II of the Metaphysics of Morals* (New York: Harper Torchbooks, 1964), 93.

② Dr. Howard Markel, “How Nellie Bly went undercover to expose abuse of the mentally ill”, PBS NewsHour, May 5, 2018.

息因为来源不明，所以可能不会被认真对待。而且，由于这些信息被刊登印刷前要经过多次过滤，所以其中可能会掺杂一些内容，以至于完全失去它原本的内涵。[1] 根据丹尼尔·布尔斯廷的说法，泄密是最典型的伪事件。布尔斯廷写道，"现在，泄密几乎和正式的新闻发布会一样，组织严密，受到严格的规则约束。制度化的泄密给政府官员和记者的计谋和伪装带来了更大的压力和负担"。[2]

政府人员不会在新闻发布会上承认自己的错误。就他们本身而言，政府人员向新闻行业泄密是一种目标明确的"新闻发布方式"。不能期待这种泄密是诚实的行为。聪明的调查记者知道，他们获得的"泄密"信息只是当权者希望他们发现的东西。

运用相对欺骗的悖论

美国 CNN 的克里斯·科莫(Chris Cuomo)曾经这样评价那些被热麦逮住的人："或许这正是你最诚实的时候。"[3]科莫是对的。镜头下的人比在镜头上诚实的多。正如那位道德上毫无瑕疵的艾米·罗巴克(Amy Robach)。在《早安美国》(*Good Morning America*)拍摄现场，罗巴克在广告间隙用麦克风说，电视台不允许播放她对弗吉尼亚·罗伯茨·朱弗尔(Virginia Roberts Giuffre)的爆炸性采访，她曾是臭名昭著的

---

① Bok, *Secrets*, 223.

② Boorstin, *The Image*.

③ CNN, "Chris Cuomo Defends James O'Keefe on CNN", May 17, 2015, ProjectVeritas. com, 0:13.

恋童癖杰弗里·爱泼斯坦(Jeffrey Epstein)的受害者之一:

这事我跟踪3年了。我对弗吉尼亚·罗伯茨·朱弗尔进行了采访,但却不能播出。一开始,他们跟我说,“杰弗里·爱泼斯坦是谁”“没人知道他是谁”“这故事真不怎么样”,然后,王室发现我们握有对安德鲁王子的完整指控,就开始用各种方法威胁我们。我们担心因为此事,以后就不会采访凯特和威廉王子了,所以我们不再报道。然后,艾伦·德肖维茨(Alan Dershowitz)也因为飞机上的事被牵扯进来。[弗吉尼亚]告诉了我一切。她有照片,什么都有,她躲了12年,我们说服她站出来,说服她和我们谈谈,现在我们掌握的东西是令人难以想象的。**比尔·克林顿(Bill Clinton),我们什么都有。我花了3年时间弄清楚这事儿。现在真相浮出来,就像这些新的启示,我拥有了一切。我现在很生气。**我越来越生气,我总在想“哦,天哪,我们。我们所拥有的一切太不真实了”。其他女性也支持这一观点。3年前,律师布拉德·爱德华兹(Brad Edwards)说,“就像……就像‘总有一天’”,我们会意识到杰弗里·爱泼斯坦是这个国家有史以来最恶劣的恋童癖,而我在3年前就知道这个真相了。①

向我们提供罗巴克录音的那位勇敢的知情人士觉得**有必要**欺骗他的雇主——ABC新闻部,这样才能获取录音并向全世界公开。虽然这位知情人士还在纠结是否要冒着失去一切的风险,但他承认:“对我来说,没有其他选择。”这是使用欺

① Project Veritas, “VIDEO: Leaked ABC News Insider Recording EXPOSES #EpsteinCoverup ‘We had Clinton, We had Everything’”, November 5, 2019, YouTube video, 7:36.

骗手段和秘密录音的知情人员的共同心声。他们觉得自己的行为是“没选择的选择”①

这就是相对欺骗的悖论，对于有正义情结的人，他们被迫在二者之间做出选择：要么，欺骗另一主体，与公众分享真相、促进公共利益；要么，诚实地告诉谈话对象你想要公布他们所说的话的意图，向民众传达可能不诚实的言论。分享视频，从道德上看是站得住脚的，是两害相权取其轻的选择。由于罗巴克录音的曝光，ABC 新闻部最终播出了一部关于杰弗里·爱泼斯坦的纪录片，这引发了一场针对 ABC 的#爱泼斯坦掩盖真相#推文的风暴——推文多达 1000 万条——包括众多国会议员写给该电视台高层的信件。

录下罗巴克的言论，这一**欺骗行为**颠覆了 ABC 新闻部的强权。电视台似乎有意欺骗公众，不让公众了解这则爆炸性采访所包含的信息。在这种情况下，这种欺骗的**错误程度**显然比 ABC 掩盖行为的错误程度低。如果什么都不做，如果知情人士不选择与真相工程合作，后果只会更严重。

手段和目的：“这会让你感觉更好”

文学硬汉欧内斯特·米勒尔·海明威（Ernest Hemingway）将道德简化为鲜明的二元性。他曾说，“到目前为止，我只知道道德的是你事后觉得好的东西，不道德的是你事后觉得糟

① C. Fred Alford, “Whistle-Blower Narratives: The Experience of Choiceless Choice”, *Social Research* 74, no. 1 (2007): 223-248.

糕的东西。"[1]小说家、早期"新"记者托马斯·B.摩根(Thomas B. Morgan)增补了一些细微差别。"道德上站得住脚的新闻",他写道,"很少是让你事后感觉良好的新闻;只有如此,你才会觉得报道了比不报道要来的好"。[2]

《毒笔:揭露丑闻的优雅艺术》(*Poison Penmanship: The Gentle Art of Muckraking*)一书的作者杰西卡·米特福德(Jessica Mitford)写道:"我随机编造道德准则。"谈到丑闻揭露者的决策时,米特福德说:"从本质上讲,这是根据环境形成的。这完全取决于观众是否认为你所展示的东西需要被展示……"[3]

鉴于被揭露出问题的双方都受制于越来越多的教条,丑闻揭露者绝不能根据对方的期望来调整自己的良知。索尔·阿林斯基关于手段和目的第9项规则,此时此刻而言比50年前他在《激进主义者守则》(*Rules for Radicals*)中提出的时候更适用。阿林斯基写道,"任何有效的手段都会被反对派自动判定为不道德的"。[4] 举个例子,许多人认为Facebook审查内容并没有什么错,并认为被指控违反Facebook那些武断的规则的人越过了道德底线。

卷入电子内战的美国丑闻揭露者知道不能按Facebook的规则行事。他在判断自己的行为时,会考虑到情况的紧迫

---

① Ernest Hemingway, *Death in the Afternoon* (New York: Scribner, 1932), 13.

② Martin Gottlieb, "Dangerous Liaisons? Journalists and their sources".

③ Jessica Mitford, *Poison Penmanship: The Gentle Art of Muckraking* (New York: New York Review of Books Classics, 1979).

④ Alinsky, *Rules for Radicals*, 35.

性，还会考虑公众对被曝光的东西的感兴趣程度。他也知道，批评他的人表面上会把矛头指向他采取的方式和道德问题，但实际上，矛头指向的是他的**发现**，尤其是考虑到美国公众舆论日益扩大的分歧。正如霍尔曼·詹金斯在《华尔街日报》中对当代权威人士评论的那样："人们所说的大多数不是关于真假，而是关于自我保护和进步。"①

当涉及评估"使用匿名吸引公众"这一道德问题时，丑闻揭露者会做出主观性的判断。**他认为他和采访对象所遭受的不适，会有损报道的新闻价值、也有损报道对公众利益的价值**。传统媒体基本上持漠不关心的态度，忽视了自己和盟友之间不可告人的秘密。比起道德问题，他们更担心的是谁的牛被顶了。为了保护友好的牛，他们严格控制信息流。他们的能力来自控制信息流，这就是原始力量。

当卧底记者去"约会"时，是不可能抽象地评估手段的。很多事情要放到台面下去做。她会引诱约会对象，但不会越线。她会让对方迸发浪漫的火花，占用他几个晚上的时间，但离熊熊爱火还差得远。这个过程让她不舒服，也会让对方尴尬，但她认为结果肯定是值得的。

通过约会应用 Tinder，真相工程的一名卧底记者与 CNN 的技术总监查理·切斯特（Charlie Chester）相识并见面。第五次约会中，切斯特吹嘘 CNN 从事"宣传"并"将特朗普赶出局"。② 这一揭露是如此有力，以至于真相工程的批评者几乎

---

① Jenkins, "How to Have More Police Shootings".

② Project Veritas, "PART 1: CNN Director ADMITS Network Engaged in 'Propaganda' to Remove Trump from Presidency", April 13, 2021, YouTube video, 8:58.

无法反驳这位卧底记者使用的技巧。人们感到,也许,这甚至意味着应该对出色工作表示最起码的尊重。

Facebook 全球计划负责人本尼·托马斯也同样容易被真相工程的丑闻揭露者的魅力打动。托马斯在视频中对她说:“我为一家在世界上能造成极大破坏力的公司工作。”他把这家科技巨头比作“(美国)最高法院”,还甚至游说政府“解散谷歌和 Facebook”。他还说:“虽然我赚的少了,但我做的事对世界有益……如果对社会没有好处,那就必须停下来了。”①

当卧底记者问托马斯“公众对这些邪恶的行为了解多少”时,他回答道,Facebook 愿意躲在阴影里,再加上公众的态度又很冷漠,这就缔造出了一种无知、困惑、晦涩的氛围。托马斯告诉她说:“不[公众不知道],因为大多数人不了解这些事情,大多数人也不会思考这些事。”“这就是为什么很多事情都发生了,因为没人关注过。”托马斯还谈到了其他几件有趣的事,包括核查员的想法,这些核查员对 Facebook 和公司喜好的关注远超于他们对事实准确性的关注程度。托马斯还指出,Facebook 在世界舞台上扮演的角色与一个国家没有什么区别。正是有了这种权力,Facebook 想进行更强的控制,实施更多的审查。当欺骗和隐秘采访逐渐变得正当时,美国职业记者协会颁布了两项基本公理:

“获得的信息必须非常重要”,即该信息必须事关重大的公共利益,比如揭露领导阶层重大“制度失灵”,或者必须能够有效防止对个人产生重大伤害。

① Project Veritas, “Project Veritas | FB exec says Zuckerberg is too powerful”, March 16, 2021, YouTube video, 2:02.

“获得相同信息的其他方法都已用尽”。[1]

继艾米·罗巴克、杰弗里·爱泼斯坦泄密事件之后,ABC新闻部展开了一场残酷的内部调查,以惩罚泄密者。真相工程知情人士发送给ABC的信息既说明制度出现了严重问题,又说明现在没有其他选择:我现在坐在这里,和大家一样,都十分震惊。我,和很多人一样,不知道应该如何处理这件事。公司没有像过去那样正面应对这个问题,而是转向“寻找并摧毁”。无辜的人与此事毫无关系,却好像我们都在游戏中,一直被追杀。我希望大家都能真正审视自己的内心,记住这家公司为什么从事新闻工作。我们都觉得第一修正案是这家公司的根基,却忘记了公司的历史、目的,甚至它的成立原因。我们多么失落……渴望被找到。我找到真相工程的唯一原因是其他媒体可能也会把这件事搁置一边。[2]

引用著作

Bok, Sissela. *Secrets: On the Ethics of Concealment and Revelation.* New York: Random House, 1989.

Boorstin, Daniel J. *The Image: A Guide to Pseudo-Events in America.* New York: Vintage, 2012.

Foreman, Gene. *The Ethical Journalist: Making Responsible Decisions in the Pursuit of News.* Oxford: Wiley-Blackwell, 2010.

Hemingway, Ernest. *Death in the Afternoon.* New York:

---

① Society of Professional Journalists, “SPJ Code of Ethics”, SPJ. org, revised September 6, 2014.

② Emily Smith, “ABC Scrambles to Figure Out Identity of Amy Robach Leaker, Who Goes by ‘Ignotus’”, *Page Six*, November 12, 2019.

Scribner, 1932.

Kant, Immanuel. *Doctrine of Virtue: Part II of the Metaphysics of Morals.* New York: Harper Torchbooks, 1964.

Malcolm, Janet. *The Journalist and The Murderer.* New York: Vintage Books, 1990.

Marx, Gary T. *Undercover: Police Surveillance in America.* Berkeley: University of California Press, 1988.

Mitford, Jessica. *Poison Penmanship: The Gentle Art of Muckraking.* New York: New York Review of Books Classics, 1979.

期刊文章

Alford, C. Fred. "Whistle-Blower Narratives: The Experience of Choiceless Choice". *Social Research* 74, no. 1 (2007): 223 – 248.

Gottlieb, Martin. "Dangerous Liaisons? Journalists and their sources". *Columbia Journalism Review*, July 1989.

Hodges, Louis W. "Undercover, masquerading, surreptitious taping". *Journal of Mass Media Ethics*, Fall 1988.

Shafer, Jack. "The Lying Game". *Columbia Journalism Review*, September/ October 2012.

Zimerman, Diane Leenheer. "I Spy: The Newsgatherer Under Cover". *University of Richmond Law Review*, Volume 33, Issue 4, 2000.

数字文档

Society of Professional Journalists. "SPJ Code of Ethics". SPJ. org, September 6,2014. Accessed September 1, 2021. https://www. spj. org/ethicscode. asp.

第四章　保密

这项工作必须兼顾法律和道德。我的方法是，我们进行调查性报道时，应该像在金鱼缸里似的，或者就像随时有 12 位陪审员盯着似的。[1]

——保罗·沃克斯(Paul Voakes)，
科罗拉多大学波德分校新闻学院院长

间谍活动是没有规则可言的，什么都可能发生。[2] 揭露丑闻的记者与间谍或政治活动家之间的一个关键区别是：记者为公众利益而工作，因此必须**具有高度透明性**，以便他人能够评价他的工作方法。调查记者**存在的价值**是**公开别人试图隐藏的信息，特别是公众有权知道的信息**。丑闻揭露者

---

① Paul Voakes, "What Were You Thinking? A Survey of Journalists who were Sued for Invasion of Privacy", *Journalism & Mass Communication Quarterly* 75, no. 2 (1998).

② James Olson, *Fair Play: The Moral Dilemmas of Spying*, 1st ed. (Lincoln: Potomac Books, 2007).

不能捂着自己的工作方法秘而不宣,不能违背自己的既定使命。活动人士和政治操盘手利用信息作为思想市场的货币,间谍和雇佣兵更进一步——为国家利益或个人利益将信息武器化加以利用。19世纪的作家和政治家约翰·达尔伯格-阿克顿(John Dalberg-Acton)指出:"所有秘密都会变质,即使是在司法行政领域内;如果无法被讨论、被宣传,那这些都谈不上安全。"①然而,欺骗和保密领域的专家希赛拉·博克注意到,"虽然所有的欺骗行为都需要保密,但保密行为并不都意味着欺骗"。② 揭露丑闻行动的秘密必须限于少数几个精挑细选的问题,这些问题必须是道德层面上不可或缺的,也必须是完成调查的必要条件。丑闻揭露者必须严格保密三方面内容:正在进行的调查、知情人士身份信息、捐赠者身份信息。

正在进行的调查需要保密

政府经常为"正在进行的调查"披上一层秘密的面纱,丑闻揭露者也是如此。尚未完成的揭秘调查将会自取灭亡。这

① Lord Acton, *The Correspondence of Lord Acton and Richard Simpson*, Letter to Richard Simpson, January 23, 1861, Volume Ⅲ, ed. by Josef L. Althoiz, Damian McElrath and James C. Holland (Cambridge: Cambridge University Press, 1975).

② Bok, *Secrets*, 31.

样做的危害是不言自明的。[1] 丑闻揭露者不会谈论调查,不管是正在进行的还是计划进行的。而且,几乎每次卧底调查被打断或破坏时,那些想要丑闻揭露者"倒台"的人就会对他的意图、目标、目的做出疯狂、错误的结论。博克谈到保密的伦理问题时是这么说的:

> 计划需要保密,这不仅是为了保证计划的制订,也是为了计划的顺利运行,有时是为了改变计划,有时是为了执行计划,甚至是为了放弃计划。例如,想象一下,如果棋手没有保密意识,象棋游戏就毫无意义。"保密"保障着需要创造性和长期工作的项目:试探性、脆弱、未完成的任务,各种各样的试探和交涉。[2]

知情人士身份信息需要保密

保护消息来源的必要性在新闻伦理中是无须赘述的,以至于这个话题似乎不需要被讨论,但公民新闻记者受到的待遇有时会出现相悖。一般来说,记者在内心深处必须愿意不

---

① 当帕姆·齐克曼(Pam Zekman)做她著名的 Mirage 调查时,《芝加哥太阳时报》(*Chicago Sun-Times*)的编辑部买下并经营了一家酒吧,目的是秘密记录城市巡视员的对话,齐克曼被要求在《芝加哥太阳时报》内部对新闻编辑部进行划分,以不影响调查。齐克曼说:"还有钱的问题。齐克曼最新的项目估价是 46000 美元。《芝加哥太阳时报》原本计划与电视台分摊这笔费用。齐克曼和拉克唐瓦尔德(Recktenwald)在接下来的一个星期里试图重新组织这个项目,以取悦《芝加哥太阳时报》会计部门。任务很简单:砍掉一半的预算。这是齐克曼从未在电影中看到过的新闻行业的一个方面。" Zay Smith and Pamela Zekman, *The Mirage* (New York: Random House, 1979), 31.

② Bok, *Secrets.*

惜一切代价保护消息来源,无论发生什么。因为媒体没有传唤权,所以消息来源就是一切。正如记者尼古拉斯·盖奇(Nicholas Gage)所写的那样,“对一个调查记者来说,最重要的是他的消息来源,地位高于他的编辑、报纸、妻子和孩子……保护他们高于一切”。他总能找到另一份工作,但如果他出卖了他的消息来源,他就完了。①

丑闻揭露界的传奇人物认为保护消息来源的权利是神圣且基本的,就像自然法则中固有的一样。杰克·安德森(Jack Anderson)经常被称为“扒粪先生”,“水门事件”期间,他公布了大陪审团的保密记录。他坚称,**宪法赋予他不透露消息来源的权利**。如果美国最高法院命令他透露消息来源,安德森还会断定是法院搞错了。②

许多记者为了保护他们的消息来源而进了监狱,KMOL-TV圣安东尼奥电视台记者布莱恩·卡雷姆(Brian Karem)就是其中之一。1990 年,卡雷姆因为拒绝透露 3 个人的名字而被判入狱 6 个月,这 3 个人曾帮助他采访了一位被监禁的谋杀嫌疑犯。卡雷姆在德克萨斯州比尔县监狱里说,“我向某人许下了承诺,我不会违背我的诺言”。③

揭露丑闻的记者必须把这个原则置于政治之上。在特朗普时代,这是一个模糊的领域。就在 2015 年 6 月,特朗普乘坐自动扶梯宣布竞选总统的两周前,卡雷姆在全国新闻记者

---

① Nicholas Gage, *The Mafia Is Not An Equal Opportunity Employer* (New York: McGraw Hill, 1971), 18 – 19.

② Dygert, *The Investigative Journalist*, 117.

③ Roberto Suro, “Texas Reporter Jailed for Withholding Names”, *New York Times*, June 30, 1990.

俱乐部一个具有里程碑意义的活动上主持了一个小组讨论。这是为那些因工作而遭到监禁的记者而举办的活动。①

和卡雷姆一样,所有参加活动的记者都主张制定《联邦新闻保障法》(federal shield law),但该法存在一个问题,即很难界定谁有资格成为记者。② 这类立法的草案通常将非机构媒体和公民新闻记者排除在保护范围之外。③ 丑闻揭露者会辩称,新闻是一种活动,而不仅仅是一种职业。前《纽约时报》记者朱迪思·米勒(Judith Miller),因未透露消息来源而入狱85天。在回答"这种特权应该适用到多大范围"的问题时,米勒说:"如果你走路像鸭子,呱呱叫像鸭子,像鸭子一样写作或广播,那你就真是一只鸭子。"④

出狱29年后,全国新闻记者俱乐部(National Press Club)事件发生4年后,现任《花花公子》(*Playboy*)驻白宫记者兼CNN分析师的卡雷姆,在2019年白宫社交媒体峰会后出现在了玫瑰园记者席上。在那里,他与总统前副助理塞巴斯蒂安·戈尔卡(Sebastian Gorka)发生了争吵。

"这是一群渴望恶魔附身的人",卡雷姆开玩笑说,话里指的是与会的社交媒体代表。说这话的一方是卡雷姆,另一方是丑闻揭露者。

---

① Tom Molloy,"Brian J. Karem, Reporter Who Defied Team Trump, Went to Jail to Protect Sources", *The Wrap*, June 27, 2017.

② William J. Olson, Herbert W. Titus, and Robert J. Olson,"Journalist Shield Laws: A Constitutional Conundrum", *American Thinker*, June 1, 2015.

③ Olson, Titus, and Olson.

④ Reporters Committee for Freedom of the Press,"Those who paid the price", rcfp. org.

“你是记者,对吧?”戈尔卡反驳道,不时还比划了些手势。①

“过来和我谈谈,兄弟。”卡雷姆说,他看起似乎是想打架。“我们可以出去好好谈谈。”

“你现在是在白宫的地盘威胁我,你在玫瑰园上威胁我,你现在不是记者了,你就是个废物!”戈尔卡朝卡雷姆吼道。“你就是个混混!”

“回家吧”,卡雷姆说,他的手紧紧地贴在脸上,像半个扩音器。“戈尔卡,找份工作吧。”

在目睹了这场激烈的交流之后,这位丑闻揭露者走到卡雷姆身边,越过记者们注视的目光,他们用窥探的眼神打量着我。在这个与几年前完全不同的时代,当我接近他时,肾上腺素激增,我不知道接下来会发生什么。我伸出手,下意识地说出了这番话:

丑闻揭露者:我跟你是一个队伍的。

卡雷姆:谢谢!

丑闻揭露者:我们都是新闻记者、调查记者。我希望做好你的工作,就是别挑战那些努力做好本职工作的人的好脾气。

卡雷姆:我没有要攻击任何人。我只是在问问题。

丑闻揭露者:我们是一伙的。

卡雷姆:我们之间没有分歧。

丑闻揭露者:我尊重你们。

卡雷姆:我尊重你的工作,我之前就说过。

---

① Nicholas Ballasy,“Joy Villa and Sebastian Gorka Clash with Reporter in Rose Garden”, July 11, 2019, YouTube video, 2:59.

在这位丑闻揭露者离开之前,他能想到的唯一能对他说的就只有一个词:真相。就这样,他离开了白宫。[1]

捐赠者身份信息需要保密

为了完成丑闻揭露者自己的使命,要保证捐赠者的匿名权神圣不可侵犯。没有匿名权就没有结社自由。保护结社隐私意味着允许人们聚集到一起,去支持可能发生争议的事情,他们的生活也不应因此受到影响。结社隐私是至关重要的:

• 它使公众能关注一个团体所主张的信息,而非个人和支持者们所主张的信息。

• 它有助于加强积极的道德和宗教规范。

• 它使得人们在无需担心受到伤害、骚扰或私人生活被公开的情况下做出贡献。

保护资金捐赠者的身份信息是丑闻揭露者开展工作的**必备条件**。如今,这种保护更加重要。正如《华尔街日报》一篇专栏文章所指出的,"……眨眼之间,一个被揭露出来的捐赠者可能会面对一群会公布他的地址、电子邮件地址、照片、公司地点、孩子姓名等信息的 Twitter 暴徒"。[2] 有两个特殊事件说明了保密的必要性。

以下一系列事件始于 2020 年 1 月 29 日,《纽约时报》的亚当 · 戈德曼(Adam Goldman)通过 Twitter 向我们的内幕部

---

① Washington Post,"Gorka to Karem:'You're not a journalist, you're a punk'", July 11, 2019, YouTube video, 2:34.

② The Editorial Board,"Donor Disclosure at the Supreme Court", *Wall Street Journal*, April 23, 2021.

门主任斯潘塞·米德(Spencer Meads)发送了一条直接信息,当时他坐在办公桌前:“嗨,斯潘塞,你有时间聊聊吗?”斯潘塞回答说:“你想聊什么?”“詹姆斯·奥基夫(James O'Keefe)可以直接和你通话。”几天后,也就是2020年2月4日,《纽约时报》华盛顿调查记者马克·马泽蒂(Mark Mazzetti)向真相工程的执行制片人乔·哈德曼(Joe Halderman)发送了一条信息:

嗨,乔,我是《纽约时报》的马克·马泽蒂,我们能找个时间聊聊吗?谢谢。

乔认为这不是一个友好的请求,他觉得这是某种“钓鱼采访”。显然,马泽蒂希望乔能私下谈谈对真相工程的看法。在收到这条信息的几分钟内,乔提醒他的同事们盯着点这个联系方式,并表示他稍后会回复,他想看看事情会如何发展。真相工程内部很少发生泄密,因为员工们十分坚信自己的使命。“泄密”是一种自我破坏。

“你想谈什么?”乔回复道。

“谢谢,我想跟你谈谈真相工程??? 我只是想见个面,随便聊聊真相工程的事。怎么聊[规则]取决于你”,马泽蒂回答道。

那周晚些时候,一系列充满神秘色彩的事情发生了。一名此前坚定支持他的捐赠者发送了一封似乎是他的董事会成员或律师写的电子邮件。从邮件中的措词看不出到底是谁发出的。内容如下:

很迅速的是,今天早上我和××基金会的理事们谈了谈。一位受托人提到,我在2017年引用《纽约时报》的内容,被真相工程的员工用在了《每日野兽网》(*Daily Beast*)最新的一篇文章中。如你所知，我们是以匿名的方式支持真相工程的，而非直接予以支持。我们这样做是为了保护我们的基金会和所有参与拨款的受托人。请告诉你们的员工不要透露我们的姓名。我们的名字应该放在一个加密的文件中，**特别是**在跟媒体交谈的时候，请绝不要透露。我相信你们能理解我们很重视隐私。如果基金会或受托人要担心成为与我们观念相悖或与我们站队不同的人的目标，那太可悲了。

加油，祝你一切顺利——

令人遗憾的是，那种"成为与我们观念相悖或与我们站队不同的人的目标"的担心无法避免，捐赠者的忧虑是可以理解的，但存疑的是这封邮件的发出时间。自从《每日野兽网》的拉克伦·马凯(Lachlan Markay)写了一篇关于真相工程的所谓"大额捐赠者"的报道后，已经过去两年多了。[①] 我们的 990 号纳税申报单出了点问题，2011 年至 2013 年，该申报单未进行编辑就被送到了各州政府办公室。各州要求像真相工程这样的组织上报纳税申报单，但其实是允许在附件上编辑名字的，但由于 5 年前的这一错误，许多记者查询到了这两年内捐款 5000 美元以上的 35 位捐赠者，5000 美元是个门槛。

自真相工程十多年前成立以来，媒体集团一直致力于揭露该组织捐赠者之间并不存在的"邪恶"模式。2009 年 ACORN 的调查开启了媒体之间 DISC 管理的自然连锁反应。[②] 因此，他们在报道这位丑闻揭露者和他的同事时，出了

---

① Lachlan Markay and Asawain Suebsaeng, "James O'Keefe's Big-Money Donors Revealed", Daily Beast, December 8, 2017.

② 参见第 2 章。

大问题。普利策奖得主卡罗尔·莱昂尼格(Carol Lconnig)试图编造一个关于共和党阴谋的故事,结果不得不说出这两位年轻的丑闻揭露者在 ACORN 上只花了 1300 美元。令人印象深刻的是,由此引发的新闻报道促使国会选择从一个腐败组织撤资。[①] 莱昂尼格还在头版刊登了一份撤稿声明,因为他错误地表示"丑闻揭露者在调查 ACORN 的过程中有种族动机",这是这位普利策奖得主在 5 个月内两次在头版撤稿。[②]

多年后,《华盛顿邮报》还想着"迎头赶上"。拉克伦·马凯和白宫记者阿萨温·苏布森(Asawin Suebsaeng)发表了一篇关于真相工程卧底记者的文章。文章中写道,该记者试图在一次秘密会议上偷偷记录下关键的内容,但未能成功,被《华盛顿邮报》将此事压了下去。[③] 稍后再详细介绍这次失败的诱捕行动。并非所有的攻击都能成功;但是,像往常一样,其他媒体想借此机会提醒真相工程,他们并不是"在同一个战

---

① Defund ACORN Act of 2009, *House Resolution 3571*, September 15, 2009. Chris McGreal, "Congress cuts funding to embattled anti-poverty group Acorn", *The Guardian*, September 21, 2009.

② "这篇关于社区组织组织 ACORN 的文章错误地说,一名保守派记者将该组织作为隐藏摄像头视频的目标,部分原因是该组织的选民登记运动将拉丁裔和非裔美国人带到投票站。尽管 ACORN 登记的人大多来自这些群体,但视频制作者詹姆斯·奥基夫(James E. O'Keefe)并没有特别提到他们。"Darryl Fears and Carol D. Leonning, "Duo in ACORN Videos Say Effort Was Independent", *Washington Post*, September 18, 2009.

③ Shawn Boburg, Aaron C. Davis, and Alice Crites, "A woman approached the Post with dramatic, and false, tale about Roy Moore. She appears to be part of undercover sting operation", *the Washington Post*, November 27, 2017.

壕里”。《每日野兽网》的编辑劳埃德·格鲁夫(Lloyd Grove)将这一微小的逆转庆祝为对真相工程的“毁灭性揭露”,在格鲁夫看来,这个组织是“不会感到羞愧的”。①

格鲁夫使用“羞愧”这个词也暗示了他的动机:伤害。他认为真相工程不可能感到“羞愧”,因为几乎所有媒体都想揭开捐赠者的面纱,但这些期待都被置若罔闻。事实上,媒体的过度反应**鼓励了**一些捐赠者捐出更多的钱,甚至是 10 倍多的钱。没有一个捐赠者放弃支持我们。许多支持者从一开始就参与了真相工程,因此他们知道支持这样一个组织不会冒多大风险。

几家媒体——嗡嗡喂(Buzzfeed)、《纽约时报》、《每日新闻》都在其中——由于无法让丑闻揭露者“羞愧”而**沮丧**,他们拼命地寻找一些有意义的东西来证明“权力比真相更重要”这一观点是正确的。劳拉·卢默(Laura Loomer)曾是这家机构的一位丑闻揭露者,嗡嗡喂的高级科技记者乔伊·伯恩斯坦(Joe Bernstein)向她发出了邀请。他给卢默发了一条短信:

伯恩斯坦:你有什么关于詹姆斯·奥基夫的事想分享吗?

卢默:你就算给我 1000 万美元我也不稀罕,这个世界上没人能强迫我说詹姆斯·奥基夫的坏话。他是美国英雄,我保证,你找不到他任何把柄。

然后,卢默在推特上发了一张她与记者短信交流的快照,写道:“Buzz feed 的记者试图让我说詹姆斯·奥基夫的负面

---

① Lloyd Grove, “It’s Impossible To Shame James O’Keefe’s Project Veritas”, *Daily Beast*, December 2, 2017.

言论。**如果詹姆斯·奥基夫需要,我可以把我的器官捐给他来体现我对他的尊重。如果你来找奥基夫的麻烦,我也会来找你的。**”①

在面对媒体时,真相工程的工作人员和它的盟友们都不会胆怯。真相工程的捐赠者也是如此。2017 年 11 月,正当嗡嗡喂的伯恩斯坦在搜罗丑闻时,《纽约每日新闻》(*New York Daily News*)收到了一封从现已名誉扫地的前纽约州总检察长埃里克·施耐德曼(Eric Schneiderman)办公室泄露出来的信。② 可以肯定的是,这封信是由同样名誉扫地的纽约州州长安德鲁·库莫(Andrew Cuomo)下令写的。局长詹姆斯·希恩(James G. Sheehan)在信中写道:

在对 URS 问题 14(B)项作出的回应中,真相工程报告称,其“高级管理人员、董事或主要高管[均未]被判轻罪”……真相工程需要提供信息,说明其回应为何不违反 URS 第 172-d(1)条旨在禁止在注册申请中作出虚假陈述的规定。③

这个问题虽然只涉及微不足道的内容,但它值得深入研究,以便用“放大镜”了解严谨的丑闻揭露者是如何工作的。2011 年 7 月,在非营利组织需要提交的 1000 份 501c3 表格中,真相工程的会计师似乎没在任一个方框里面打勾,方框涉及的问题是官员或主管是否被判过轻罪。这种疏忽虽然不是有意的,但很快就导致了一系列“蝴蝶效应”,这些事件的目

① @LauraLoomer, Twitter, 时间未知。账户暂停前已访问。推特急于禁止其用户并删除他们的帖子,这表明引用可变更的网上内容是危险的。

② Denis Slattery, “Billionaire Robert Mercer donated $25G to James O'Keefe's nonprofit Project Veritas”, *New York Daily News*, December 2, 2017.

③ Letter from James G. Sheehan to Project Veritas, November 29, 2017.

的就是向有政治动机的总检察长施压,阻止真相工程在他们的州上筹款。

2013 年 7 月,在对犹他州总检察长办公室开展的行政电话听证会上,这位丑闻揭露者被问及 2011 年他在该组织的头衔,他的回答是“负责人”。事实上,这位丑闻揭露者直到 2012 年的一次董事会会议才成为该组织的正式人员或董事,但他在 2011 年误以为自己是“负责人”。这确实是他“可逮着了”的时刻。他没有事先得到这次听证会的通知,也没有机会准备与该组织成立有关的问题。

一开始,在他成为董事长和首席执行官之前,他是一个摄影新秀,他只是让其他人制定公司章程、组建董事会,自己仅仅被列为“创始人”。他没有保管过资金或财务记录。他甚至都没有加入董事会。诚然,他的回答漏洞百出。2011 年,他还不是“负责人”。这位丑闻揭露者并非故意这么做。相反,公司成立之初,他就在努力学习公司治理。真相工程的律师们后来将这些行政问题拼凑在一起,归咎于这位丑闻揭露者的年轻和缺乏经验。因此,该会计师在 2013 年对 URS 表格上的问题 14(B)回答“否”时,回答的方式确实真实而完整:2011 年,没有任何**工作人员**犯有轻罪,也没有违反《纽约行政法》。

但 4 年前在电话中回答一个问题时出现的小错误,让犹他州和其他州找到理由暂停真相工程在这些州的筹款活动。一些州要求真相工程将丑闻揭露者从组织中除名。董事会选择签署一份宣誓书,表示真相工程将停止在这些州的筹款活动。2013 年的一次电话中出现的这个无心的错误,为美国各地在几天内掀起的政治压力海啸提供了正当理由。

据称,白宫记者的任务是向当权者说出真相,但他们犯了一个官僚主义的错误,即让真相工程掌握了许多大型报纸的头条新闻。**至少有一家纽约小报在头版刊登了这则新闻,标题是"可逮着你了!"**①美国记者涌入纽约总检察长办公室、新泽西州办公室和其他各种机构,试图推翻真相工程。在近两个世纪前写的《论美国民主》(*Democracy in America*)中,亚历西斯·德·托克维尔(Alexis de Tocqueville)总结出了官僚主义的根本动机。这种例行公事般的骚扰行径提醒我们,为什么即使是满怀善意的人也常常无所作为:

在小事上的服从无处不在,每天都在发生,整个社会都能不约而同地感受到。它不会迫使人们反抗,但会随时与人作对,直到人们不得不放弃执行自己的意志。这样,他们的精神逐渐崩溃,他们的品质也逐渐被削弱。②

在事件曝光之前,《华盛顿邮报》的肖恩·博伯格(Shawn Boburg)就纽约州总检察长办公室的这封信向真相工程发送了一系列电子邮件。博伯格在 11 月 30 日下午 4:05 的时候已经收到了邮件,但是真相工程直到下午 4:19 才收到来自司法部长办公室的邮件!接着,另一家媒体《每日新闻》联系了他。纽约州总检察长向安德鲁·库莫汇报称,他正在和媒体尽力协调。

下午 4:30 他的报道被提交之前,肖恩·博伯格给了真相

---

① Greg B. Smith, "Schemer behind Roy Moore setup of Washington Post hid criminal conviction in his N. Y. tax filings," New York Daily News, December 1, 2017.

② Alexis de Tocqueville, *Democracy in America*, trans. Harvey C. Mansfield and Delba Winthrop (Chicago: University of Chicago Press, 2002).

工程11分钟来重新回复。他接着说,“佛罗里达州告诉我,詹姆斯·奥基夫先生被禁止在该州募集捐款,因为对他的定罪剥夺了该资格……真相工程想对此发表评论吗?”肖恩·博伯格甚至有一份2013年7月在犹他州接受采访的录音副本。博伯格将其中一些信息拼凑在一起,散布出一些不当的消息,他写道:“詹姆斯·奥基夫向犹他州监管机构提交的作证录音,与你早些时候关于‘詹姆斯·奥基夫先生在2010年并非该机构负责人’这一陈述相矛盾,这可能会影响到几个州的上诉效力。”正当肖恩·博伯格在他的报道上线前几分钟与真相工程的通信主管来来回回地讨论时,这位丑闻揭露者又在怀疑,在乔姆斯基所描述的主流媒体“与强大的信息源的共生关系”中,独立记者如何才能生存下来。①

停下给车加油的空隙,这位丑闻揭露者在报摊上瞥到了《每日新闻》。这张头版中的图片既让他兴奋,又让他心惊肉跳。这是盖蒂(Getty)的一张老照片,照片上这位丑闻揭露者一脸茫然,新闻标题是“可逮着你了!詹姆斯·奥基夫隐瞒犯罪事实”。② 他之前也被媒体**幸灾乐祸**过,尤其是在2010年他在新奥尔良被捕之后。他笑了笑,带着点讽刺的气愤。他的团队中没有媒体人,他们从来都不会加入这个队伍。他们试图把詹姆斯·奥基夫钉在十字架上,并尝试利用国家的力量来停止真相工程。虚假的“大卫”正在和“歌利亚”合谋摧毁这位丑闻揭露者的意志。在那一刻,一脚踩在报摊前的路边,这位丑闻揭露者闭上了眼睛,猜测敌人是否最终会成功。

---

① Herman and Chomsky, *Manufacturing Consent*, 77.

② Smith, “Schemer behind Roy Moore setup of Washington Post”.

如果说《纽约每日新闻》标题是“可逮着你了！”，那《每日野兽网》就会在几天后用红字打出“刺痛”（STUNG）的旗号。头条中会写“未披露犯罪记录”吓得捐赠者跑路了。乍一看，这个事情似乎很麻烦。真相工程不能再在密西西比州注册为慈善机构，拉克伦·马凯写道，“无论其他问题如何，奇索姆基金会（Chisholm Foundation）都不会再支持真相工程，因为它不再满足基本标准”。①

从《每日野兽网》得到的最大“收获”是成千上万的真相工程支持者中有一位退出了。顺便说一下，这笔捐款只占2017年度预算的不到1%。事实证明，捐赠者的家人在看到负面新闻后向本人施加了压力。不过，这位捐赠者是真正支持这项事业的，并将继续支持：

> 正如我在之前在邮件中所说的，我昨天在领英（LinkedIn）上收到了［《纽约时报》记者］发来的邮件，今天又收到了电话和短信。这是一个明显的恐吓策略，真的很让人恼火。我以为捐款属于私人信息，我很担心他是怎么拿到的。当然，这并不会阻止我继续捐款！请让我知道我能帮上什么忙！

另一位捐赠者在2020年打来电话，转述《纽约时报》给一位为捐赠者提供建议的基金经理的通话，询问其对真相工程的财务帮扶方面的问题。回想最近发生的事情，这位丑闻揭露者意识到**他以前见识过这个场景**。隔天，他尝试了一个新策略：抢在媒体长达数月的调查之前，就给《纽约时报》两位

---

① Lachlan Markay, “James O’Keefe Donor Flees Over Failure to Disclose Criminal Record”, *Daily Beast*, December 11, 2017.

记者打电话。马克·马泽蒂和亚当·戈德曼都热切地回应了。他们提出了关于真相工程财务帮扶、某些案件中民事诉讼的小问题、前卧底记者和雇员的名字等一系列问题。然后，他们列出了一系列问题，包括以下内容：

去年PV通过公司××&××收到了100万美元的捐款，这笔捐款是以谁的名义？

你是否与白宫或特朗普家族成员进行过任何沟通？

丑闻揭露者被激怒了，他在两小时之内回应了部分内容：

捐赠者私下与“有色人种协进会”(NAACP)或真相工程等组织之间的匿名联系受到最高法院的保护，这也是宪法第一修正案赋予的权力。这与《纽约时报》不透露消息来源的原因完全相同，这样人们就可以在无须担心被报复或攻击的情况下捐款或发表言论。

可以这么说，《纽约时报》无意发表这篇为第一修正案辩护的文章，在提供给他们的近700字的声明中，《纽约时报》只刊登了其中30个字：

真相工程负责人詹姆斯·奥基夫拒绝回答细节内容……但他称他的组织是一个“自豪的独立新闻机构”，参与了数十项调查。他说，组织里有许多消息来源，“提供机密文件，洞察内部流程，戴上隐藏的摄像头来揭露腐败和不当行为……没有人告诉真相工程要调查谁或调查什么”，他回答道。①

在这两名普利策奖获奖记者进行回溯调查后的**几个月**里，《纽约时报》感觉有必要在2020年3月8日(周日)赶出一

---

① Mark Mazzetti and Adam Goldman, “Erik Prince Recruits Ex-Spies to Help Infiltrate Liberal Groups”, *New York Times*, March 7, 2020.

篇头版头条文章。《纽约时报》省略了——或者更准确地说,是“有选择地编辑”了这篇文章中关于捐赠者匿名重要性的内容,刊登了以下内容:

《纽约时报》获得的一份财务文件显示,去年,该组织通过阿尔斯通 & 伯德(Alston & Bird)律师事务所收到了 100 万美元的捐款。该公司的发言人表示,阿尔斯通 & 伯德“从未以自己的名义向真相工程捐款,真相工程也并非我们的客户。”这位发言人拒绝透露这笔捐款是为谁提供的。

财务文件还列出了去年向真相工程捐出小额款项的其他人的姓名,其中几位确认了自己的确捐过款。①

讽刺的是,他们多次尝试损害我们声誉,在这一次次的拙劣试探下,他们被迫两次撤回报道。其中一篇撤稿涉及卧底记者的年龄。玛丽莎(Marisa)当时 25 岁。他们草率地把她的年龄写为 23 岁,因为文件中标注的是 25 岁,但这份文件是他们两年前获得的。② 第二次撤稿是关于她几年前参与的诱捕行动。他们写道:

[前现场经理]在教师工会行动中的作用,详见真相工程的内部邮件,这些邮件首次面世是在该组织与工会之间的法庭庭审过程中,之前并未有相关报道……③

玛丽莎盯上了密歇根州的美国教师联合会(American Federation of Teachers, AFT),从而引发出随后的一场诉讼。《纽约时报》不可能从这位丑闻揭露者或他的同伙那里收到

① Mazzetti and Goldman,“Erik Prince Recruits Ex-Spies”.
② Mazzetti and Goldman,“Erik Prince Recruits Ex-Spies”.
③ Mazzetti and Goldman,“Erik Prince Recruits Ex-Spies”.

的文章中提到有关真相工程的电子邮件。第二篇撤稿声明称,“这些信息来自对信息来源的采访,而不是诉讼文件”。《纽约时报》只有一种方式可以获得这些邮件的副本,其中的关键部分都经过了编辑。密歇根州的美国教师联合会把这些邮件给了《纽约时报》。显然,工会高层并不喜欢所谓的证词记录或诉讼邮件来源。他们甚至可能要求撤稿,不管之后《纽约时报》承认自己的错误会有多尴尬。

他们争论的重点与文章中有关密歇根事件的内容没有关联。他们认为唐纳德·特朗普和真相工程之间有着某种“邪恶”的联系。马克·马泽蒂和亚当·戈德曼写道,“特朗普政府的官员或总统顾问是否参与到行动中,是否是以默许的方式,这都尚不清楚”。副标题部分写的是:“普林斯先生(Prince)是和特朗普政府关系密切的承包商,他为真相工程联系道了丑闻揭露者间谍。”编辑们暗示真相工程和白宫之间存在着工作关系。

但其实并没有,甚至连**默许**的关系也没有。对于《纽约时报》的读者来说,柏拉图洞穴墙上的影子逐渐现实化。丹尼尔·布尔斯廷写道:“创造值得报道的事件的能力就是缔造体验感的能力。”布尔斯廷补充说,举例来说,“**评价一家酒店与众不同,实际上就是希望它真的可以与众不同**”。同样,当《纽约时报》报道某人“与特朗普政府关系密切”,或者询问某个特朗普政府官员是否“参与了行动”,这些“影射”都在互联网上受到广泛关注,有同情心的记者把这些“影射”变成事实,把影子逐渐现实化。

请看微软全国广播公司的乔·斯卡伯勒(Joe Scarborough)这条充满愤怒的推文:“教育部长的弟弟雇佣外国间谍来攻击

唐纳德·特朗普的政治对手,真恶心。"[①]所有的愤怒都源于“不清楚”。丑闻揭露者可以宣誓说这一声明和事实不相符,但白宫没有,白宫永远不会指导真相工程如何开展新闻工作,《纽约时报》的影射因此占到上风。“认同感”就是这样被制造出来的。对《纽约时报》来说,倒霉的是,真相工程情愿反击;用扳手拧断机器的齿轮,但媒体集团不会这样做。

上面的事件说明了一个深刻的问题。匿名的政治言论在美国建国过程中起了决定性的作用。[②] 私下结社和匿名捐款的权利是有效行使宪法第一修正案的固有内容。[③] 宪法保护人们不受某种原因而被迫披露政治信仰。1995 年最高法院在麦金太尔诉俄亥俄州选举委员会(*McIntyre v. Ohio Elections Commission*)一案中说:“匿名是免受多数人暴政的盾牌。”[④]

尽管真相工程竭力公开某些类型的信息,但结社隐私是神圣不可侵犯的。它让人们走到一起,支持可能存在争议的事业,但各自的正常生活并不会因此受到干扰。真相工程可能会记录下某人在酒吧吹嘘自己支持哪些慈善机构,毕竟该当事人是选择在公众场所与陌生人分享这些信息的。

---

① @ JoeNBC, “The Education Secretary's brother has hired FOREIGN SPIES to target political rivals of Donald Trump. Disgusting”, Twitter, March 7, 2020.

② Benjamin Barr and Stephen R. Klein, “Publius Was Not a PAC: Reconciling Anonymous Political Speech, the First Amendment, and Campaign Finance Disclosure”, *Wyoming Law Review* 14, no. 1 (2014).

③ Sean Parnell, “The Legal and Political Landscape of Donor Privacy”, *Philanthropy*, Spring 2017.

④ Joseph McIntyre v. Ohio Elections Commission, 514 U. S. 334 (1995).

对结社信息保密是社会的既得利益。在进入公共领域时，参与者愿意牺牲自己的匿名权，但他们的支持者们无需做出这种牺牲。那些希望支持一项事业，但没有能力采取行动的人，仍然可以做出些贡献。如果尊重隐私属于侵犯调查记者的权利，那原告可能要去重温一下民权时代了。

1958 年，全国有色人种协进会为争取美国的平等而努力时，最高法院意识到，针对那些倡导不受欢迎或有争议的事业的团体，强大的国家体可以施加巨大冲击。在 1958 年全国有色人种协进会诉阿拉巴马州（*NAACP v. Alabama*）一案中，最高法院大法官约翰·马歇尔·哈兰（*John Marshall Harlan*）指出，允许地方或州政府曝光全国有色人种协进会的捐赠者将使他们面临"经济报复、失业、人身胁迫的威胁和其他人身敌对"。[①] 第一修正案背后的内涵是，有更多的声音、更多的人、更多的思想碰撞和互动，对社会是完全有益的。强迫真相工程或任何类似组织透露捐赠者，将削弱其报道新闻的能力，并限制捐赠者自由结社的权利。

截至 2021 年 7 月 1 日，最高法院显然同意了这一说法。美国繁荣基金会诉邦塔（*Americans For Prosperity Foundation v. Bonta*）一案中，法院裁决"加州要求所有在该州运营的慈善机构向加州总检察长披露捐赠者的身份信息和地址"属于公然违抗宪法，是无效的要求。[②] 加州总检察长的政策一直与结社自由和捐赠者匿名权相违背，捐赠者可以自由地向他们所支持的事业捐款，而不必担心因被"泄密"遭到骚扰和报

---

① NAACP v. Alabama, 357 U. S. 449 (1958).

② Americans for Prosperity Foundation v. Bonta, 594 U. S. (2021).

复。除了美国国税局(IRS),还有三个州要求慈善机构披露捐赠者的身份信息和捐款金额。真相工程不符合州政府的要求。对我们而言,没有什么比保护捐赠者的身份信息更重要的了,这是我们的使命。每一次被迫违反宪法的披露都在威胁我们的使命。我们将不惜一切代价保护我们的捐赠者的身份信息——我们的支持者必须以他们认为合适的方式自由地支持我们,包括以匿名的方式、不受不当骚扰、免受第三方报复。①

当然,这正是包括密歇根州的美国教师联合会在内的组织反对言论自由的目的。在对真相工程提起诉讼时,教师联合会主席大卫·赫克尔(David Hecker)坦率地说出了自己的动机,特别是"以可能的方式阻止真相工程做它……做的那种工作"。② 这就是为什么密歇根州的美国教师联合会要申请限制令,尝试阻止真相工程发表报告。丑闻揭露者在证词中向教师联合会的律师解释了理由:

你们又想阻止我们了。如果没有我们,没有人会知道[泽西学校教师]艾丽莎·普罗什尼克(Alissa Ploshnick)……[真相工程]通过揭露使用的种族蔑称来履行公共服务职能。但是,你们已经公开表示过你们想阻止我们。我不会让这种事发生。

密歇根州美国教师联合会的律师马克·库森斯(Mark Cousens)对这一证词不以为然。库森斯说,"你可以随意对着

---

① Americans for Prosperity Foundation v. Bonta.

② Project Veritas,"Project Veritas Legal Victories," ProjectVeritas.com, 2021.

镜头打哈哈。归根到底,这就是真相"。丑闻揭露者同意,"你们违背我的意愿,把我带到这里,是你把摄像机带到这里的。你是起诉我们的人,是你承认你在利用这事阻止我们"。库森斯话锋一转,提出了一个请求,"你愿意分享消息来源的名字吗?"虽然他自己知道这个问题徒劳无功,问不出个答案。丑闻揭露者反驳说,"我不认为《纽约时报》、NBC 新闻部或 60 分钟》的记者会透露他们的消息来源"。库森斯反击称,**"你和他们之间的区别是,他们永远不会拿自己和你比较"**。①

另一个不同之处在于,真相工程不需要像主流媒体那样,在一个主题的报道中刊登超过 300 篇撤回文章;更不用说一个非营利组织了。如果律师们像库森斯所说的那样对"真相"感兴趣,他们就会尊重真相工程,保护消息来源和捐赠者的匿名权,如此一来,人们才可以自由交谈。那些寻求强制披露捐赠者或消息来源的人,包括密歇根州的美国教师联合会及其在《纽约时报》的支持者,显然希望某些人闭嘴。

保护言论自由一直是美国传统。想想那些共同撰写**宪法论文**的人。他们中不仅有三个人——约翰·杰伊(John Jay)、詹姆斯·麦迪逊(James Madison)、亚历山大·汉密尔顿(Alexander Hamilton)——而且都以"普布利乌斯"(Publius)的笔名匿名写作。在当时,倡导像美国宪法这样具有革命性的文件的危险性很好,作者采用匿名的方式可以让公众关注作者论点的价值,而非作者自身的"公众吸睛点"。

无论一个团体是代表 LGBT 群体进行宣传,还是致力于

---

① American Federation of Teachers Michigan v. Project Veritas, et al., United States District Court, Civil No.: 17 – cv – 13292 (2017).

促进枪支权利,或者从事尖端的调查性新闻工作,这些群体是受到一定保护的,反对者对此进行攻击时应该有所犹豫;保障公民社会在美国生活中的地位。鼓励政府使用自己的工具来阻止人们聚集起来支持或资助某些事业,这样只会有损自由社会。这就是勒尼德·汉德(Learned Hand)法官在 1943 年美国诉美联社(*United States v. Associated Press*)一案中所暗示的:

第一修正案……预设,正确的结论更有可能从众多言论中得到,而不是经由权威人士的选择。对许多人来说,这是,而且将永远是愚蠢的;但是我们已经把我们的一切都押在这上面了。①

引用著作

Acton, Lord. *The Correspondence of Lord Acton and Richard Simpson*, Letter to Richard Simpson January 23, 1861. Volume Ⅲ. Edited by Josef L. Althoiz, Damian McElrath and James C. Holland. Cambridge: Cambridge University Press, 1975.

Bok, Sissela. *Secrets: On the Ethics of Concealment and Revelation*. New York: Random House, 1989.

Dygert, James H. *The Investigative Journalist: Folk Heroes of a New Era*. Hoboken: Prentice-Hall, 1976.

Gage, Nicholas. *The Mafia Is Not An Equal Opportunity Employer*. New York: McGraw-Hill, 1971.

Herman, Edward S. and Noam Chomsky. *Manufacturing Consent:*

① United States v. Associated Press, 52 F. Supp. 362 S. D. N. Y. (1943), aff'd, 326 U. S. 1 (1945).

The Political Economy of the Mass Media. New York: Knopf Doubleday Publishing Group, 2011.

Olson, James. *Fair Play: The Moral Dilemmas of Spying.* Washington DC: Potomac Books, 2007.

Smith, Zay and Pamela Zekman. *The Mirage.* New York: Random House, 1979.

Tocqueville, Alexis de. *Democracy in America.* Translated by Harvey C. Mansfield and Delba Winthrop. Chicago: University of Chicago Press, 2002.

期刊文章

Barr, Benjamin and Stephen R. Klein. "Publius Was Not a PAC: Reconciling Anonymous Political Speech, the First Amendment, and Campaign Finance Disclosure". *Wyoming Law Review*: Volume 14, No. 2, Article 9, 2014.

Parnell, Sean. "The Legal and Political Landscape of Donor Privacy". *Philanthropy*, Spring 2017.

Voakes, Paul. "What Were You Thinking? A Survey of Journalists Who Were Sued For Invasion of Privacy". *Journalism & Mass Communication Quarterly*, Volume 75, No. 2, 1998.

法庭案例

American Federation of Teachers Michigan v. Project Veritas, et al. United States District Court, Civil No.: 17 – cv – 13292 (2017).

Americans for Prosperity v. Bonta. 594 U. S. (2021).

Joseph McIntyre v. Ohio Elections Commission. 514 U. S. 334 (1995).

NAACP v. Alabama. 357 U. S. 449 (1958).

United States v. Associated Press. 52 Federal Supplement 362 (1943), 326 U. S. 1 (1945).

第五章　品质

从这里开始，道路开始左右分叉。一条会上升，另一条会下降。如果你向右走，你将失去生命；如果你向左走，你将失去良知。[①]

——亚历山大·索尔仁尼琴，《古拉格群岛》

真正做到无所畏惧、不偏不倚

引用埃里克·科克伦（Eric Cochran）的话，这位《品趣志》（Pinterest）的工程师在25岁时就因为揭露其雇主悄悄使用《圣经》禁语——“**最后我们会化为灰烬，我希望我的死亡能有价值。否则，生命的意义又在哪里呢？**”而被解雇。[②]

太多的公民在生活中试图“不惜任何代价生存，适应一切”。[③] 把社会维系在一起的力量，包括大多数人愿意做任何

---

① Aleksandr Solzhenitsyn, *The Gulag Archipelago*, vol. 2 (New York: Harper Perennial Modern Classics, 2007), 681. Volume 2 will be referenced in this chapter.

② Project Veritas, "Project Veritas Features-Pinterest Insider Speaks Out: The tech companies can't fight us all", June 13, 2019, YouTube video, 19:33.

③ Solzhenitsyn, *The Gulag Archipelago*, 386.

事情,除了被抛弃、被送去,如丹尼尔·艾尔斯伯格所说的"太空行走"。[①] 然而,丑闻揭露者必须把最终的目标放在自己身上,为自己的事业牺牲自己的幸福。为了达到这种觉悟,他首先要牺牲克里斯·亨奇斯所说的"令人陶醉的同志情谊",[②] 放弃他最熟悉的团队。踏出第一步往往是最难的。美国的丑闻揭露者必须学会无所畏惧地行事,停止像索尔仁尼琴提醒他的那样"害怕受到威胁"。直面恐惧后,他进入了以美德做武器的竞技场。

为了获得胜利,丑闻揭露者必须准备好牺牲、受苦和忍耐。诱惑在于等待,等到"安全"的时候再做出改变。我们从小就学着要谨慎,想想那些敢于对教授讲真话的大学生,他会说:"我不要求自己课堂上得 A。"学生们在很小的时候就被教导,"大胆"在某种程度上会给他们带来长期的伤害,但无论他们凭着冒险的想法获得"顺从的 A"能产生多大的短期收益,都会被灵魂遭受到的伤害抵消。毕业后,他们会像阿林斯基想象中的商人一样思考:"首先我要赚到 100 万美元,然后我要追求生活中真正的东西。"如果生活真的如此简单就好了。阿林斯基补充说:"不幸的是,在通往第一个 100 万美元的道路上,一个人会发生很大变化。"[③]丑闻揭露者忘记了"100 万美元",他们关注的是一个可实现但无形的目标:真相。

然而,与名誉不同,他的对手能夺走的并非正直,正直是

---

① C. Fred Alford, "Whistle-Blower Narratives: The Experience of Choiceless Choice", *Social Research* 74, no. 1 (2007).

② Hedges, *Wages of Rebellion*, 61.

③ Alinsky, *Rules for Radicals*, 13.

他必须要放下的,他的正直就是他的资本。他只能失去一次,而且他在私下和在公开场合一样容易失去正直。这个问题会击中他的痛处,其他人很难理解他将经历的。如果他的家人和亲朋好友的生活出了乱子,会阻碍他未来的行动,也会使他所追求的行动变得更加困难。正如老派的丑闻揭露者拉尔夫·纳德所观察到的,“个人与复杂组织之间的不平等竞争”①源于丑闻揭露者自身的人性。

在非极权主义社会中,处在危险状态下的不是一个人的生命,而是他的生活。追随自己良心的政治家有可能失去自己的职位,追随自己良知的记者冒着暴露身份信息的风险。必然带来的产物就是发生风险。丑闻揭露者不可能有效地改变一些事情后毫发无损地离开。为了有所作为,他的名誉会受到一两次打击,反对者也会攻击他的正直。当他上升时,湍流中必会有阻力。

阿道夫·西蒙·奥克斯(Adolph S. Ochs)在1896年接管《纽约时报》后马上承诺:“以简洁而有吸引力的形式传播新闻,所有的新闻,要用良好社会中普遍使用的语言,并且要尽可能早地传播,即使不能早于通过其他可靠媒介了解到的新闻;不分党派、派别或利益,公正地报道新闻,不畏惧或偏袒。”②这在当时是一个激进的观念。在美国历史上,大多数大型报纸都是公开、狂热的党派主义,不是特别可靠。奥克斯提供了一些不同的东西。正如阿什利·林德斯伯格在描述“灰色女士”失宠过程所说的那样,《纽约时报》代表了“一种

① Whiteside, *The Investigation of Ralph Nader*, 77.
② Dunlap,“Looking Back: 1896 ‘Without Fear or Favor’”.

原则,即尽管考虑了各种权宜之策和意识形态,但真相总会胜出”。如果没有这一原则——这是众所周知的治理的第四级(即新闻自由)的基础——自由就毫无意义。[①] 由于奥克斯的接班人后来背叛了这一原则,所以丑闻揭露者选择接棒来肩负起这一使命。为了获得胜利,丑闻揭露者必须听从索尔仁尼琴的警告,不求回报,并不断提醒自己这个职业所应具备的品质。

不再害怕威胁

不受动摇

正如在柏拉图的《理想国》(*Republic*)中苏格拉底的假设:“世界上有三种人:热爱智慧的人、向往战斗的人、追逐利益的人。”[②]美国的丑闻揭露者热爱智慧。因此,他是不会被动摇的。**美国的丑闻揭露者会对自己在揭露丑闻的过程中可能积累的权力、金钱和责任感到负担重重,甚至不舒服。**他生性清廉,必要时不需要资源也能运作。他已经明白了“用破旧的工具”重建的必要性,[③]那些由他建造而遭别人摧毁的东西。索尔·阿林斯基在他耳边低语:“所谓‘战术’就是用你所拥有的、做你能做的事。”[④]

---

① Rindsberg, *The Gray Lady Winked*, 223.

② Plato, *The Republic* (Millis: Agora Publications, 2001), 347.

③ Kipling, “*If-*” *and other Poems*.

④ Alinsky, *Rules for Radicals*, 126.

不受操纵

当丑闻揭露者走进一个房间时，他不会扫视整个房间，寻找更好的交谈对象。他的眼中充满好奇；他对利用局势谋取利益毫无兴趣。在任何一间屋子里，总有一些东西等着你去发现、去发掘、去揭露。总有一些故事可以讲，他不会提前预判自己会在哪里发现故事。虽然潜在的对话线索可能已经枯竭，但一个高效的丑闻揭露者只需要用一种新的方式来调查、来质询，就可以获得信息。

均衡的英勇

丑闻揭露者需要一种惊人的自我意识，就是那种能说服自己找到真相的人所具备的。也就是说，在不损害英勇品质的前提下，他必须要克制自己的自负。丑闻揭露者生活在这种内在的矛盾中：他的自我已经被灭杀死了很多次，但他会为了正义的使命奋然前行，而不在乎其他更强大的人怎么想，也不在乎他们的价值体系是否与他的相匹配。无论是丑闻揭露者，还是真相，都经受不住太多的荣誉。他必须意识到，不断累积的名誉往往会减少冒险行为。他必须准备好为了一个正义的故事而穿过一堵墙，不顾自己的名声、声誉，甚至他的家人所要面临的风险。

驱动

丑闻揭露者绝不会放弃。詹姆斯・戴格特说，“从混乱的信息中寻找意义是记者的职责。他的工作就是迅速地去芜入杂,把几条线索整齐地连接成简洁、有说服力的内容”。① 艾恩·兰德(Ayn Rand)教导他说,“一个人的自我,是人类进步的源泉”。② 丑闻揭露者利用自我的力量,控制它,监控它的使用,就像赛车的油门一样。自我,不管是个人具备的还是积累所得的,从一开始就推动了真相工程。自我是一种工具,是众多工具之一,但不可或缺。

我逐渐认识到,善与恶的分界线不跨越国境线,不跨越阶级,也不跨越政党,而是穿过每一个人的心,穿过所有人的心。③

自我是一把“双刃剑”,具有两面性。丑闻揭露者必须小心行事。正如索尔仁尼琴提醒他的那样,**善与恶的分界线穿过了他自己的心**。丑闻揭露者可以对自己作出最严厉的批者。他知道自我的力量,并努力将这种力量重新投入社会,以造福人类。结果将证明一个自我导向善与一个自我导向恶之间的区别。结果高下立判,即使不在今天,也会是在明天。

《源泉》(*Fountainhead*)的霍华德·洛克(Howard Roark)拒绝向他那个时代的势力屈服。面对暴民,洛克对社会压力和期待无动于衷。他内心的指南针和自信使他能够保持自己的前进方向始终如一。对洛克来说,没有其他选择。屈服就是出卖自己的灵魂。“他的远见、力量和勇气都来自他自己的精神”,兰德写道。“然而,一个人的精神就是他自己,这个实体就是他的意识。思考、感受、判断、行动都是自我实现的

---

① Dygert, *The Investigative Journalist*, 164.
② Ayn Rand, *The Fountainhead* (New York: Penguin Publishing, 2005).
③ Solzhenitsyn, *The Gulag Archipelago*, 680.

功能。”①

洛克是一个建设者。真相工程的丑闻揭露者们，以他们自己的方式，也承担着建设者的职责。不止一次，有人将真理精神与洛克精神相提并论。在这种精神的推动下，他们用手头的材料精心制作了许多媒体炸弹，有时用技巧，有时用破坏性的内容，但始终满怀激情。而且，就像所有丑闻揭露者一样，他们为自己的职业付出了代价。

不求回报

阴谋论

“这部作品的背后是这样一种信念：事情很少像它们看起来的那样，也很少像它们应该是的那样。”CBS 传奇人物迈克·华莱士写道，“与报道相关的激进主义往往源于对事件根源的无休止探索，以及对不公正的低容忍”。② 此时，华莱士的报道是源于金钱。“渴望进行判断”打造出丑闻揭露者的工作技巧。他的核心品质之一是洞察力。他固执，是天生的怀疑论者，尤其对根深蒂固的权力结构十分反感。戴格特观察到，严谨的调查记者“几乎随时都在寻找阴谋和腐败”。③ 重点不在于一个故事是否和叙述相符，而是它是否真实。他质疑这些事实是否得到了证实，如果得到了证实，那么他还会

① Rand, *The Fountainhead*.

② Mike Wallace, foreword, David Weir and Dan Noyes, *Raising Hell: How the Center for Investigative Reporting Gets the Story* (New York: Addison-Wesley, 1983), 1.

③ Dygert, *The Investigative Journalist*, 149.

质疑这些作品是否值得公诸于众。现在,丑闻揭露者比以往任何时候都更肩负着一项近乎神圣的职责,那就是做到准确无误。

对政治不感兴趣

奇怪的是,美国的丑闻揭露者本质上并不具备政治性。尽管他拥有自己的价值体系,但他的行为不受外界影响。在不断变化的政治浪潮中,外部威胁是唯一不变的。善待朋友,伤害敌人——这是政治身份的本质——与他的行为恰恰相反。不关心政治并不意味着他的故事不具备政治性。在政治舞台上,他经常会遇到对手,找到他想要的故事。

丑闻揭露者对自己和他人手中固有权力的不安感,来源于帕斯卡尔公理(Pascal's axioms):不受正义约束的权力会产生暴政。[①] 丑闻揭露者是暴政的敌人。不为金钱、权力或名誉所动,丑闻揭露者在寻找、追随事实的过程中保持着开放的心态。华莱士说:"记者的热情必须投入揭露和记录事实,而不是为了报复或引起注意。"[②]

丑闻揭露者报道事实并让观众能够理解,**不会裹挟其他缘故**。通过诚实地报道,他信守了向公众提供信息的承诺。他的动机是寻求真相、纠正不公行为,保重公众的知情权,并通过向公民提供信息来激发正义之魂。

---

① A. J. Beitzinger, "Pascal on Justice, Force, and Law", *The Review of Politics* 46, no. 2 (April, 1984): 212 – 243.

② Mike Wallace, introduction, *Raising Hell*.

内部自我激励

丑闻揭露者的灵感一定来源于内部的。他所有的努力都必须带着一种深深的激情。有些人创办企业或组织是因为他们想获得经济利益，甚至提高他们的社会地位。成功的丑闻揭露者做事不是为了产生影响；金钱不是动力。丑闻揭露者对钱的唯一用途是把钱作为一种手段。资源只是他用来完成手头任务的工具，是目标，是愿景，驱使着他。

理想化的动力是来源于内部的，来自自身的人性精神。他一直渴望正义。可以说，他有一种"正义情结"。帕斯卡尔提醒他，没有权力的真理是无力的。尽管这让丑闻揭露者感到不舒服，但他们并不羞于承担与他们的权利相对应的责任。他和阿林斯基一样明白，权力"是生命的本质，是生命的动力"。[①] 然而，他用正直和温柔来行使权力。正如《一九八四》中的暴君奥勃良所言，"权力不是一种手段，而是一种目的"。[②] 但对那些丑闻揭露者来说，权力就像金钱一样，只不过是一种手段，并非获得而来，而是他们工作中所固有的。他的力量来自他的正义和不知疲倦的精神。正义不仅仅是众多职业选择中的一种，但正如柏拉图提醒的那样，"正义"是正义之士唯一的真正使命。[③] 换句话说，责任就是对能力的回应，承担对不公正进行回应的责任，就是为他人的福祉承担自

---

① Alinsky, *Rules for Radicals*, 51.

② Orwell, *1984*, 267.

③ Plato, *The Republic*, 61.

己的应尽的义务。

无法满足的好奇心

丑闻揭露者不仅能在水平和垂直方向上进行探测,还能在Z轴上进行探测:深度。他有效地“挖掘”信息,不仅仅只针对数据,而是将其放入激发观众兴趣的二维格式中。丑闻揭露者从来不会“关机”,甚至在一天结束后也不会休息——好奇心越大,动力就越大。“一个好的调查记者”,资深记者丹·托马森(Dan Thomasson)说,“必须有一种敏锐的直觉,但不能太偏激或带有偏见”。[①] 丑闻揭露者的好奇心不会随着报道的结束而停止。它贯穿于生活始末,通过各种各样的爱好和激情来表达自己。记住,丑闻揭露者永不满足的好奇心,加上对美好和公正世界的渴望,往往会为他们指明道路。只有到那时,当所有其他品质都保持协调一致时,索尔仁尼琴才会告诉丑闻揭露者,**如果他“不再害怕威胁”,“不求回报”,他会变成“最危险的人”**。[②]

跟风新闻

媒体是一种结合体,能让人联想起动物形象。参议员尤金·麦卡锡(Eugene McCarthy)不止一次地将媒体比作电话线上的黑鸟;成群结队去报道某一条新闻。[③] 蒂莫西·克劳斯(Timothy Crouse)在他的经典之作《公交车上的男孩》

---

① Dygert, *The Investigative Journalist*, 83.

② Solzhenitsyn, *The Gulag Archipelago*, 603.

③ Eugene McCarthy, *The Year of the People* (New York: Doubleday, 1969).

(*Boys on the Bus*)中将媒体比作"一群生病的猎狗咬着一只狐狸"。[①] 大卫·哈伯斯坦曾指责媒体总报道无足轻重的新闻,"毫无明显目的立即180°改变方向"[②]史蒂芬·莱舍尔把急切的记者比作一条训练有素的狗,"盲目地朝着高举在空中的东西发起跳跃"。[③] 与此类似,ABC 新闻部的大卫·赖特告诉真相工程的克里斯蒂安·哈特索克(Christian Hartsock)说,"我们在电视上已经找不到看背景和视角的感觉了,电视上放映的满满都是紧急时刻、赛马和特朗普的愤怒"。[④]

Vice 公司的创始人谢恩·史密斯(Shane Smith)换汤不换药,他认为"竞相追赶 Jone's"是网络新闻衰落的原因。史密斯说:"现在的新闻周期和常规新闻媒体存在的问题是,他们都像幼儿园的孩子在踢足球似的:球到这里来,所有人都往这里去;球到那边来,大家都往那边去。"[⑤]在史密斯的设想中,丑闻揭露者在足球场上的角色类似于家长,当发现足球赛被操纵、裁判将贿赂收入囊中时,时刻做好敲醒警钟的准备。

引用作品

Alinsky, Saul D. *Rules for Radicals.* New York: Random House,

---

① Timothy Crouse, *Boys on the Bus* (New York: Random House, 2013).

② Halberstam, *The Powers That Be.*

③ Lesher, *Media Unbound*, 30.

④ Project Veritas, "'Socialist' ABC Reporter Admits Bosses Spike News Important to Voters, 'Don't Give Trump Credit'", February 26, 2020, YouTube video, 7:31.

⑤ Philip Lelyveld, "Vice's Shane Smith: 'Young people are leaving TV in droves,'" Philip Lelyveld's blog, entry posted March 2, 2014.

1971.

Crouse, Timothy. *Boys on the Bus*. New York: Random House, 2013.

Dygert, James H. *The Investigative Journalist: Folk Heroes of a New Era*. Hoboken: Prentice-Hall, 1976.

Halberstam, David. *The Powers That Be*. Champaign, IL: University of Illinois Press, 2000.

Hedges, Chris. *Wages of Rebellion*. New York: Perseus Books Group, 2016.

Kipling, Rudyard. *"If-" and other Poems*. London: Michael O'Mara Books Limited, 2016.

Lesher, Stephen. *Media Unbound*. Boston: Houghton Mifflin Company, 1982.

McCarthy, Eugene. *The Year of the People*. New York: Doubleday, 1969.

Orwell, George. *1984*. New York: Signet Classics, 1950.

Plato. *The Republic*. Millis, MA: Agora Publications, 2001.

Rand, Ayn. *The Fountainhead* (New York: Penguin Publishing, 2005).

Rindsberg, Ashley. *The Gray Lady Winked: How the New York Times' Misreporting, Distortions and Fabrications Radically Altered History*. Monee, IL: Midnight Oil Publishers, 2021.

Solzhenitsyn, Aleksandr. *The Gulag Archipelago*, Volume 2. New York: Harper Perennial Modern Classics, 2007.

Wallace, Mike. Foreword by David Weir and Dan Noyes. *Raising Hell: How the Center for Investigative Reporting Gets the Story*. New York: Addison-Wesley, 1983.

Whiteside, Thomas. *The Investigation of Ralph Nader*. New York: Arbor House, 1972.

期刊文章

Alford, C. Fred. "Whistle-Blower Narratives: The Experience of Choiceless Choice". *Social Research* 74, no. 1 (2007).

Beitzinger, A. J. "Pascal on Justice, Force, and Law". *The Review of Politics*, Volume 46, Number 2 (April, 1984).

第六章　知情人士

成为一名“吹哨人”就意味着要跳出既存的链条圈，他们加入的并非是另一种宗教，而是另一个世界。有时，另一个世界被称为社会的边缘，但对“吹哨人”来说，应该更类似于“外太空”。①

——弗雷德·阿尔福德（C. Fred Alford）；

马里兰大学政府和政策学教授

迄今以来，丑闻揭露者听到最多的问题也是最关键的问题：“我能做什么？”对于这个问题，现在有了一个更具挑战性的答案——你可以戴上一个隐藏的摄像头，通过真相工程来揭露你的雇主。

实际上，“吹哨人”是“丑闻揭露者”的分类之一。他之于丑闻揭露者，犹如游击战士之于盟军指挥官。即使没有游击战队进行抵抗，战争也有可能赢得胜利，但如果正义能获得知情人士的帮助，则距离胜利更近了一步。“吹哨人”和丑闻揭露者之间纯粹是共生关系。这些匿名的普通人不应该成为攻

---

① C. Fred Alford, “Whistle-Blower Narratives: The Experience of Choiceless Choice”, *Social Research* 74, no. 1 (2007), 6.

击的目标，他们的低调使他们免受自我欺骗的浮华、短暂的光彩生活的影响。

丹尼尔·布尔斯廷写道，“具有颠覆性的是，这些人之所以能成为英雄，正是因为他们没有被歌颂”。① 这些英雄有能力告诉公众制度的缺陷所在。鄂特玛（Ettema）和格拉瑟（Glasser）认为，从内部来看，他们可以帮助丑闻揭露者“决定什么会侵犯我们的道德秩序感，什么不会，以及对官员、机构，最终是对我们自己的期望”。② “吹哨”几乎不可避免地会牵扯到良知上的危机。

“吹哨人”必须在对公共利益的忠诚和对组织的忠诚之间进行权衡，很可能还涉及对自己朋友和同事的忠诚。一方面，遵循自己的良心并采取行动对抗顺从和顺从的力量，使得“吹哨人”与更大的社会体制格格不入，也与社会契约的各种要素格格不入。另一方面，是默许不公而非大声疾呼，“我们提高了道德愤怒的门槛”。③

知情人士代表了“外部认识内部的存在”。④ 传统上，美国人需要通过现有的途径来寻求改变，但在内部工作可能同样徒劳或可能产生更糟糕的结果。历史上的“吹哨人”都吸取了教训。例如，英勇的美国国家安全局泄密者爱德华·斯

---

① Daniel J. Boorstin, *The Image: A Guide to Pseudo-Events in America*, (New York: Vintage, 2012), 76.

② James S. Ettema and Theodore L. Glasser, *Custodians of Conscience: Investigative Journalism and Public Virtue* (New York: Columbia University Press, 1998), 3.

③ Roberta Ann Johnson, *Whistleblowing: When it Works—and Why* (Boulder: Lynne Rienner Publishers, 2003), 25.

④ Alford, "Whistle-Blower Narratives", 23－24.

诺登和托马斯·德雷克的问题就在于,正是他们的上级建立监视系统,而且他们觉得有必要提醒公众。鉴于此,他们不鼓励"吹哨",国会也无可奈何。几乎不可能在一个主要体制的内部产生实质性变化。要想达到一定的效果,就必须在外部工作,但要有进入内部的渠道。

极权社会中的"吹哨"

奥威尔的《一九八四》中的一个场景描述了主人公温斯顿·史密斯(Winston Smith)在"爱心署"(Ministry of Love)中遭受折磨。正在拷打他的奥勃良说,"如果你是一个人,温斯顿,你就是剩下的最后一个。你们这种人已经死光了;我们才会继续走下去"。奥勃良关注的是政党对人性的控制,而温斯顿是最后一个誓死抵抗的人。奥勃良写道,"后人永远不会听到你的故事……无论在过去还是将来,你的所有痕迹都会被抹去,就好像你从未存在过"。①

在2019年美国家庭影院频道(HBO)的电视剧《切尔诺贝利》(*Chernobyl*)中,查尔科夫(Charkov)欺骗了讲真话的科学家瓦列里·阿列克谢耶维奇·列加索夫(Valery Alekseyevich Legasov)。进行调查后发现,切尔诺贝利核电站发生的事故本是可以避免的,但列加索夫却慢慢死于辐射中毒。

查尔科夫:列加索夫,你是我们中的一员,我们可以合作。我想要让你知道的是,我了解你——你并不勇敢,你不是英雄。你只是一个将死之人,不过自己在骗自己罢了。

---

① George Orwell, *1984* (New York: Signet Classics, 1950), 340.

列加索夫：我知道我是什么样的人，我也知道自己做了什么。在一个公正的世界里，我会因为撒谎而被枪毙，但不会是因为我讲了真话，不会是因为我讲出真相。

查尔科夫：科学家，还有你那愚蠢的"迷信"。当子弹击穿你的头骨，你说的这些又有什么意义呢？没人会因为这件事而死，列加索夫。全世界都在维也纳看到了你；现在你要是死了，场面会很尴尬。你撑到现在为了什么？你的证词将不会被检方采纳，不会在媒体上传播，就像从未出现过。①

经验表明，不管是谁，在受到胁迫的时候就会变成道德上的懦夫。他们过着碌碌无为的生活，随时准备出卖彼此，为了生存不惜任何代价。背叛邻居、朋友、家人甚至父母，比背叛国家和代理人要容易得多，回报也大得多。"谎言"成了一种存在形式。人们开始了系统性的腐败，几乎所有与他人的对话都充斥着谎言。"**在抚养孩子时，人们必须决定是否让他们接受谎言，而不是只看到真相，这样他们才能更容易地生活下去**。但事实上，很多人选择了不要孩子。"②人们的灵魂将灭。

民主社会中的"吹哨"

在美国这样的社会，持不同政见者仍存在于社会中，但他

---

① Chernobyl, "Open Wide, O Earth", episode 3, originally aired on HBO May 20, 2019.

② Aleksandr Solzhenitsyn, *The Gulag Archipelago* 1918 – 1956 *An Experiment in Literary Investigation*, trans. Thomas P. Whitney and Harry Willets, abr. Edward E. Ericson, Jr. (New York: HarperCollins Publishers, 2007).

们的生活可能会因此被干扰。从历史上看,揭露国家或其盟友的利益并不光彩。《企业举报人生存指南》(*The Corporate Whistleblower's Survival Guide*)的作者们认为:"大多数'吹哨人'都在默默无闻地遭受苦难,职业桥梁被烧毁、永远无法得到辩护,他们不由得感到挫败。"那些杰出的、受人尊崇的希望灯塔很少会幸免,甚至他们中的大多数人都付出了可怕的代价,留下了终生的伤疤。"①

即使是在一个自由社会,"吹哨人"也冒着相当大的风险,特别是当敌人强大到足以使媒体失声时。揭露大烟草公司的"知情人士"杰弗里·威根德就吃了不少苦头:

我的孩子们的生命受到威胁。我的婚姻结束了,我自己被跟踪。我遭到了大量报复性调查,甚至被起诉。为了保护我的家人,发动我的车、打开我的邮件,我不得不每天 24 小时和全副武装的安全部队生活在一起。我因揭露真相而遭到刑事起诉。这些都是在我被解雇之后发生的事!尽管我是一名高层知情人士,当我揭露隐藏着的行业秘密和站不住脚的谎言时,我当时还不知道自己会遭受什么。我知道这是一场海啸,但真相最终会胜出。在最初的阶段,我只想着尽力活下去,而非一定要大获全胜。②

很难判断威根德是否能置身事外。弗雷德·阿尔福德是《揭露者:破碎的生活和组织权力》(*Whistleblowers: Broken*

---

① Tom Devine and Tarek Maassarani, *The Corporate Whistleblower's Survival Guide: A Handbook for Committing the Truth* (San Francisco: Berrett-Koehler Publishers, 2011), 18.

② Devine and Maassarani, *The Corporate Whistleblower's Survival Guide*, Ⅷ.

Lives and Organizational Power)一书的作者,他曾与十多位"吹哨人"交谈过。阿尔福德写道:"大多数'吹哨人'不仅会被解雇,而且很难重新获得工作,很难在该领域继续生存。而且在一些相关领域,还会有一个非正式的黑名单。"[①]这就是20世纪的"吹哨"。到了21世纪,情况发生了一些变化。

朱利安·阿桑奇、爱德华·斯诺登、真相工程

2010年,朱利安·阿桑奇通过为他服务时间最长的律师珍妮弗·罗宾逊(Jennifer Robinson)表示:"我有25万份外交电报,我要公布它们……里面的信息很丰富,研究得很到位,很多涉及(美国)国务院的内容,(但)他们不会这样正面回应这件事。"[②]

2020年12月,这位丑闻揭露者收到了秘密来源的消息,他注意到了阿桑奇的一盘录音带。这盘录音带记录了希拉里·克林顿的一名国务院律师和朱利安·阿桑奇之间75分钟的通话。在这封邮件中,朱利安·阿桑奇警告美国政府说,他即将公布未经编辑的机密信息,他发现了一名无赖的前政府工作人员,此人打算公布(美)国务院的机密电报,却不加删节或其他防范措施。录音显示,阿桑奇的目的是防止为政府工作的美国探员受到伤害。阿桑奇和他的团队辩称,他们负责管理这些材料,小心翼翼。他的媒体合作伙伴也证实,这

---

① *Whistleblowers*: *Broken Lives and Organizational Power* (Ithaca and London: Cornell University Press, 2001).

② Jane Croft, "Jennifer Robinson: 'Assange had information. That made him dangerous'", *Financial Times*, January 8, 2021.

篇文章已经在数百个网站上能够查看了,因此今天才被完整发表。

这25万份未经编辑的信息被公布在了黑客网站Cryptome(*Cryptome. org*)、海盗湾(*Pirate Bay*)等网站上,并且这几个网站都没有收到下架或高层的通知。① 阿桑奇因接收、拥有、出版这些材料而面临50年监禁。② 阿桑奇曾试图申请针对前政府工作人员丹尼尔·多姆谢特·伯格(Daniel Domscheit-Berg)和德国《自由周刊》(*Der Freitag*)的禁止令,但未能胜诉。③

阿桑奇被软禁在英国乡下,不能与美国驻伦敦大使馆的工作人员会面。索性,他干脆直接打电话给国务院,要求与最高级别官员通话。2011年8月,阿桑奇对国务院律师克里夫·约翰逊(Cliff Johnson)说:"我们得到情报,国务院数据库档案中的25万份外交电报正在四处传播……几天之内就会公开。"④阿桑奇录下了他们之间的对话:

约翰逊:谁会公布这些电报?维基解密(WikiLeaks)吗?

阿桑奇:不,我们不会公布的,那是丹尼尔·多姆谢特·伯格干的,去年8月他就被我们解雇了。

---

① Cassandra Fairbanks,"BREAKING: Project Veritas Releases Shocking Never-Before-Heard Phone Call Between Julian Assange and Hillary Clinton's State Department", *The Gateway Pundit*, December 16, 2020.

② Meredith Lee,"The charges against Julian Assange, explained", PBS NewsHour, April 11, 2019.

③ Fairbanks,"BREAKING: Project Veritas Releases Shocking Never-Before-Heard Phone Call".

④ "Assange's Call to the State Department", assangedefense. org, August 26, 2011.

约翰逊:显然,他也能接触到维基解密的材料?

阿桑奇:是的。

约翰逊:他能接触到你掌握的所有资料,是吗?

阿桑奇:是的。

约翰逊:好的,就是说包括机密的和非机密的电报。

阿桑奇:是的。

对话录音曝光后,爱德华·斯诺登在 Twitter 上表示:

这段非同寻常的录音(我以前从未听过)证实了 @Wikileaks 多年来的态度,但批评者认为这是谎言。

(1)阿桑奇确实试图将个人承担的风险降到最低。

(2)大量泄露电报是被迫的,不是有意的。①

在真相工程分享了斯诺登的推文后,一位名叫凯文·约翰逊(Kevin Johnson)的"同性恋者"在推特上写道:"我认为 @Jamesokeefeiii 不是可靠的信息来源。"鉴于斯诺登有近 500 万粉丝,我怀疑约翰逊是否在期待斯诺登的直接回复,而后,他的确收到了回复。斯诺登在推特上说:"**一条特定信息的来源远没有该信息的真实性重要。**"②

新泽西州的一位女性朱莉·奥康纳(Julie O'Connor)在推特上对斯诺登说:"真相工程?真的吗?对你太失望了……"斯诺登对此回答说:"我不在乎是不是詹姆斯·克拉珀(James Clapper)泄露的——我在乎的是真实性……最重要的是证据。"③

---

① @Snowden, Twitter, December 16, 2020.

② @Snowden, Twitter, December 16, 2020.

③ @DingoPrincess1, Twitter, December 16, 2020.

丑闻揭露者在推特上回应爱德华·斯诺登:“人们拿着录音找到真相工程,因为他们无处可去。记者们害怕开拓新领域,害怕处于暴露的位置,害怕挑战国家话语。”①

人们倾向于关注“吹哨人”的动机,但这是不应该的。正如斯诺登所说,“最重要的是证据”。政府官员在宣誓后撒谎,却能逃脱惩罚。当记者与政府之间产生一种共生关系时,正如希赛拉·博克所观察到的那样,他们成为“主动但不热情的合作者”。② 在这种情况下,像斯诺登这样的行动在道德上完全站得住脚。“某些暴行如此明目张胆,某些危险如此巨大”,博克补充道,“所有有权警告公众的人都有义务这样做”。③

斯诺登揭露的骗局到底有多深?想想在2013年3月,美国参议院小组委员会听证会上,参议员罗恩·维登(Ron Wyden)和国家情报主任詹姆斯·克拉珀之间的对话:

维登:美国国家安全局是否收集了数百万甚至数亿美国人的数据?

克拉珀:并没有。

维登:没有吗?

克拉珀:至少不是有意的那样做的。在有些情况下,他们可能在无意中收集到了,但并非有意而为之。④

---

① @jamesokeefeiii, Twitter, December 16, 2020, 在该账号永久暂停前查阅。

② Sissela Bok, *Secrets: On the Ethics of Concealment and Revelation*, (New York: Random House, 1989), 217.

③ Bok, *Secrets*, 219.

④ Kara Brandeisky and Stephen Suen, “Has the Gov't Lied on Snooping? Let's Go to the Videotape”, *ProPublica*, July 30, 2013.

不久之后,人们发现美国国家安全局实际上收集了数百万美国人的电话记录。① 一旦真相大白,就连媒体集团都觉得有必要揭露克拉珀的谎言,但奥巴马总统没有因此受到影响,表示会一直支持克拉珀。直到 2017 年 1 月他的第二个任期结束,CNN 在克拉珀卸任后聘请他为撰稿人。② 这样一来,新闻界就与联邦政府中不经选举产生的永久性部门结成了"邪恶的联盟"。NBC 和微软全国广播公司(MSNBC)不甘示弱,立即聘请了奥巴马手下同样两面三刀的中央情报局(CIA)局长约翰·布伦南(John Brennan)。比撒谎更糟糕的是,这两人和奥巴马团队暗中合作,破坏特朗普的选举,这个事件完全是由大型媒体促成。《滚石》(*Rolling Stone*)杂志记者马特·泰比(Matt Taibbi)说:"加入任何团队对媒体来说都是不好的,媒体掺和到联邦调查局/中央情报局是一种暴行,不管有没有特朗普这事儿。"③

揭露美国国家安全局的斯诺登到底是英雄还是叛徒?对许多人而言,他的行为很难被简单定义。但无可争辩的是,斯诺登已经"不再害怕威胁","不求回报",并且接触到了真相,用索尔仁尼琴的标准来定义的话,他成为"最危险的人"。④ 律师珍妮弗·罗宾逊谈到她的当事人时说:"阿桑奇掌握了信息,然后又传递出这些信息,这让他变得'很危险',如果我的

---

① Brandeisky and Suen, "Has the Gov't Lied on Snooping?".

② Jonathan Turley, "Clappers' actions sure do look like political manipulations", *The Hill*, April 28, 2018.

③ Matt Taibbi, *Hate Inc.: Why Today's Media Makes Us Despise One Another* (New York: OR Books, 2019), 262.

④ Solzhenitsyn, *The Gulag Archipelago*, vol. 2, 603.

当事人根据《反间谍法》(*Espionage Act*)被起诉,则会为'目的在于制衡联邦政府及其活动'的吹哨行为树立一个'可怕的先例'。"①

真相工程"吹哨人":崭新道路

想要告密的人有了前所未有的选择。很多人都加入了一个新的庞大运动——真理军(Veritas Army),其座右铭是"勇敢地去做该做的事",激励公民成为改革的催化剂。在某种程度上,真相工程是丑闻揭露者杰克·安德森所说的"希腊神话中的塞壬"的现代化身,她们凭借诱惑的歌声,引诱一无所知的旅行者放弃安全的路,放弃那种狭窄且无趣的选择,去冒险尝试奇怪的刺激,获得更大的满足。② 然而,与海妖不同的是,真相工程让"放弃安全的路"变得"物超所值"。知情的"吹哨人"是公共捐款活动的受益者,该活动由真相工程发起,由 GoFundMe 网站的竞争对手 GiveSendGo 网站组织开展,为那些冒着生命危险和职业生涯来追求真相的人筹集了高达数十万美元的善款。

2019—2020 年,真相工程的"吹哨人"包括两名谷歌员工、三名 Facebook 分包商、一名《品趣志》的工程师、一名 CNN 分包商、一名 ABC 新闻知情人士、一名 CBS 知情人士和四名美国邮政工作人员。他们中的许多人放弃了自己的收入、放弃了工作,保障着公众的知情权。真理计划有幸招募到

① Croft,"Jennifer Robinson:'Assange had information'".

② Dygert, *The Investigative Journalist*, 95.

了这些勇敢的灵魂。当走出舒适圈的时候,他们完全明白,只要他们遵循自己的良知,就会有大批心怀感激的公民支持他们。他们的证词应该能温暖公民们的心:

“真相比任何保密协议都更有力量……”Facebook 的“吹哨人”扎克·麦克罗伊(Zach McElroy)说。①

“这是赎罪,让我的良知得到洗涤,”扎克·沃希斯(Zach Vorhies)说,他在谷歌内部泄露了“算法上的不公平”的相关文件。②

“现在我们要让最大的科技公司来决定谁会赢得每次选举吗?”格雷格·科波拉(Greg Coppola)说,他在公开发表言论后失去了 Google 的工作。③

“我发现这家公司的所作所为简直令人发指,我认为公众有权知晓。真相工程给了我做正确的事情的勇气,即使这意味着牺牲我的舒适生活”,她是 Facebook 的知情人士,因为泄露了他们用来“贬低”与他们的政治倾向相悖的帖子和视频的算法截图而被解雇。④

“对我来说,没有其他选择”,《品趣志》工程师埃里克·

---

① Project Veritas, “Facebook Content Moderator: ‘If Someone's Wearing MAGA Hat, I'm Going to Delete Them for Terrorism’”, June 23, 2020, YouTube video, 19:55.

② Project Veritas, “Google ‘Machine Learning Fairness’ Whistleblower Goes Public, says: ‘burden lifted off of my soul’”, August 24, 2019, YouTube video, 19:34.

③ Project Veritas, “Current Sr. Google Engineer Goes Public on Camera: Tech is ‘dangerous,’ ‘taking sides’”, July 24, 2019, YouTube video, 14:01.

④ Project Veritas, “Another Facebook Insider Details Political Censorship; Current HR Exec ‘No One Has White Man's Back’”, June 25, 2020, YouTube video, 17:57.

科克伦说,他告发了自己的雇主,被赶出了大楼。

科克伦自发的证词可以作为"吹哨人"的宣言:

我可以过完一生,我可以过舒适的生活,我可以活80年,然后赚钱,按既定的公式生活,然后归为灰烬。我想这就是很多人的一生。但总有那么一样东西,无论发生什么事,无论我失去什么,在我死后,它都有意义。你存这么多弹药干嘛?这是至关重要的时刻。这就是我要做的事,这就是我对这个世界产生影响的方式。我要再找10个人做我做过的事。①

这是命运的安排,在CNN工作的某位路人偶然遇到了丑闻揭露者,这是受到之前其他人行动的启发。知情人士说:"我一开始在CNN工作,梦想是在媒体工作,但我的梦想变成了一场噩梦。"②

在当前的媒体环境下,人们往往只是因为出名而出名。不然怎么解释卡戴珊姐妹和帕丽斯之流?他们都是"产生影响的人",他们的名字成为他们的招牌,但他们并不是英雄。

道德勇气

真相工程发掘出了一种新的真正英雄——作家丹尼尔·布尔斯廷在他的书《美国媒介假事件指南》(*The Image*)中提到的那种:"**在这个充满名人的世界里,真正的英雄往往都是**

---

① Project Veritas,"Project Veritas Features-Pinterest Insider Speaks Out: The tech companies can't fight us all", June 13, 2019, YouTube video, 19:33.

② Project Veritas,"PART 1: CNN Insider Blows Whistle on Network President Jeff Zucker's Personal Vendetta Against POTUS", October 14, 2019, YouTube video, 19:50.

默默无闻的。”布尔斯廷写道：

在这种充满幻想和准幻想的时代，那些具有坚定美德、能因比名气更有实质意义的东西而受到赞赏的人，往往都是些无名英雄：教师、护士、母亲、诚实的警察，以及在孤独、低薪、毫无吸引力、不为人知的工作岗位上辛勤工作的人。①

这些无名英雄加入了真理军。他们的揭露让同僚们感知到了他们周围的世界。他们用文字缔造出了一种无与伦比的觉醒时刻。他们不像通常理解的那样提供“泄密”——操纵、自私自利、党派主义——而是泄露真相。这些品德高尚的无名蓝领英雄是新闻报道中最可靠的消息来源。与“泄密者”不同，他们没有高层领导当朋友。这些忠于公众利益的“讲真话的人”期望在传递他们的信息时得到一些“代价”，而且他们也付出了相应的“代价”。

最让“吹哨人”感到震惊的不是外界对他们站出来的反应。他们真正期待的是，弗雷德·阿尔福德在《吹哨人》（*Whistleblowers*）一书中写的那种，“**最大的震惊是‘吹哨人’对世界的了解，因为他或她所相信的一切都是假的**”。②

理查德·霍普金斯：“我宁愿被打死。”

在所有加入真相工程的勇敢“吹哨人”中，理查德·霍普金斯尤为突出。他的勇气和决心引起了真相工程的员工、他们的观众，尤其是这位丑闻揭露者的共鸣。霍普金斯一名海

① Boorstin, *The Image*, 76.

② Alford, *Whistleblowers: Broken Lives and Organizational Power*, 20.

军陆战队老兵，也是来自宾夕法尼亚州伊利的美国邮政署工作人员。他在联邦政府的雇主是如何背叛他的，足以让所有美国人都大开眼界。

霍普金斯是一个非常诚实、有尊严的人，一个只为国家和同胞着想的爱国者。不幸的是，他在阿富汗战场上磨炼出来的责任感，并没有得到他的主管或美国邮政署（USPS）领导层的认同。

2020年11月3日全国大选结束两天后，霍普金斯联系到真相工程，分享了他亲眼目睹"可能存在的"选民欺诈行为。在霍普金斯作证的前一天，另外两名在美国密歇根州特拉弗斯城邮局工作的邮局"吹哨人"向真相工程讲述了他们的经历。他们声称，在选举结束的次日凌晨，他们的主管指示他们把在路上捡到的所有邮寄选票分开。然后，当他们回到邮局时，他们被指示将晚投的选票存放在特殊的箱子里，由夜间的邮政工作人员取走。然后这些工作人员就会亲手盖上日期为11月3日的邮戳，而不是真正收到信件的11月4日。[①] 邮戳的日期是确定邮寄选票是否在选举日当天或之前被退回的唯一渠道。

美国密歇根州特拉弗斯城邮局发布的邮件是重大新闻。[②] 当时，唐纳德·特朗普在继续计算选票的关键州仍然

---

① Project Veritas, "Pennsylvania USPS Whistleblower Exposes Anti-Trump Postmaster's Illegal Order To Back-Date Ballots", November 5, 2020, YouTube video, 2:18.

② Project Veritas, "MAIL FRAUD UPDATE: Federal investigators in Michigan investigating USPS after Veritas Whistleblower", November 5, 2020, YouTube video, 0:44.

处于领先地位。

合法的“吹哨人”所面临的道德挑战需要丑闻揭露者给予尊重。在许多情况下，他们需要勇气来为了更大的利益而放弃自己的职业生涯。有时，当他们无法再忍受良知的背叛时，他们被迫背叛自己的亲朋好友、家人和同事。

尽管丑闻揭露者竭力要求特拉弗斯城的“吹哨人”们站出来，但他们并不愿意。终于有一位邮政工作人员同意合作，但他的发言被歪曲了，而另一位工作人员只愿意证实他的经历与第一位“吹哨人”类似。① 真相工程针对这些“吹哨人”发布了一份新闻稿，部分原因是它及时反映了人们真正的焦虑，同时也鼓励其他人站出来，特别是来自邮政署的工作人员。②

为了让 2020 年已经破乱不堪的选举制度留存一点规模性，1.5 亿张选票中大约有 45%（约 6700 万张）是以邮寄方式的。这是美国历史上第一次，邮局在总统选举中扮演如此重要的角色。考虑到以邮寄方式的选票数量之大，选举的公正性直接关系到邮政署的公正性。没有人能像霍普金斯那样大胆地指责邮政署缺乏诚信。在他勇敢行动之后的几天里，他的同事们非常清楚地看出了老板们是如何对待“说真话的人”的。

故事的开端很简单。2020 年 11 月 4 日，也就是选举次日，

---

① Project Veritas, "Michigan USPS Whistleblower Details Directive From Superiors To Back-Date Late Mail-In-Ballots Nov 3", November 4, 2020, YouTube video, 2:19.

② Project Veritas, "Project Veritas Offers $25K Reward for Tips Related to Election, Voter & Ballot Fraud in PA", November 9, 2020, YouTube video, 1:40.

霍普金斯正在观看记者蒂姆·普尔(Tim Pool)在 YouTube 上的直播。蒂姆是无所畏惧的,他以一种“适当的”歧视性目光看点政治和媒体。蒂姆开始讲出特拉弗斯城邮政署“吹哨人”的故事,他展示了一份来自真相工程的新闻稿:

突发事件:密歇根州邮政署“吹哨人”收到来自上级的具体指令:截止日期晚于 2020 年 11 月 3 日收到的邮寄选票,已全部被接收。“把它们和普通信件分开,这样他们就可以在上面盖上昨天的日期,然后把它们寄过去。”①

霍普金斯饶有兴趣地看着蒂姆对这则新闻发表自己独特的看法:

我认为这种事应该再调查一下,仅此而已,去把事情摸透。如果这事儿是真的,就应该认真对待,我们会确保追查到底。无论选举结果如何,我认为,我们都必须确保选举的公正和清白,对吧? 我认为民主党人和共和党人都会同意的;我们想要胜利的签名和盖章,你知道,“i’s”是点,“t’s”是叉! 如果有人说,“有个人出来这么讲……”,我们就会展开调查,因为我觉得每个民主党人都应该接受:“好吧,我们要揭穿你所有的主张,如果它们是谎言,就能证明我们赢了。”他们应该想这么做,他们应该为此做好准备。如果他们站出来说:“我们拒绝是因为我们没有必要接受,因为它们都是愚蠢的谎言。”然后我会说“好吧,你害怕了”。②

第二天上午,11 月 5 日,霍普金斯是最后一个当值的分

---

① Timcast IRL,“WaPo Says Postal Worker RECANTED Statement About Voter Fraud, He Did NOT, It’s A CRAZY Story”, November 11, 2020, YouTube video, 17:17.

② Timcast IRL,“Postal Worker RECANTED”.

拣邮递员。当他打包装的时候，**他无意中听到邮政署长在谈论选举日之后的选票应该如何追溯日期，以便在2020年的选举中被计算在内。**[①] 如果该陈述内容属实，在关键的摇摆州宾夕法尼亚州，这种追溯日期的做法将是一种令人发指的非法选民欺诈行为。考虑到特拉弗斯城的情况，这个计划可能在整个摇摆州都有出现。

正如所希望的那样，特拉弗斯城邮政署"吹哨人"的故事为真相工程带来了更多的邮政署"吹哨人"，但没有人像霍普金斯那样。霍普金斯说，密歇根州"吹哨人"的故事激励他要问心无愧，同时他透露自己也从他工作的邮政署听说过这样一个计划。责任感推动他向一位值得信赖的朋友寻求建议。他的朋友建议他和当地调查伊利选举舞弊指控的调查员谈谈，但霍普金斯认为这远不是仅仅出现在伊利的个案。他的判断是正确的。

随后，霍普金斯通过*Signal*应用软件向真相工程的知情人士发送了一条加密信息，并分享了他的经历。他对致力于揭露黑幕的新闻团队反应如此之快感到震惊。他意识到他讲出的事件会产生多大的影响。真相工程很快通过*Zoom*软件安排了视频采访。此时，霍普金斯接受匿名的采访，所以制片人在视频中扭曲了他的声音，模糊了他的脸。他在那次采访中作了下列发言：

今天早上，进行工作巡逻的时候，我看到邮政署长把某位主管拉到一边。他拉着主管，讲起了跟我所说事件相关的内容。所以我听到他对主管说：他们昨天搞砸了。他告诉主管，

---

① Project Veritas, "Pennsylvania USPS Whistleblower".

他们在一张选票上盖的邮戳是11月4日的,而不是11月3日的,他们原本应该把这些选票标为11月3日。

我本不应该听到的——

我是这栋楼里最后几位分拣邮递员之一。我觉得他都不知道我还在那,你懂我的意思吗?倒填日期。所有这些今天、明天、昨天送来的选票都应该盖11月3日的邮戳。①

霍普金斯最不希望从这次采访中得到的就是成为聚光灯下的焦点或者让他的脸出现在新闻中。他的第一次匿名采访在社交媒体上被疯传后,这位丑闻揭露者请求他接受公开采访,这样人们就能看到勇气的真实面目。这是他必须做出的唯一正确的选择。这位丑闻揭露者甚至告诉霍普金斯,将有数千人为他的事业捐款,对此,霍普金斯回应道:

霍普金斯:伙计,这不是钱的问题。

丑闻揭露者:当然不是,这事本身比其他事物都重要。

霍普金斯:是的,这事本身比其他任何事物都重要。

丑闻揭露者:非常重要。所以,你想说点什么吗?我不觉得他们有资格开除你。“吹哨人”是受到保护的。

霍普金斯:对,有受保护权。但现实情况是,他们把几个月前发生的一件事当做理由,现在正尝试[开除我]。

丑闻揭露者:你就是为什么需要你走到公众面前。因为走到公众面前才可以保护你。如果他们此时报复你,这事儿就会变得更复杂,他们不会这么做的。

霍普金斯有很多事情要处理。很难想象他脑袋里到底在想什么,但真正的隐情比他面对过的任何事情都更重要:

---

① Project Veritas,“Pennsylvania USPS Whistleblower”.

丑闻揭露者：我知道你现在的处境很糟糕，我也能想象你的心理、你的头脑中是什么想法。但就你现在的处境，此时此地，只有两个选择：要么，你什么都不做，那这样，他们会和你玩游戏，他们会耍你；要么，你把这件事公之于众，如果他们跟你过不去，那就会成为对他们不利的证据。我可以保证。

霍普金斯的行为是不言自明的，因为他从未打算公开此事。这种“从未打算”和联邦探员后来的说法并不相符。**霍普金斯对自己的决定犹豫不决，但在内心深处，他明白这样做是正确的。**他怀疑美国邮政署知道了他的所作所为，而且已经计划对他展开报复。这种担忧给了他更大的动力，让他公开自己的身份，为自己辩护。

尽管霍普金斯决定走到公众面前会有很大益处，但真相工程仍在与时间赛跑。霍普金斯非常认真，他不想占用自己的午休时间，哪怕仅仅是几分钟。这意味着丑闻揭露者必须趁着他午餐休息结束前找到他。他们不会让其他不相关的人翘班，也不会让其他人牺牲自己的声誉，尤其是考虑到这么做的后果是发生天翻地覆的变化。

现在是下午 1 点 37 分，我们在伊利的记者杰克逊(Jackson)不能保证在霍普金斯的午餐休息结束后能采访到他。机会不容错过，尤其是考虑到霍普金斯承担的风险，而且他已经同意走到公众面前。在所有人都在等待杰克逊到来的时候，这位丑闻揭露者问了霍普金斯几个关于他最近怎么样的问题，因为他前一天的匿名采访已经在网上疯传：

丑闻揭露者：所以，在我们开始之前，再告诉我一遍你之前说的事吗。他们[美国邮政署]是在报复你吗？他们做了什么？

霍普金斯:我想是今天早上;我来得晚了一点。他们说最近有个总爱出风头的人……我被暗示就是那个人……

丑闻揭露者:他们怎么暗示的?

霍普金斯:还不清楚。但我昨天[在视频中]穿的邮政运动衫恰好是一件老式的邮政背心,我是少数几个还在穿那种衣服的人之一。

霍普金斯似乎有可能已经暴露了,美国邮政署知道他是就"吹哨人"。

丑闻揭露者:好的,他们跟你说了什么?他们对你做了什么?他们威胁你了吗?

霍普金斯:没有威胁我。但我知道工会成员和主管们去了后面的房间。其中一个工会代表走过来跟我说,"我需要你把几个月前发生的事情写出来。"我说:"我已经说过了,我以为这事已经结束了。"你知道吗?

丑闻揭露者:真的吗?

霍普金斯:好像他们准备抓着些旧事当借口开除我。

2020年7月,霍普金斯收到了上级的警告,因为一名同事对他作的一个"可爱的"恶作剧感到不满,但这种小恶作剧在美国邮政署的职场上很常见。霍普金斯直到11月才再听到有关此事的消息。政府对霍普金斯采取强硬手段的做法激怒了所有同情他的人。可想而知霍普金斯当时的感受。这些邮政署工会成员是多么无耻,他们抓着几个月前的一个小事不放,目的就是恐吓一位同事、让他保持沉默。应当指出的是,他所在的工会,即全国邮递员联合会(National Association of Letter Carriers),是站在乔·拜登一边的,工会告诉成员们:特朗普要是胜出,邮政署会受到威胁。①

与此同时,霍普金斯在电话里说:“我现在很焦虑,我抽了一吨的烟了。”丑闻揭露者向他保证,真相工程会支持他,因为他做的事是正确的。前几次都不巧错过了,这次杰克逊终于看到了霍普金斯本人,他走在路上。杰克逊打算做一件意想不到的事,那就是在霍普金斯送信的时候采访他。

丑闻揭露者已经准备好了几个问题,然后他向霍普金斯提出请求,希望他能一边送邮件,一边接受采访。对霍普金斯来说,这一请求几乎和当初要求他走到公众面前一样离谱。但最后他还是同意了:

丑闻揭露者:理查德,我可以耽误你几分钟吗?

霍普金斯:我可以一边工作一边跟你聊。

丑闻揭露者:你可以边工作边说吗?

霍普金斯:当然可以。

丑闻揭露者:好的,太好了。②

面前的这个男人,他热爱工作,值得尊重。**他是一个谦逊而诚实的美国人,一个退伍军人,他只想过自己的生活,做正确的事。**丑闻揭露者开始通过电话采访他,而杰克逊则用他的 iPhone 手机在远处录音。霍普金斯继续派发着信件,背对

① Sahil Kapur,“Postal carriers union endorses Biden, warns that ‘survival’ of USPS is at stake”, NBC News, August 14, 2020, https://www.nbcnews.com/politics/2020 – election/postal-workersunion-endorses-biden-warns-survival-usps-stake-n1236768.

② Project Veritas, “BREAKING: PA USPS Whistleblower Richard Hopkins Goes Public; Confirms Federal Investigation”, YouTube, November 6, 2020.

着镜头。虽然不是最理想的状态，但确实最真实的，“真实电影”一直都最纯粹的。

丑闻揭露者：所以，理查德，今天发生了什么？有联邦机构联系过你吗？

霍普金斯：有。

丑闻揭露者：谁联系的你？

霍普金斯：邮政署检察员。

还需要更多信息。重要的是，美国公众要理解为什么美国邮政署工作人员会牵扯到追溯选票，以及美国邮政署的最终目的。

霍普金斯：我能想到的唯一目的是他们想让我取走这些选票，这看起来已经很奇怪了……法院说只要他们收到的所有选票都印有第三张邮戳，他们就可以延长计票时间。他们不会计算任何第四或第六邮戳接收的邮件。你懂我的意思了吗？

他解释得很清楚的。丑闻揭露者继续说道：

丑闻揭露者：你愿意站出来作证吗？如果你被法院传唤，你愿意宣誓说你听到邮政署长罗伯特（Robert）告诉达里尔（Daryl）的内容全部属实吗？

霍普金斯：愿意。

丑闻揭露者：在宾夕法尼亚州，将选票从11月4日追溯到11月3日是违法行为。你愿意宣誓作证你看到的全部属实吗？

霍普金斯：愿意。

霍普金斯点了头，他确信自己在完成一件大事。了解他此时此刻的想法是很重要的：

丑闻揭露者：你现在感觉如何？想必你在公开场合讲话一定会很害怕。全世界都会知道这一切。你现在什么感觉？

霍普金斯：感觉很紧张。这可是件大事，但这是我的工作。我想确保这次选举能顺利进行。我不在乎谁赢，不管最后谁赢，我都会很开心。事情会朝着某个方向发展……无论特朗普是否获胜，我们的国家天天都会有疯狂的事情发生。无论如何，我都很开心。

霍普金斯的紧张是可以理解的，他的诚意也是显而易见的。他甘愿拿自己的工作冒险只有一个理由，他说："我希望看到像这次[选举]的事情得到妥善处理，不会再出现愚蠢的行为。"这就是我亲自去投票的原因。因为我相信这是最安全的[投票方式]……你们明白我的意思吗？"是的，这是一个爱国者应该做的事。他是一个没有党派主义倾向的人，他只想要一场公正的选举。为了确保选举的公正和廉洁，他愿意宣誓作证，证明他所听到的一切全部属实。这不是一个容易做的决定。

丑闻揭露者：自从你昨天接受我的采访之后，工会代表和美国联邦邮政检查局（U. S. Postal Inspection Service）都找你谈过。是否有其他[美国邮政署]的工作人员来了解情况？

霍普金斯：嗯，美国邮政署的工作人员也有同样的感受。他们不会站出来说什么，但实际上他们私下联系了我，说"那群混蛋"之类的话。他们很高兴我做了我应该做的。没有人目睹我所做的一切，因为当时我是留在办公室的最后几个人之一。

丑闻揭露者：没人目睹你看到的一切，但你听到罗伯特让达里尔追溯选票日期？你认为这些命令是罗伯特的领导下达的吗?

霍普金斯:是的,我相信——我觉得他们[罗伯特和达里尔]只是在做他们被告知必须完成的事。我猜想这是来自领导的命令,他们只是在按命令行事。

丑闻揭露者:好的。

这些都是霍普金斯提出的有力主张。来自邮政署和(或)工会领导层关于追溯选票的命令,让每一个听到霍普金斯证言的爱国的美国人感到震惊。当采访接近尾声时,霍普金斯提出了一个关键问题:

霍普金斯:我可能会因此丢了工作。

丑闻揭露者:如果你因为揭露欺诈和追溯选票的真相而丢了工作,在我看来,这会引发一场宪法危机。

霍普金斯:对。

丑闻揭露者:我们有你的支持。我们会支付你的诉讼费,不管多少。好吗?我们会把这篇[采访]写出来,然后给你回电话。

霍普金斯:好的。

丑闻揭露者:好的,谢谢你。

真相工程团队对这次采访的顺利完成感到如释重负。这是个大事儿。是时候制作视频了,该视频在11月6日当晚正式发布。① 疯狂的浪潮不会随着发布视频而结束,这不过是一个开端。对真相工程团队来说,这将是一个无眠选举季中

---

① Project Veritas, "BREAKING: PA USPS Whistleblower Richard Hopkins Goes Public; Confirms Federal Investigation", November 6, 2020, YouTube video, 2:19.

的又一个不眠之夜。这家非盈利新闻机构一直在报道揭露全国各地选举舞弊的重大新闻，工作人员肾上腺素飙升。选举周特别疯狂，数百万人都在揭露选举舞弊。如果没有真相工程，谁来做这件事？肯定不会是大型媒体。现在，人们都指望霍普金斯了。

真相工程的首席律政人员杰瑞德·艾德(Jered Ede)与霍普金斯谈过签署一份宣誓书，证明他无意中听到的选举欺诈计划。艾德寄给还在伊利的杰克逊一份宣誓书的副本，霍普金斯在上面签了名。在宣誓书签署后，参议员林赛·格雷厄姆(Lindsey Graham)承诺会在调查 2020 年选举欺诈的参议院听证会上使用霍普金斯的证词。①

格雷厄姆的声明登上了很多主流媒体的新闻，每篇文章都载有理查德·霍普金斯的名字。② 正如《新闻周刊》11 月 8 日周日报道的那样，格雷厄姆计划呼吁司法部和美国邮政署根据“宾夕法尼亚州伊利市邮政署工作人员理查德·霍普金斯的指控”进行调查。③ 真相工程正在产生影响，但真正起到作用的是霍普金斯。

在参议员格雷厄姆呼吁司法部和美国邮政署调查霍普金斯的选举欺诈指控后，非民选政府的决定它受够了，是时候派

---

① Celeste Cannon, "Sen. Graham to follow-up on postal worker alleging some ballots were backdated", WACH FOX – 57, November 7, 2020.

② Kerry Picket, "Lindsey Graham calls for DOJ investigation after USPS whistleblower affidavit alleges ballot fraud", *Washington Examiner*, November 7, 2020.

③ Ewan Palmer, " Sen. Graham Silent on Biden Win after Trump Campaign Sends Affidavit from USPS Worker Citing 'Backdated Ballots'", *Newsweek*, November 8, 2020.

出骑兵了。美国联邦邮政检查局办公室的一名检察员罗素·斯特拉瑟——是的,《卡萨布兰卡》(*Casablanca*)迷,和纳粹恶棍同名——从纽约被派往伊利。11 月 9 日,星期一,他以霍普金斯是被派来揭露选举舞弊为借口审问了霍普金斯近 4 个小时。[①] 事实上,揭露欺诈是斯特拉瑟的最后一件事。他被派到宾夕法尼亚州去确保这个事件能被扼杀在摇篮里,他自己也是这么说的。

"这场风暴越来越疯狂了,对吧?"斯特拉瑟在采访开始时对霍普金斯说。"这超出了很多人的控制。所以,**他们叫我来的原因是试图控制住这场风暴,试图在它变得非常疯狂之前尽可能力挽狂澜。**"霍普金斯可不傻,他小心翼翼地记录了审讯过程。[②]

一开始,斯特拉瑟试图与霍普金斯建立联系。毕竟,他们都曾在军队服役。斯特拉瑟说,"我相信你""在这件事上,我支持你。我想尽可能帮助你。是的,在这件事上,你是相信我的?我的意思是,这就是我在这里的原因。让我们并肩前行,好吗?"斯特拉瑟在努力获得霍普金斯的信任,试图以巧妙的手段来威胁霍普金斯并削弱他的决心。斯特拉瑟警告霍普金斯,"吹哨人"的生活可能会因此受到很大影响。[③] 在我们的帮

① Project Veritas,"RAW AUDIO: USPS Whistleblower Richard Hopkins FULL COERCIVE INTERROGATION By Federal Agents", November 11, 2020, YouTube video, 2:02:49.

② Project Veritas,"INTERROGATION".

③ Project Veritas,"INTERROGATION".

助下,霍普金斯在 GoFundMe 上筹集了超过 10 万美元。[1] 一向乐于助人的斯特拉瑟指出,通过筹集资金,霍普金斯可能会被当作奸商,而非"吹哨人"。当然,这从来都不是霍普金斯的目的,一想到自己会被贴上那样的标签,他还是不免心烦意乱。

在这个问题上,斯特拉瑟跟霍普金斯说得很清楚。"我在吓唬你,是吗?"他试图拉近距离。"如果我们的诚实并非百分之百准确,就可以说钱是通过——我的意思是有可能——别人会说,这钱是靠欺骗获得的。"斯特拉瑟想让霍普金斯自我反省。随着审讯的进行,这个策略越来越明显:

事实上,我想让你稍微改变一下想法,因为不管你信不信,你的想法终究会发生变化的,对吧?我们喜欢控制我们的思想。当我们这样做的时候,我们可以说服自己强加一段记忆。但当你被施加压力的时候,也就是我故意对你这么做的,你的思维会更清晰。我们还要进行不同的练习,以便让你的思路更清晰。[2]

斯特拉瑟谈到了这段 5 天前的"记忆"——霍普金斯几乎立刻就跟真相工程分享了这段记忆——仿佛这是霍普金斯在童年时期压抑的某种黑暗秘密。斯特拉瑟试图说服霍普金斯,真相工程不值得信任,并没有把他的最大利益放在心上。霍普金斯后来说,他从未怀疑过真相工程,他知道丑闻揭露者们会支持他。

霍普金斯在接受采访时没有律师在场,也被禁止离开房

---

① Valerie Richardson,"Richard Hopkins, Pa. postal whistleblower placed on unpaid leave, raises $233,000 on crowdfunding", *The Washington Times*, November 17, 2020.

② Project Veritas,"INTERROGATION".

间与任何人交谈。经过数小时的无情审讯,斯特拉瑟说服霍普金斯“修改他在宣誓书中所作的陈述”。霍普金斯相信斯特拉瑟的说法,只要签字,他就不会遭到报复。[①] 霍普金斯从未收回他在宣誓书里说过的话,也从未同意“撤回”任何内容。[②] 他在文件上签了名,以为这份文件可以免除他的所有法律后果。当然,那些握有行政权力的人有其他想法。就在斯特拉瑟承诺“照顾”霍普金斯的第二天,也就是11月10日,霍普金斯收到了“客户经理斯蒂芬妮·赫特里克(Stephanie Hetrick)”的通知,表示公司将不再继续雇佣他:

根据《劳资条款》(Collective Bargaining Agreement)第16.7条的规定,自2020年11月10日起,您将处于休假/无薪状态,这是相关书面证明。

根据《劳资条款》第16.7条规定,(1)被指控醉酒(使用毒品或酒精)、偷窃或不遵守安全规则和条例;或(2)雇员继续工作可能会使美国邮政署财产受损、邮件或资金损失;或(3)**雇员可能对自己或他人造成损害时**,雇主可立即将其置于非工作状态(无薪),但仍在册。

2020年11月5日、11月6日,你的行为可能会使工作人员和你自己以及美国邮政署的声誉陷入危机。

在监察长办公室(OIG)和内部调查完成之前,你不能进行工作。

收到本通知后14天内,您有权根据《国家协议》(National

---

① Joe Walsh, “Mailman Recants Bogus Voter Fraud Allegation That Launched A GOP Conspiracy”, *Forbes*, November 10, 2020.

② Project Veritas, “USPS Whistleblower Richard Hopkins: ‘I DID NOT RECANT’”, November 10, 2020, YouTube video, 0:46.

Agreement)第 15 条规定的申诉/仲裁程序提出申诉。①

霍普金斯现在被安排无薪休假,这只是他们报复行为的开始。就在同一天,11 月 10 日,真相工程团队正在处理从指控选举舞弊的人们那里收到的大量举报,这时 Twitter 上突然弹出一条通知。众议院民主党监督委员会(The House Democrat Oversight Committee)(@ OverightDems)发布了以下新闻稿:

突发新闻:宾夕法尼亚州伊利市。据监察主任(IG)称,在接受调查人员的询问后,#美国邮政署"吹哨人"完全撤回了他对篡改邮寄选票的指控。

同标题:

以下是事实:理查德·霍普金斯是美国邮政署在宾夕法尼亚州伊利市的一位工作人员。他签署了一份宣誓书,指控选票造假,并通过真相工程向公众公开。

#美国邮政署　监察主任上周开始调查。

#美国邮政署　监察主任调查结束后,于今天通知委员会工作人员,他们在周五采访了霍普金斯,但霍普金斯昨天撤回了他的指控,但没有解释为什么他签署了一份虚假的宣誓书。②

这些人很阴险。他们蒙骗霍普金斯撤回证词,然后以此为借口,声称这份所谓的虚假证词"损人利己"。真相工程的电话开始嗡嗡作响,人们打来电话、发来信息,询问到底发生

① Letter from Stephanie Hetrick to Richard Hopkins, provided to Project Veritas by Richard Hopkins, November 10, 2020.

② @ OversightDems, Twitter, November 10, 2020.

了什么事。白宫幕僚长马克·梅多斯(Mark Meadows)甚至打来电话。简直乱成了一锅粥!

真相工程迅速组建团队正面应对这场危机。鉴于众议院监督委员会质疑这位丑闻揭露者的可信度,白宫官员也提出了同样的质疑,真相工程不得不立即发起反攻。这位丑闻揭露者一次又一次地学到了同一个教训:当真相站在你这一边时,你就不会退缩。

情况变得越来越糟糕。《华盛顿邮报》刚刚发表了一篇文章,标题是"官员称,邮政署工作人员撤回对选票篡改的指控"。① 这种内容太多了。霍普金斯的事情曝光后,《华盛顿邮报》拒绝报道。显然,只有当这个事情强化了拜登能清白地赢得选举的幻想时,它才变得有新闻价值。但这就不是新闻了,只是宣传。

11 月 10 日,星期二,《华盛顿邮报》的文章中有一段话揭示了这些势力是如何联合起来羞辱霍普金斯并阻挠真相的:"32 岁的霍普金斯告诉美国联邦邮政检查局办公室的调查人员,这些指控不是真的,他签署了一份宣誓书并撤回了他的指控,据一位不愿透露姓名的官员说,这是一项正在进行的调查。"②

"要求匿名的工作人员"? 房间里只有霍普金斯录下的斯特拉瑟探员和克莱恩(Klein)探员。听了录音后,真相工程团队比《华盛顿邮报》更了解实际情况。这里一定发生了什

① Sean Boburg and Jacob Bogage, "Postal worker recanted allegations of ballot tampering, officials say", *The Washington Post*, November 10, 2020.

② Boburg and Bogage, "Postal worker recanted".

么大事。**邮政机构、媒体和国会民主党人精心策划的这一举动证实了所有人最担心的事情。**在众目睽睽之下，现存势力之间有着前所未有的联系。他们联手毁掉了一个诚实的“吹哨人”，破坏了一场公正的选举。

丑闻揭露者要求霍普金斯录制一段短视频，揭穿《华盛顿邮报》的谎言，同时重申他坚持自己最初的证词。[①] 这段视频当晚就在社交媒体上放出，特朗普还发了推特。[②]《华盛顿邮报》这篇热门文章背后的“记者”是肖恩·博伯格和雅各布·博盖奇。美国CNN的安德森·库珀(Anderson Cooper)邀请20多岁的博盖奇参加他的节目，当时这出戏正在上演。[③] 11月11日的采访应该放在一个时间胶囊里，以显示新闻业在21世纪到底有多腐败。

一开始，博盖奇告诉库珀，他的伙伴博伯格“得到了消息”，霍普金斯撤回了他的证词。[④] 11月9日霍普金斯接受采访后，博伯格立刻得到了这个消息。《华盛顿邮报》的这篇文章发表于11月10日，其依据是博盖奇所说的“邮政和国会消息来源的合集”。[⑤] 博盖奇没有说出这些信息来源。他只是

---

① Project Veritas, “USPS Whistleblower Richard Hopkins: I DID NOT RECANT”.

② Geoff Earle, “Mailman who Donald Trump called ‘a patriot’ for claiming he heard possible election fraud told Postal Inspectors ‘I didn't hear the whole story-my mind probably added the rest’”, *Daily Mail*, November 11, 2020.

③ Meredith Digital Staff, “Report: Postal worker recants claim of ballot-tampering”, WFSB, November 11, 2020.

④ James O'Keefe, “#MailFraud”, November 11, 2020, Facebook video, 3:19.

⑤ James O'Keefe, “#MailFraud”.

多次提到它们是“可信的”，好像他说“可信”就能让它们真的变得可信似的。他手头没有任何文件，没有任何证据，只有“可信消息来源”的话，所有这些人都强烈希望看到霍普金斯名誉扫地，拜登当选总统。

除了霍普金斯最初的口供外，真相工程还录下了他与霍普金斯本人的多次对话，其中一次他否认自己撤回了任何证词。同样重要的是，这位丑闻揭露者有一份邮政署检察员对霍普金斯的斯塔西式审讯的音频副本。博盖奇暗示，这些证据都不应该被认真对待，因为真相工程不过是“一个试图对可靠的记者实施诱捕行动，并抓住他们错误的右翼组织”。① 他凭空引用“诱捕行动”一词，以进一步削弱真相工程的可信度。还应该注意的是，在媒体圈，“右翼”是试图报道真相的记者的代名词。

至少对博盖奇来说，这个故事的喜剧高潮是在他承认霍普金斯否认他撤回了任何东西之后。博盖奇表示，霍普金斯的否认没有被认真对待，原因之一在于“我们也从可靠的消息来源得知，他对美国邮政署检察处办公室的做法和他的发言恰恰相反”。② 声明一下，霍普金斯没有和检察员交谈过。他与斯特拉瑟探员和克莱恩探员通过话，但博盖奇并没有直接指名道姓。

博盖奇吹嘘自己是“可靠的新闻记者”，拥有“可靠的消息来源”，这着实令人悲哀。说到新闻公信力，真相工程自始至终从未出现过一桩诽谤或诽谤诉讼。CNN 和《华盛顿邮

---

① Meredith Digital Staff，“Report：Postal worker recants”.

② Meredith Digital Staff，“Report：Postal worker recants”.

报》敢这么说吗？在2019“为生命前行”(March for Life)这场运动之后,他们不是都不得不与科温顿高中(Covington High School)的学生尼克·桑德曼(Nick Sandmann)就诬蔑他是种族主义者一事达成和解吗？这些头条新闻还有印象吗？

“《华盛顿邮报》与肯塔基州少年一家达成和解”①

“CNN与尼克·桑德曼就视频问题达成和解”②

《华盛顿邮报》提到博盖奇和博伯格的文章配图上写道："尽管人手不足、高强度工作,还受到了总统的批评,但投票处的工作人员全程都是透明的。"③就像许多选举报道一样,这一笼统的声明纯粹是未经证实的宣传。这篇文章与“投票处工作人员”无关,而是与根本不透明的邮政署检查员有关。这一事件证明了该说法。斯特拉瑟倒不如坐下来和博盖奇口述真相,而非偷奸耍滑。《华盛顿邮报》的那篇文章是最好的速记方式。

斯特拉瑟去伊利市不是为了调查关于选举舞弊的真实指控;他承认,他的动机是“控制这场风暴,并试图在它变得愈加疯狂之前阻止它”。《华盛顿邮报》和众议院监督委员会能够在霍普金斯看到他签署的文件之前就泄露了有关他接受审讯的信息,这一事实本身就证明了这一点。斯特拉瑟是他们的探员,《华盛顿邮报》是他们的媒介,众议院监督委员会则是刽子手。事实上,《华盛顿邮报》在霍普金斯接受采访的第二

---

① Paul Farhi, "Washington Post settles lawsuit with family of Kentucky teenager", *Washington Post*, July 24, 2020.

② Oliver Darcy, "CNN settles lawsuit with Nick Sandmann stemming from viral video controversy", CNN Business, January 7, 2020.

③ Boburg and Bogage, "Postal worker recanted".

天就报道了他所谓的撤回声明,这表明这种协调工作是经高层批准、以命令的方式执行的。

当真相工程宣布将公布斯特拉瑟审问理查德·霍普金斯的未经编辑的完整原始音频时,当权者能掌控的事态开始发生变化。在霍普金斯接受审讯后,这位丑闻揭露者还和他一起接受了采访,在采访中,他坦白了自己的遭遇。“他们拷问了我半天。我觉得我被耍了”,饱受情感折磨的霍普金斯说。

当被问到他为什么来找我时,他说,“我只是在履行我的职责”,“老实说,当我加入海军陆战队时,我从一开始就宣过誓,就像大多数军人说的,这是一张空头支票。我们绝不会放弃这张空头支票。我们会守护我们的国家和宪法,直至死亡。只有这样,这张‘空头支票’才能兑现。我把空头支票和我的心交给了这个国家”。更发人深省的是,**霍普金斯说,他“宁愿出去打仗,回到阿富汗的战场上被敌人打死!也不愿意沦落至此!”**①与之前的许多“吹哨人”一样,霍普金斯震惊于真实看到了许多他之前信任的机构有多么腐败。

真相工程公布了这段采访,还公布了霍普金斯被斯特拉瑟审问的完整原始音频。这一证据很快让主流媒体慌了神。为了掩盖他们最初的谎言,博盖奇和他在《华盛顿邮报》的伙伴根据真相工程在网上发布的音频发表了第二篇文章,标题

① Project Veritas, “USPS Whistleblower Richard Hopkins Gives New Interview Detailing Coercion Tactics Used By Fed Agents”, November 11, 2020, YouTube video, 7:02.

是"录音显示邮政署工作人员撤回篡改选票的指控"。① 这篇文章着重强调了"撤回选票"这一谎言。然而,为了"推销"出这篇报道,3 名记者不得不避开录音中最具新闻价值的部分——斯特拉瑟用了粗暴的恐吓手段。虽然主流媒体完全忽视了斯特拉瑟采取的措施,但政治评论员迈克·塞诺维奇(Mike Cernovich)却很在意,他在推特上写道:

> 这是一种审讯技巧,联邦探员试图使用压力战术,向面试对象植入错误的记忆。你很少能在录音中听到这样的东西。②

斯特拉瑟显然接受过审讯训练,无论是在空军还是作为联邦执法人员。他使用了一种叫作"恐惧向上"(Fear Up)审讯技巧的"温和"变体,这种技巧的"严厉"变体经常出现在警察电视节目中:侦探对嫌疑人尖叫,敲击桌子,告诉他如果他不坦白,他就会被送上电椅。

"严厉"变体很残酷,是新人常用的手段。经验丰富的审讯者,如斯特拉瑟,使用的是"温和"变体。他企图在精神上胁迫霍普金斯投降,这纯粹是教科书式的。情报手册将这种方法描述为"当情况表明消息来源确实有令人恐惧的内容时,这是一种更正确的恐吓形式"。③ 霍普金斯所担心的是失去他的工作。手册上写道:"通过帮助消息来源意识到事实可能

---

① Shawn Boburg, Jacob Bogage, and Dalton Bennett, "Audio recording shows Pa. postal worker recanting ballot-tampering claim", *Washington Post*, November 11, 2020.

② @Cernovich, Twitter, November 10, 2020.

③ "Appendix H: Approaches", Intelligence, GlobalSecurity. org, page last updated April 26, 2005.

导致的令人不快的后果，然后提出另一种选择，当然可以通过回答一些简单的问题来实现，从而增加了真正的恐惧感。"① 一旦目标感到恐惧、感到迷失了方向，审讯者就会为目标提供一条通往安全的道路。在这种情况下，斯特拉瑟告诉霍普金斯，这条路是"更新他的陈述"。②

当你听到斯特拉瑟的声音，你就会知道什么是"操纵大师"。他称赞霍普金斯，他告诉霍普金斯，他们都服过兵役。自始至终，他都在埋一颗困惑、怀疑、焦虑，甚至是恐惧的种子。一开始，斯特拉瑟告诉霍普金斯他没有义务留下来，但最后，当霍普金斯要求抽根烟休息一下时，斯特拉瑟表示，除非他答应不跟任何人交流，否则不会允许他离开。霍普金斯同意后，斯特拉瑟让他的搭档探员在他离开"泡泡"时多盯着点。

在现在的美国，非传统媒体仍然有足够的权力，让常设行政政府看起来是尊重美国宪法的。剩下的几位正直的媒体记者开始关注霍普金斯一事背后的真相。他们被原始的音频骗到了。很少有录音记录能呈现一个联邦探员是如何审问知晓让人难以接受的真相的美国民众。这并非有意而为之，但在某种程度上，霍普金斯的泄密也暴露了联邦政府是如何对待"吹哨人"的。那是被录制下来的材料，是不可否认的。《华盛顿邮报》承认它的真实存在，但当然，不承认它隐含的邪恶。

《纽约邮报》看得更清楚。专栏作家米兰达·德文（Mi-

---

① Intelligence, GlobalSecurity. org.

② Project Veritas, "Hopkins Gives New Interview Detailing Coercion Tactics".

randa Devine)写了一篇文章,标题是"联邦调查局在保护爱国的"吹哨人"方面太失败了,无论是过去还是现在"。[1] 德文解释说,霍普金斯与1996年亚特兰大奥运会期间从炸弹爆炸中拯救了无数生命的理查德·朱厄尔(Richard Jewell)经历了几乎相同的考验。霍普金斯和朱厄尔都很信任审问他们的当局,而这些当局后来又向媒体撒谎,使得这两人名誉扫地。[2]

最重要的是,《华盛顿邮报》及其盟友失去了此事的控制权。他们以为他们的宣传能有效地驳斥霍普金斯,但他们低估了真理和真相的力量。难以想象,如果没有这段审讯录音,媒体会发布多少关于霍普金斯的负面谎言。这是真相工程很久以前学到的一课:面对像大型媒体和大型科技公司这样强大的敌人,唯一能让公众相信的方法就是音频或视频证据。如果是用文字和他们对抗,那肯定没戏。

当然,这个故事的主人公是理查德·霍普金斯。他有勇气站出来讲述自己的故事,而且很机智地录了音。与他的其他伙伴不同,他有一种无法被扭曲的内在力量和正直感。他永远是一个自由的人。

引用著作

Alford, C. Fred. *Whistleblowers: Broken Lives and Organizational Power*. Ithaca and London: Cornell University Press, 2001.

Bok, Sissela. *Secrets: On the Ethics of Concealment and Revelation.*

---

① Miranda Devine, "FBI's failures to protect patriotic whistleblowers, then and now", *New York Post*, November 11, 2020.

② Kevin Sack, "Richard Jewell, 44, Hero of Atlanta Attack, Dies", *New York Times*, August 30, 2007.

New York: Random House, 1989.

Boorstin, Daniel J. *The Image: A Guide to Pseudo-Events in America*. New York: Vintage, 2012.

Devine, Tom and Tarek Maassarani. *The Corporate Whistleblower's Survival Guide: A Handbook for Committing the Truth*. San Francisco: Berrett-Koehler Publishers, 2011.

Dygert, James H. *The Investigative Journalist: Folk Heroes of a New Era*. Hoboken: Prentice-Hall, 1976.

Ettema, James S. and Theodore L. Glasser. *Custodians of Conscience: Investigative Journalism and Public Virtue*. New York: Columbia University Press, 1998.

Johnson, Roberta Ann. *Whistleblowing: When it Works-and Why*. Boulder: Lynne Rienner Publishers, 2003.

Orwell, George. *1984*. New York: Signet Classics, 1950.

Solzhenitsyn, Aleksandr. *The Gulag Archipelago 1918 – 1956 An Experiment in Literary Investigation*. Translated by Thomas P. Whitney and Harry Willets. Abridged by Edward E. Ericson, Jr. New York: HarperCollins Publishers, 2007.

Solzhenitsyn, Aleksandr. *The Gulag Archipelago*, Volume 2. New York: Harper Perennial Modern Classics, 2007.

Taibbi, Matt. *Hate Inc.: Why Today's Media Makes Us Despise One Another*. New York: OR Books, 2019.

期刊文章

Alford, C. Fred. "Whistle-Blower Narratives: The Experience of Choiceless Choice". *Social Research* 74, no. 1 (2007).

第七章　隐私

犯下不法行为的人没有隐私权可言。我们谈论的是——厄普顿·辛克莱尔不应该把铅笔偷运进来吗?①

——CBS 电视台《60 分钟》栏目出品人,唐·休伊特

和其他诚实的丑闻揭露者一样,真相工程的记者们致力于揭露"藏于系统性失灵之后的人类苦难"。② 但揭露这种苦难却不对个人隐私造成附带损害,尤其是有些个人本来就对苦难负有责任时,基本上是不可能的。大家都同意造成附带损害这一说法,但除此之外几乎没达成任何共识。

真相越多,情况越糟

这是一位善于观察的军事情报专家说的,他还说:"需要

---

① Russ Baker, "Truth, Lies, and Videotape: 'PrimeTime Live' and the Hidden Camera", *Columbia Journalism Review* 32, no. 2 (July-August 1993): 27.

② James Ettema, "Trying to stir public awareness", *The IRE Journal* (Summer 1989): 16.

达到的目的越不重要,人们就越能对所用手段进行道德评价”。[①] 引申开来,当所有人都在调查结果的重要性上达成了一致时,辩论调查结果对个人主体产生伤害的声音就很少了。评估伤害和重要性都不可避免地具有主观性,对手段进行的道德判断取决于进行判断之人的政见。

人们争辩那些获得对话机会的手段时,常常忽略了内容的“真实”。正是视频显示出的揭露真相的力量让人们感到不舒服了。受到伤害的人往往是“说出真相”的受害者。阿尔·帕西诺(Al Pacino)在电影《惊曝内幕》(*Insider*)中饰演愤怒的CBS电视台制片人洛厄尔·伯格曼(Lowell Bergman),正如他所说:“我们要播出吗?当然不播。为什么?因为他没说实话?不。恰恰因为他说的就是实话。这就是我们不打算播出的原因,他说的真相越多,情况就越糟糕。”[②]

菲利普·迈耶(Philip Meyer)在《新闻伦理》(Ethical Journalism)中谈到这一现实:“录音机证据不容易被否认……也许是它揭露真相的力量让一些记者感到不舒服了?”[③]迈耶认为,不舒服的是证据本身的“精确、直接和不可争辩”,还有消息来源者在被录音后没法在之后的日子对已发生的事情撒谎这一点。

“将所有对个人所说言语产生的怀疑消除,这就是录音机

---

① Lieutenant Colonel Earl J. Boyce, “Dear Editor”, *Military Intelligence: From the Home of Intelligence* 12, no. 4 (October-December 1986): 5.

② *The Insider*, directed by Michael Mann, Touchstone Pictures, 1999.

③ Philip Meyer, *Ethical Journalism: A Guide for Students, Practitioners, and Consumers*, (Harlow: Longman, 1987).

的功能”,[1]所以记者再也没法给被采访者开后门了。在录音设备出现之前,像罗斯福这样受人爱戴的总统可能会简单地否认他曾亵渎神明,简单地否认他曾说过诸如“这个天杀的东西不起作用”之类的话。[2] 宽容的记者可能认为,不允许当事人撒谎是一种不道德的行为。赤裸裸的事实将那些谎言撕破。正如亨特·S.汤普森(Hunter S. Thompson)所说:“在专业的新闻工作中,绝对的真相是必需品,但非常罕见且危险。”[3]

1997年的一项裁决中,一位上诉法院的法官记录一次未经修饰的录像谈话时写道:“正如这些图像给原告带来了远超其本来遭受的尴尬和痛苦一样,它们也使得被告本应缺乏重量的声音有了重量。”[4]正如法官所言,录下来的要比笔头记录的更准确。

隐藏摄像机,人的延伸

黛安·利恩希尔·齐默尔曼(Diane Leenheer Zimmerman)在其法律评论文章《我的观察:掩蔽之下的新闻记者》中认为:“录音设备不仅仅是精良的笔记设备,使用这类设备可以

---

① Steven Perry, *Communications Lawyer* 14, no. 3 (Fall 1996): 20.

② David Halberstam, *The Powers That Be* (Champaign: University of Illinois Press, 2000), 6.

③ “Hunter S. Thompson: in his own words; a selection of the best-remembered quotes from the master of the one-liner”, *The Guardian*, February 21, 2005.

④ Sanders v. American Broadcasting Companies, Inc., 2d B094245 (Cal. Ct. App. 1997).

让新闻界获取可直接传达给公众的信息。"齐默尔曼主张,录音设备具有直接传播的能力,会"进一步使视频和音频记录应视为言语活动形式还是作为辅助行为的问题复杂化"。① 密歇根州某上诉法院在1982年的一起案件中认为,"参与谈话者录制的音像只不过是对其所说内容更准确的记录"。②

记录能力与写作和说话的能力密切相关。法律学者劳伦斯·却伯(Laurence Tribe)认为,**公众的知情权"无非是一面镜子,反映了愿意发言者不受政府干涉的自由发言与倾听的权利"**。③

反对使用录音设备的争论似乎很少涉及隐私,只是一些关于尊严的奇想。例如,法官在1971年一个涉及两名《生活》(*Life*)杂志记者卧底潜入医生办公室的案件中裁定,允许这类报道"可能会对人的尊严产生最有害的影响,肯定会导致在医生办公室这样最重视坦率的地方进行的谈话和行为会有所保留"。④ 在另一起案件中,加州一位法官说,录像剥夺了说话者"掌控自身一手信息传播范围的权利"。⑤ 这种说法几乎适用于每一种记录设备,包括照相机在内。苏珊·桑塔格(Susan Sontag)写道:"让公众看到被拍之人都不曾见过的自

---

① Diane L. Zimmerman, "I Spy: The Newsgatherer Under Cover", 33 *University of Richmond Law Review* 1185 (2000).

② Sullivan v. Gray, 117 Mich. App. 476, 324 N. W. 2d 58 (Mich. Ct. App. 1982).

③ Sissela Bok, Secrets: *On the Ethics of Concealment and Revelation* (New York: Random House, 1989), 255.

④ Desnick v. American Broadcasting Companies, Inc., 44 F. 3d 1345, 1995 U. S. App. 23 Media L. Rep. 1161.

⑤ Martinez v. Holmes, 4d E002917 – AO (Cal. Ct. App. 1986).

己,让公众了解到其从未展现出的一面,所以给人拍照就相当于在侵犯他。摄像把人变成了可以象征性占有的对象。"①

如果只是单方面同意录音,那此时对录音伦理进行评估时,重要的是要记住人们或许不知道正在被录音,但人们知道正在进行谈话。即使非政府组织设下了最精心策划的圈套,如大卫·达利登(David Daleiden)对计划生育协会设下的圈套,工作人员也会上套,将信息透露给几乎不认识的人。

个人可以根据自己的喜好自由选择是否与他人交往。当你坐在酒吧里时,应该遵守一个基本常识——你所说的话可以很容易地通过各种方式复述给无数人听。无论是在酒吧还是其他地方,都应该敦促特定组织的成员谨慎行事。当然,各组织也应该指示成员们对与其分享敏感信息的人保持谨慎。任何规则或法律都不能强制规定谨慎行事,但践行基本自治理念的开明公民应该可以做到这一点。

什么是"隐私"?

1890年,路易斯·布兰代斯(Louis Brandeis)和塞缪尔·沃伦(Samuel Warren)在《哈佛法律评论》上发表了一篇著名文章。他们提出了"隐私权"这一权利,隐私权在法律上广泛定义为"独处权"。布兰代斯和沃伦认为发布"非法关切"的信息属于侵权,而且"新闻界……无论从哪个方向来看,都越过了隐私和尊严的明显界限"。但尽管如此,他们也承认"隐

---

① Susan Sontag, *On Photography* (New York: Picador, 1977), 14.

私权并不禁止发布任何涉及公众利益或一般利益的内容”。[①]然而直到今天,隐私权仍然是无定形的,很少有人能就其确切含义达成一致。第一修正案学者罗德尼·斯莫拉(Rodney Smolla)大体上认为:“以法律来保护隐私,这是集体知晓礼仪规则的方式,这些规则旨在肯定人类的自主性,肯定人类的尊严。”[②]麻省理工大学名誉教授加里·马克思(Gary Marx)注意到卧底调查侵犯了人们“在不怀疑或担心他人别有用心的情况下表达自己的自由”。[③]

许多秘密录制的谈话都发生在公共场合,所以大多数关于卧底工作道德的讨论实际上并不涉及隐私本身,人们反而更倾向于关注个人“控制自我信息的能力”[④]此种管理自我形象的冲动与第一修正案有着直接冲突。该观点认为,如果记者不能在秘密报道甚至是公开报道时表明自身身份,就会叛离记者与访谈者二者之间的基本关系,比如《华盛顿邮报》(Washington Post)关于沃尔特·里德医疗中心的普利策奖获奖报道。

加里·马克思将秘密录音录像中的引诱描述为“从道德层面来讲等同于强奸,因为二者都否定了个人自由的尊严”,

---

① Samuel D. Warren and Louis D. Brandeis, “The Right to Privacy”, *Harvard Law Review* 4, no. 5 (December 15, 1890): 193 – 220.

② Rodney A. Smolla, *Free Speech in an Open Society* (New York: Vintage Books, 1992), 199.

③ Gary Marx, “Under-the-Covers Undercover Investigations: Some Reflections on the State's Use of Sex and Deception in Law Enforcement”, 1999 revision of article in *Criminal Justice Ethics* 11, no. 1 (Winter/Spring 1992): 13 – 24.

④ Gary Marx, “Privacy and Technology”, *Telektronik* (January 1996).

这远远不只是单纯的叛离。①

发言的内容

老道的丑闻揭露者解释说，合意性行为这个比喻要比强奸更恰当。但这种解释并不能阻止当事人大喊“强奸”。以新泽西州帕塞伊克一位名为艾丽莎·普洛什尼克（Alissa Ploshnick）的教师为例，在一次由纳税人资助的教师工会庆典上，一位真相工程的记者在酒吧里遇到了普洛什尼克女士。普洛什尼克吹嘘着自己工会的权力，她告诉记者：“解雇一个教师是不可能的。我们最近出了案子，就像有老师说了一句‘你个黑鬼’，虽然这个老师被降职了，但还是在教学。”②当真相工程将这则录像带公之于众时，该州的主要报纸《明星纪事报》以头条新闻的形式报道了“新泽西的英勇教师在秘密录像中因政治目的而牺牲”。普洛什尼克告诉这位富有同情心的记者，“我感觉自己被强奸了”。③

CNN 的安德森·库珀（Anderson Cooper）在一段具有讽刺意味的片段——“让他们保持坦率”中报道了这一事件。库珀没有关注破碎的终身教职制度，而是将重点放在了真相工程让新泽西教育协会保持坦率所做的努力上。库珀的确在谈到普洛什尼克时说她说了一些可能不该说的话，但很快又

---

① Marx, “Under-the-Covers Undercover Investigations”, 13.

② Project Veritas, “Teachers Union Gone Wild-Volume I”, October 25, 2010, YouTube video, 4:59.

③ Bob Braun, “Heroic N. J. teacher was sacrificed for political cause in hidden video”, NJ. com, November 14, 2010.

将注意力转向了对普洛什尼克造成的所谓的伤害上。库珀一脸严肃地说:“公民自由主义者会说这是对她隐私浩大的侵犯”,他还在节目报道最后说普洛什尼克正考虑以“跟踪和骚扰”的罪名对丑闻揭露者采取法律行动。①

库珀完完全全错了。要是有人跟普洛什尼克一样在酒吧之类的公共场合公开表达了自己的观点,其实是找不出任何一项公民权利能阻止别人报道这些公开言论的。第一修正案赋予了所有人对普洛什尼克发言进行录制的录制权,与录制权密切相关的,是听众可以复述其听到内容的复述权。尽管有十几个州禁止秘密录音,但如果没有隐私预期,就会出现一种普遍的例外情况——周围的人可以偷听到对话。普洛什尼克想要管理自我形象,与她交谈的陌生人也享有自己的权利(录制权),这二者之间产生了直接冲突。丑闻揭露者有权就其听到的内容说出自己的想法,他们既不写成文字,也不在新闻纸上回忆详述,而是将公开经历录制成音频和视频。

但在此类案件中,主流媒体记者们基本上都单方面反对宪法第一修正案所赋权利,这是新闻业最具讽刺意味的事情之一,而且这种现象也不仅出现于21世纪。《明星纪事报》、CNN和那位被曝光的老师或许只是将丑闻揭露者叫作“强奸犯”,但一个世纪以前的厄普顿·辛克莱尔,他的声名更显狼藉。但辛克莱尔是不畏战斗的,他自创了一个性隐喻来描述他所处时代消极的建制派记者。他在《贿赂》中写道:“世

---

① Anderson Cooper, “Landmark Terror Trial; Palin Considering White House Run; Great Apes Raised with Language”, *Anderson Cooper* 360 *Degrees transcript*, CNN, November 17, 2010.

界就在你面前,但新闻界却在出卖节操,故意制造无知和偏见将通往世界的大门关了起来,还一直维护着这些无知和偏见。"①

不只是教师对着真相工程大骂"强奸"。劳伦·温莎(Lauren Windsor)是卑鄙的民主党政客鲍勃·克莱默(Bob Creamer)的副手。在2016年美国竞选期间,真相工程曝光了克莱默的政治咨询组织"民主伙伴"与希拉里·克林顿以及民主党全国委员会直接订立合约,通过名为"飞鸟觅食"(bird-dogging)的策略在特朗普的集会上煽动暴力。克莱默以"非法入侵"的罪名起诉了真相工程②,但没有在诉讼中质疑真相工程发布视频内容的真实性。"民主伙伴"声称参与调查的真相工程记者艾莉森·玛斯(Allison Maass)在进行新闻采集时违反了法律。

温莎告诉小发明网(Gizmodo),"很多人向我描述了'被秘密拍摄视频'的经历,就好像精神上被强奸了一样……秘密拍摄正在摧毁人的生活"。温莎在鼓励并协助"精神强奸受害者"起诉真相工程之后,通过一系列协调诉讼,推测出这些"受害者"的声音。③ 讽刺的是,据称原告很担忧其隐私被侵

---

① Upton Sinclair, *The Brass Check: A Study of American Journalism; Evidence and Reasons Behind the Media's Corruption* (Adansonia Press, First Published in 1919), 311.

② Democracy Partners, et al. v. Project Veritas Action Fund, et al., United States District Court (D. D. C.), Civil No. 17 - CV - 1047; Memorandum Opinion-March 31, 2020 (19 - 21).

③ Project Veritas, "Dem Operative in Lawsuit Deposition Answer for 'Gotcha B * tch' Attack & Their Selective Editing", April 15, 2020, YouTube video, 9:59.

犯，但原告们却提起了诉讼，更大程度地曝光了自己的隐私。

更讽刺的是，因为真相工程记者玛斯的卧底工作使其同伙克里默的恶行公之于众，温莎便对勇敢的玛斯恶语相向。在克莱默的诉讼中，温莎本人也被免职了。①

在温莎同伴拍摄的完整视频中，可以看到她和同伙瑞安·克莱顿在华盛顿一条人行道上对玛斯大骂脏话。当玛斯乘出租车离开现场时，克莱顿也跟着她上了车。进入酒店大堂后，玛斯才算是进入了避难所。这件事发生之后，温莎和克莱顿为了构建虚假叙述，只公布了部分所发生的事实。这起诉讼的一份口供里记录了温莎被质问辱骂玛斯的回答。口供是很有用的，温莎在宣誓后，不得不承认她篡改了视频。以下是真相工程行动（PVA）的律师保罗·卡利（Paul Calli）和温莎之间的对话：

卡利：所以，你是删掉了前两部分中你和克莱顿先生碰到玛斯女士那里吗？你没加进去是吗？

温莎：我反对你对我行为的定性。

卡利：好吧。但你不是律师，你的律师在这里，他会替你反对，所以我要问你的是……

温莎：我不同意你对我行为的定性。

卡利：哪里？哪里不同意？

温莎：说我删掉了什么。

卡利：哦，好吧。那么，你做了些什么，让这些片段没能出现在最终视频里？

温莎：噢，这叫剪辑。也就是你的客户真相工程制作视频

---

① Project Veritas, "Dem Operative in Lawsuit Deposition".

时所做的事情。

卡利：行，请看同一物证。（播放克莱顿片段）这又是克莱顿先生吗？

温莎：是的。

卡利：麻烦只播到9分26秒。（播放片段）最后这两句话是发布的有关遇到玛斯女士的最终版视频吗？

温莎：我不这么认为。

卡利：为什么？

温莎：我们决定不公布其中的任何片段。

卡利：为什么？

温莎：因为对我们要呈现的叙述来说没必要。①

无论在何处发现了腐败，卧底记者都要将其揭露，这是丑闻揭露者们引以为傲的传统，也是艾莉森·玛斯在调查民主伙伴期间一直遵循的。玛斯大无畏地潜入了民主伙伴，揭露了该组织精心策划的不法行为。真相工程经常遭受不实指控，说他们爱带着欺骗的目的剪辑视频，而温莎和她的同事们却一如既往地做着欺骗性剪辑的事情。每当真相工程要将那些自诩聪明地认为不会被抓到的人拉下马时，都会有这样的情况发生。顺便说一句，克莱默指控的"非法入侵"在庭审前就被驳回了。

单方面同意录制及其危害

丑闻揭露者在履职过程中收集真实信息时，会对某些个

---

① Democracy Partners, et al. v. Project Veritas Action Fund, et al.

人产生负面影响。这在追求更大利益(即公众知情权)的过程中几乎是不可避免的。正如《华盛顿邮报》前编辑伦纳德·唐尼(Leonard Downie)在《新丑闻揭露者》中所写的那样,“调查记者必须正视其报道会伤害他人的事实”。①

然而,我们绝不能忘记,在民主共和国中,保护公民的知情权是保证其做出明智决策的必要条件。要是公众无法做出明智决策,而控制信息流的人又玩一些花招,那么公众就很容易受到伤害。美国开国元勋起草第一修正案的目的不是让出版商受益,而是维护民主和保护人民自由。如今的知情民众有必要和那时一样明智地行使民主权利,履行民主义务。

分享信息是绝对重要的,但也会对个人造成潜在伤害,所以新闻工作者必须要在二者间找到平衡。直到20世纪初,这种平衡行为在很大程度上仅限于印刷文字。无线电广播在20世纪20年代开始普及,到了50年代末,电视已经成为家家户户的客厅中心装饰品。每种媒介都引入了新的即时性。21世纪初,隐藏式摄像机技术和联网台式计算机的出现,使得越来越多人可以即时传输信息。在这个美丽新世界里,许多媒介以崭新姿态登场,让平衡变得更加困难,却也更有必要。

在单方面同意录制的情况下,丑闻揭露者必须要对其所用记录方法进行评估。他们必须要先摒弃这样的假设——人们对其工作的批评是关于其所用方法的批评。事实上,人们更关注调查结果。正如阿林斯基(Alinsky)所指出,“需要达

① Leonard Downie, *The New Muckrakers*: *An Inside Look at America's Investigative Reporters* (Washington: New Republic Book Company, 1976). 12.

到的目的越不重要，人们就越能对所用手段进行道德评价”。[①] 如果所有人都对调查结果的重要性达成了共识，那就不会争论什么伤害了。同样，对手段进行的道德判断也取决于进行判断之人的政见。但在现实生活中，更多的是评估所获信息的真实性，而不是欺骗手段的虚假性。调查对象及其盟友真正担心的并不是手段，让他们感到不舒服的是音视频揭示真相的力量以及所揭露的真相。只有当上述对象说出了与自身有关的真相时，他们自身才会受到伤害。

当今世界，CNN 可以在机场直播，CNN 有能力胁迫美国各权力机关，但 CNN 的帕特里克·戴维斯（Patrick Davis）却成了一个不知情的告密者。戴维斯在镜头前对一位同事说：“我讨厌看到我们过去的样子，可能变成的样子，以及已经变成的样子。”戴维斯有孩子，有一份好工作，工作收入也足以支撑还贷。那么，为什么丑闻揭露者不保护他的身份信息，不将他的脸遮住呢？丑闻揭露者做的这个决定带有功利主义性质，他们认为将信息分享出来的益处，和对不知情泄露信息之人造成伤害的坏处，这二者之间前者要大于后者。戴维斯或许会在工作时有点尴尬，但他没理由因为说过的话而感到难堪。

菲利普·迈耶在《新闻伦理》中写道：“录音机证据不容易被否认。”**这种不容置疑的力量让被录音者无法在未来对已发生的事实撒谎。**[②] 有观点认为记者应该给调查对象开后

---

① Saul D. Alinsky, *Rules for Radicals* (New York: Random House, 1971), 34.

② Meyer, *Ethical Journalism*, 82.

门，还认为不允许调查对象撒谎是不道德的。在美国广播公司 1997 年的一次胜诉中，法官谈到了录像带具有的捕捉被录制对象言语和姿势的力量：“正如这些图像给原告带来了远超其本来遭受的尴尬和痛苦一样，它们也使得被告本应缺乏重量的声音有了重量。”①

如果媒体咨询了西奥多·L.格拉瑟（Theodore L. Glasser）这样的新闻学者，他们就不会那么迅速地攻击真相工程。格拉瑟极力为使用隐藏式录音机而辩护：

在至少有一方在场的情况下使用隐藏式录音机，并不像反对者让大众相信的是一个道德难题：这不是对隐私的侵犯，不是欺骗行为，也不是窃听形式，不构成诱捕。②

事实上，格拉瑟写道，“录音设备只是精良的笔记设备。这一使用录音设备的充分理由将视频和音频记录应视为言语活动形式还是作为辅助行为的问题变得更加复杂”。③

这种录音方法也有批评的声音。1994 年辛普森杀妻案衍生案件中，贝弗利·德特雷莎（Beverly Deteresa）诉美国广播公司的民事案件更显有趣。德特雷莎是美国航空公司的一名乘务人员，她在 O. J. 辛普森从洛杉矶到芝加哥的航班上工作。在未经德特雷莎本人同意的情况下，美国广播公司的一名制片人将其与德特雷莎的对话秘密录制了下来，而该制片人的同事则从远处小心地拍摄了二人的谈话。尽管录音里证明了德特雷莎并不愿谈话，但该制片人表明身份后还是与德

① Sanders v. American Broadcasting Companies, Inc.

② Theodore Glasser, “On the Morality of Secretly Taped Interviews”, *Nieman Reports* 39, no. 1 (Spring 1985): 19.

③ Glasser, “On the Morality of Secretly Taped Interviews”.

特雷莎进行了真实愉快的交流。

第九巡回上诉法院的一个陪审团支持美国广播公司，认为德特雷莎未对其与记者谈话的保密性保持合理预期。然而，一位持不同意见的法官坚持认为，发言者德特雷莎才应该有“掌控自身一手信息传播范围的权利，而非录音的记者”。[①]

但是还有一个问题没有解答——隐藏式摄像机拍摄的影片是如何“损害”或“伤害”人的呢？为什么事实真相却比模糊的描述对人造成的伤害更大呢？如果美国广播公司的制片人一直用笔头记录，或是记在心里，而非对德特蕾莎进行录音录像，那为什么记笔记更容易让大众接受呢？许多批评者只有在偷拍不利于他们支持的参选人或事业时才会出声反对，但还有一些批评者似乎更多的是出于对真相的不满，而不是对调查结果或新闻采集方法的不满。

秘密录像和电报电话一样，都激起了批评家对自身所处时代自身隐私的珍视。正如阿林斯基指出的那样，“**无论哪种有效手段，都会被反对者自动判定为不道德**”。[②] 然而，丑闻揭露者们从过往经验中得知，那些限制使用隐藏式摄像头的法律差不多都是保护有权势之人，尤其是保护有所隐瞒之人。

在所有这类情况下，都有必要采取平衡措施。但说到底，丑闻揭露者明白，社会并不看重“在真实披露的攻击下为个人名誉、尊严或情感安全撑起保护伞”（如果被揭露的真相值得

---

① Deteresa v. American Broadcasting Companies, Inc, No. 95 – 56748, 9d U. S. App. 1997.

② Alinsky, *Rules for Radicals*, 35.

被“攻击”的话)。[①] 在所有起诉真相工程的隐私案件中,事实和法律都不站在受到损害的人那边。有观点认为使用视频比记笔记更具破坏性,但被证明只不过是“对新技术的情绪化反应”。[②]

录制自由即言论自由

记录的权利与说话的权利密切相关,甚至与同期记录自身所见所闻的权利密切相关。从历史上看,美国人对言论自由的珍视高于其他所有自由。在著名的“五角大楼文件”案——纽约时报公司诉美利坚合众国(New York Times Co. v. United States)中,雨果·布莱克(Hugo Black)法官与大多数人一样,认为“只有自由且不受限的新闻界才能有力地揭露政府的欺骗行为”。[③]

永远不要忘记在民主共和国中,政府官员只是人民的代理人。美国《独立宣言》坚持主张合法政府“在被统治者同意后才能获得正当权力”。[④] 如果被统治者不同意,政府就只有“权力”二字。宣言主要作者托马斯·杰斐逊在写给一位同事的信中表示:“……如果让我来决定是该要一个没有报纸的

---

① Diane L. Zimmerman, “Requiem for a Heavyweight: A Farewell to Warren and Brandeis’s Privacy Tort”, *Cornell Law Review* 68, no. 3, 1983.

② Meyer, *Ethical Journalism.*

③ The New York Times Company v. United States, 403 U. S. 713 (1971).

④ Thomas Jefferson, *The United States Declaration of Independence*, July 4, 1776. For more on how the *New York Times* has ignored these issues, see Alexander Meiklejohn, Political Freedom, 1961.

政府,还是要一个没有政府的报纸,我会毫不犹豫地选择后者。”①

知情民众有必要明智地行使民主权利,履行民主义务,这是人们近乎达成的共识。在写下为报纸辩护的句子后,杰斐逊又补充说:“但我的意思是,这些报纸应该要递到每个人的手里,而且每个人都具备阅读报纸的能力。”杰斐逊认为,同意必须是知情的,而非捏造的。事实上,包括经济理论在内的所有重要民主理论,都建立于选民能够获得可靠信息,基于自身利益做出理性决策。②

自杰斐逊时代以来,意识形态没有发生变化,发生变化的是技术。知情同意的概念已经从约翰·洛克(John Locke)的社会契约理论,经过开国元勋们写下的文字,发展到了最近安德鲁·布莱巴特(Andrew Breitbart)的街头智慧。安德鲁有一句名言——“**政治是文化的产物**”。③ 这句名言的意思很简单,人们从媒体那里接收到的政治文化信息迟早会转化成选票。知情同意这一概念是从大型科技公司和大型媒体策划的阴谋中提炼出来的,也解释了为何美国最美丽时尚的第一夫人都未登上过杂志封面。对于统治精英阶级来说,政治玩的就是公共关系。④

---

① Thomas Jefferson, “Letter to Edward Carrington”, ed. Stephen D. Solomon, FirstAmendmentWatch. org, November 27, 2017.

② Jason Stanley, *How Propaganda Works* (Princeton: Princeton University Press, 2015), 82.

③ Daniel M. Rothschild, “Policy Is Also Downstream of Culture”, *Discourse Magazine*, June 3, 2021.

④ Chris Hedges, *Wages of Rebellion* (New York: Perseus Books Group, 2016), 56.

美国建国后的 150 年里，相对立政治阵营通过印刷品来影响公众的情绪。正如亚伯拉罕·林肯（Abraham Lincoln）说的那样，公众的情绪就是“一切”。[①] 早期著名的丑闻揭露者——布莱（Bly）、辛克莱尔（Sinclair）、塔贝尔（Tarbell）——都是通过印刷品作战的战士，影响着公众的情绪。

20 世纪中期，技术不断发展，渐渐集中化了。20 世纪 40 年代，罗斯福不再向国会求助，转头奔向了媒体，他把更多的精力放在了维系媒体关系而非国会关系上。[②] 到了 60 年代，大家都知道电视力量与联邦政府力量融为了一体，但不是所有人都知道丑闻揭露者多年来只能被迫使用印刷品来对抗电视广播的庞大力量。这种力量上的不平衡相当令人震惊，随着互联网的出现和视频技术的增强，真相工程和其他项目才得以开始纠正这种不平衡。但并非每个人都高兴看到这种局面。

如今，只因自己不愿接受的音频和图像曝光了，反对者就大呼要保留“隐私”，这简直虚伪。在 2001 年的巴特尼基诉沃普尔案（Bartnicki v. Vopper）中，大法官约翰·保罗·史蒂文斯（John Paul Stevens）表示就算是披露了非法截获的通讯内容，第一修正案也会保护此类行为的。史蒂文斯为大多数人写道：“在不同程度上向他人暴露自己，这是文明社会生活的一种伴随状态。在以言论自由和新闻自由为首要价值观的社

① Allen C. Guelzo, “‘Public Sentiment Is Everything’: Abraham Lincoln and the Power of Public Opinion”, Lincoln and Liberty: Wisdom for the Ages, ed. Lucas E. Morel (Lexington: University Press of Kentucky, 2014), 171 – 190.

② Halberstam, *The Powers That Be*, 13.

会中,这种暴露的风险是生活中必不可少的。”①一个选择积极参与美国社会的美国公民不可以忽视这项“首要价值”。言论自由和新闻自由是美国人觉得不证自明的真理。历史上找不到哪个国家像美国这么珍视这些价值观,所以美国人不能盼着这些价值观消失。

我们能在社会中行使的所有权利都受第一修正案保护。美国最高院大法官斯坦利·里德(Stanley Reed)在1946年一致裁决的彭内坎普诉佛罗里达(Pennekamp v. Florida)一案中肯定了这一点。他在案中写道:“自由讨论社会问题是美国主义最重要的原则。”②自1946年以来,技术已发生了改变,但言论自由的首要位置却纹丝未动。无论是用铅笔的厄普顿·辛克莱尔,还是用纽扣相机的真相工程记者,丑闻揭露者们尊重的传统和美国这个国家本身一样颇有些历史。

然而,正如里德大法官所指出的那样,“人们应在符合公正有序司法基本要求的最大范围内享有谈论自由”。丑闻揭露者须努力在所谓的“隐私”和公众利益之间找到平衡,以便公正有序执行第一修正案。

记录不知情泄密者的困境

目前要关注对效力于腐败机构的“无辜”人员进行录音录像的问题。第一要搞清楚这些人是否无辜,第二要知道造成的伤害是否真的有害。

① Bartnicki v. Vopper, 532 U.S. 514 (2001).

② Pennekamp v. Florida, 328 U.S. 331 (1946).

在整个20世纪,调查记者选择的故事通常都会强调埃特玛(Ettema)和格拉瑟所提出的“坏蛋阴谋和受害者困境”。[1] 20世纪70年代,芝加哥太阳报的优秀卧底记者帕姆·泽克曼(Pam Zekman)也表达了同样的观点:“**我会挑选英雄和坏蛋的主题。**”[2]真相工程的做法大致相同。根据法律规定,公共场所是没有隐私预期的,真相工程的录音录像就是在公共场所录制的。

但对丑闻揭露者来说,不只是对效力于(按理说是)邪恶组织的工作人员在不知情情况下说出真相后造成了伤害这一问题,还有远比此更重要的问题。如果为了公众利益需要公布秘密录音谈话中的真相,那不公布这些真相就是不道德的。要是真相对分享真相的人造成了“伤害”,那邪恶组织为了掩盖真相很可能在制造更大的伤害。虽然很大程度上要看具体情况,不过丑闻揭露者们对所调查对象的合法性可以做一些通用观察。

在德意志第三帝国这类公开式宣传的社会中,国家的控制力很强,可以曝光吐露实情的人。《一九八四》里的大洋国中,“党”曝光了温斯顿的禁忌日记。但在隐藏式宣传的社会中,国家对曝光个人禁忌日记或其他媒介上的隐私没什么想法。

美国媒体巨头们似乎对自身深信不疑,不愿承认有方法

---

① James S. Ettema and Theodore L. Glasser, “Narrative Form and Moral Force: The Realization of Innocence and Guilt Through Investigative Journalism”, *Journal of Communication* 38, no. 3 (Summer 1988).

② Zay Smith and Pamela Zekman, *The Mirage* (New York: Random House, 1979).

论上的缺陷。鉴于大型科技公司和大型媒体之间的共生关系,传统记者不是特别敢向主流观点发起挑战,公开挑战就更不敢了。要找出主流观点的破绽并不难,只要在大型科技公司和大型媒体所塑造帝国中的任意方位架上一台真相工程的摄像机,就能找到证据反驳媒体散布的大量谣言。

私下里,大型科技公司和大型媒体里的初级员工更能自由地吐露真相。要突出坏蛋阴谋,就要记录下普通人对其所在公司或机构所作的真实陈述。例如,2019 年,CNN 内部人士卡里·波奇(Cary Poarch)将他几位同事对 CNN 发表的言论记录了下来,他的同事们认为 CNN 非常遗憾地抛弃了"事实第一"的使命,而且在谈论这些时毫无顾忌。以下是节选的一些言论:

"我们可以比现在好得多。"

——帕特里克·戴维斯,场地运作经理

"他们把自己出卖给了魔鬼。这很可悲。"

——米克·布雷夫纳(Mike Brevna),楼层经理

"我们曾报道过新闻。我们以前是走出去做报道的。"

——斯科特·加伯(Scott Garber),高级现场工程师①

在解释为什么要秘密记录时,波奇告诉真相工程,"我希望 CNN 和其他任何媒体大体上回到曾经的模样,通过调谐的方式获得事实真相……我不希望任何人程式化地相信这样或那样的方式"。② 波奇知道这会对同事甚至自身造成附带损

① Project Veritas,"PART 3: CNN Field Manager: Zucker's 9am Calls 'BS;'…Totally Left-Leaning…Don't Want to Admit it", October 17, 2019, YouTube video, 15:48.

② Project Veritas,"PART 3: CNN Field Manager".

害,但还是站了出来。

关注腐败机构中的好人至关重要,但许多人对真相工程掌控着这一重要工作感到非常不舒服。因为各大媒体没能力进行自我监督,而且各媒体首席执行官自己都习惯性地说服自己相信公司编造的谎言,所以真相工程报道首席执行官言论是不符合公众利益的。首席执行官们宁愿维持一个新闻界自由且客观的假象,经常对真相工程的报道视而不见,不想听到真相,不想报道真相,也不想让真相具有可信度,即使真相工程报道的主题是他们的“竞争对手”。

大卫·赖特(David Wright)和艾米·罗巴赫(Amy Robach)都没有处于或接近于最高的权威地位,没有参与公司重大决策,也没有参与公司管理。但在布尔斯廷(Boorstin)所说的“幻想和类似幻想的生活”[①]中,赖特和罗巴赫展示了用真相“填补空虚”所必需的“坚实美德”。真相工程将这种坚实美德展示出来,不加滤镜,不扭曲声音,赋予美德打破谎言之网的力量——不管这些网是不是有意为之的。

有些人认为,比起她工作的美国广播公司参与包庇恋童癖,罗巴赫更沮丧没能署名。不管罗巴赫的动机是什么,她的这种情感足以激起愤怒。如果真相工程把她的脸模糊处理,或将她的声音扭曲,那就不会有这种情感。但对视频进行此类剪辑会让批评家趁机发起对报道可信度的攻击,称报道视频为“深度伪造”或“经过欺骗性剪辑”,而不是关注视频的实质内容。

---

① Daniel J. Boorstin, *The Image*: *A Guide to Pseudo-Events in America* (New York: Vintage, 2012).

如果主要电视新闻公司想紧急掩盖(或不想掩盖)问题，那他们的员工很可能在公共场合被陌生人录音。为了弥补力量的不平衡，记者不用把秘密报道作为“最后手段”。媒体是没有自我监督机制的。参议员J.威廉·富布莱特(J. William Fulbright)在水门事件之后说，“媒体真正需要的是自我反省，以及在一定程度上对批评持开放态度。让公职人员保持坦率，记者负有极其重要的责任”。① 在过去的60年里，这种真正的需要越来越迫切。正如艾米·罗巴赫事件所告诉大家的道理——媒体和尼克松政府一样倾向于掩盖自身过失，而且由于外界不太能监督他们，这种倾向可能更加明显。

这是一个长期存在的问题。富布莱特说：“因为新闻界不能也不应该受到外界约束，所以新闻界有约束自身的特殊责任……”②30多年后，索尔仁尼琴(Solzhenitsyn)在他于哈佛大学作的著名演讲中强化了这一观点，他问道：“记者或报社对读者，或对其自身历史，又或对历史，负有什么样的责任呢?”③

> 如果他们通过不准确信息或者错误结论来误导公众舆论……大家听说过这位记者或者这位报社进行了公开致歉吗? 没有听过吧，因为会影响销量的。④

显然，公民们需要除诽谤法之外的新制衡力量，以便媒体

---

① J. William Fulbright, “Fulbright on the Press”, *Columbia Journalism Review* 40, no. 4, (November/December 1975).

② Fulbright, “Fulbright on the Press”.

③ Solzhenitsyn Center, “Harvard Address”, April 12, 2013, YouTube video, 1:02:29.

④ Solzhenitsyn Center, “Harvard Address”.

接受与其他机构同样的监督。就像政治学家拉里·萨巴托(Larry Sabato)发问:“新闻自由的代价一定要这么高吗?”①

录制罗巴赫的美国广播公司内部人士向她道歉,但原因与附带损害无关。致歉语写道:“致艾米·罗巴赫:你是唯一值得道歉的人。非常抱歉。我无法想象你费尽周折得来的真相却被搁到一边了。”②罗巴赫不愿重述在热麦克风的广告时间说过的话。事情曝光后,她同样不愿公开说出人们希望她说的话。她或多或少地放弃了。美国广播公司新闻部高层在给真相工程的一份声明中援引了罗巴赫的话,“我陷入了私人沮丧中。弗吉尼亚·罗伯茨·吉弗(Virginia Roberts Giuffre)的采访本身并不符合我们的标准。这些年来,从来没有人告诉我或我的团队停止报道杰弗里·爱泼斯坦(Jeffrey Epstein),我们一直在积极报道”。③ 正如学者杰西·沃特斯(Jesse Watters)所说,“这份声明读起来就像是有人正拿枪指着她的头”。④

艾米这段公司新闻发言中所说的,和她在热麦克风上的即兴发言截然不同。她的退缩进一步证实了为何不能对面部做模糊处理。如果没有将一个人完全曝光并点出姓名,那人

---

① Larry Sabato, *Feeding Frenzy*: *Attack Journalism and American Politics* (Baltimore: Lanahan Publishers, 2000).

② Ignotus was the codename for the ABC insider and provided their Robach email to Project Veritas.

③ Claudia Harmata, "Amy Robach Walks Back Leaked Video Claiming ABC 'Quashed' Jeffrey Epstein Story: 'I Was Upset'", People. com, November 5, 2019.

④ Aiden Jackson, "Asking the Question: What ARE ABC's Editorial Standards?", Newsbusters. org, November 11, 2019.

们就很容易遗忘这个人的言论。多年来的事实表明,媒体高层会无所不用其极来否认或掩盖已证明的真实报道。真相越大,就越需要掩盖。毫不意外的,美国广播公司新闻部高管们都说服了自己相信自己没有做错什么。他们别无选择,只能说服自己是罗巴赫做错了。那些比新闻主持人高上一个等级的领导们也不会承认出现了系统性失灵。

艾米·罗巴赫的公开声明是由美国广播公司新闻部高层独家提供给真相工程的,这与该公司自身的编辑准则相矛盾。说弗吉尼亚·罗伯茨·吉弗(Robert Giuffre)的采访"不符合播出标准",这让人怀疑美国广播公司的编辑标准究竟是什么,尤其是考虑到该电视台播出的指控大法官布雷特·卡瓦诺(Brett Kavanaugh)的证据显然没有指控爱泼斯坦的那些指控证据充分时。

真相工程的记者们成功挖掘出了潜伏在系统性失灵之下的人类戏剧,总要有人去观赏一下。CNN 主席杰夫·扎克(Jeff Zucker)似乎将调查自身编辑室的权力放弃了,公开声称对真相计划录像带所揭露的腐败"漠不关心"。同样,《纽约时报》执行编辑迪安·巴奎(Dean Baquet)对真相工程的记者不屑一顾,在谈到录音带显示其员工违反了道德标准时表示"我会处理这件事的"。为了保证自己占上风,他补充说"真相工程的罪恶更大"。①

艾米·罗巴赫、大卫·赖特和帕特里克·戴维斯都在以自己的方式传达《一九八四》中温斯顿的禁忌日记,每个人都

① mmatters2,"Dean Baquet On O'Keefe And Sin – 101217", October 12, 2017, YouTube video, 2:31.

在说出本不应大声说出的真相。但不同之处在于,温斯顿的统治者奥布赖恩有意揭露温斯顿的私下言论,以便在公众面前击垮温斯顿,并通过这样的方式来证明自己的权力。《美国真理报》想要确保那些“自由”机构工作人员所写的禁忌日记永不见光。在这种摩尼教二元对立的政治环境中,调查结果的政治含义不可避免地决定着道德演绎。

在此回顾一下之前提到的雪莉·泰特(Shirley Teter)起诉真相工程的案件。克莱默的合伙人斯科特·福瓦尔(Scott Foval)在酒店大厅向真相工程的卧底记者描述泰特为“我们的一名活动人士,曾接受过飞鸟觅食培训”。联邦大法官雷丁格(Reidinger)在按照《联邦民事诉讼规则》第50条举行的特大听证会上,于陪审团即将作出裁决之前,驳回该案上诉时声明:

由于要求法院走非常微妙的路线,所以我认为第一修正案在这类案件中的影响会更大,程度会更深。一方面,自由交流需要给予媒体和普通市民广泛的自由度,特别是在具有重大公共意义的问题上,让他们能够表达意见和观点,说出要说的话。而在具有重大公共意义的问题中,最重要的是总统谁来当的问题。因此,**如果公民和媒体因为害怕承担责任而束手束脚,这将不利于政治讨论,不利于整个社会,也不利于我们的基本自由**。[1]

雷丁格法官更倾向于“重大公共意义”,他认为总统选举

---

① Shirley Teter v. Project Veritas Action Fund, et al., United States District Court (W. D. N. C. -Asheville), Civil No: 1:17 – CV – 256; Excerpt of Proceedings-May 21, 2019.

最具有政治重要性。因此，根据公众知情权理论，无论从法律还是道德层面来看，秘密拍摄竞选经理或政治顾问都是合理的。但是他补充说，记者有“一定程度的责任”，特别是“目前公众对媒体的信任度和对二手车推销员还有国会的信任度没什么两样”。①

接着问题就转移到了媒介本身的准确性和用于获取信息的手段上。正如资深记者詹姆斯·雷斯顿（James Reston）所写：“所有摄像机都容易腐败，电视摄像机也绝对会腐败。”②摄像机之所以会腐败，是因为让人对现实产生了错觉，但摄像机拍下的图像是可以像印刷品一样被轻易操纵的。隐藏式摄像机拍摄并传上网的图像也可以像电视新闻公司操纵自己的图像一样被轻易操纵。真相工程在意识到这一残酷的新现实后，如果觉得发布有用时，就会发布未经编辑的原始视频，让全世界来评判他们有没有公正剪辑。从来没有新闻公司这样做过。这种新视频类型以新闻公司无法做到的即时性、准确性和诚实性来对抗和粉碎幻想。新闻公司和其印刷盟友唯一能做的就是喊冤，或高喊“强奸”。

当文明让步于公共责任

要是坚持在记者和被采访对象谈话前征得各方同意的话，未免有“老大哥”之嫌。2018 年，真相工程在马萨诸塞州

---

① Shirley Teter v. Project Veritas Action Fund, et al.

② Mitchell Stephens, *The Rise of the Image, the Fall of the Word* (Oxford: Oxford University Press, 1998).

的一个法院里发现了这种“老大哥”式做法的弱点。马萨诸塞州地区法院首席大法官帕蒂·萨里斯(Patti Saris)为真相工程做了有力辩解,这也在第一修正案的历史上留下了浓重的一笔。萨里斯裁定秘密记录公职人员是一项基本人权,更明确地说,即马萨诸塞州的法规“在宪法上不得禁止秘密记录政府官员,包括记录公共场所履行职责的执法官员,但记录的时间、地点、方式需合理”。[①] 前面提到的雪莉·泰特“飞鸟觅食”案中,雷丁格法官也支持秘密记录,他在一次罕见的“直接裁决”中,向原告律师迪克希·威尔斯(Dixie Wells)指出,录音和做笔记没有什么区别:

法官:[丑闻揭露者]说他们去那里采访别人,发现了一些事实,然后对事实进行了报道。他们没有义务超出事实之外。

……

威尔斯:尊敬的法官阁下,你说这是一次采访,我可能也说漏了嘴跟您一样这样称呼。但这是在酒吧和其他当事人并不知晓他们正在被“采访”的地方录制的。

法官:但当事人知晓有人正向他提问。[②]

或者看一下金·柯尔柏(Kim Koerber)的例子。柯尔柏给布赖特巴特新闻网发了一封“勒令停止通知函”,要求删除一段真相工程提供的视频,她称自己“在不知情的情况下被录像了”。在视频里,柯尔柏以培生教材出版社前销售代表的身

① Philip Marcelo, “Court weighs ban on secret recordings of public officials”, *AP News*, January 8, 2020.

② Shirley Teter v. Project Veritas Action Fund, et al.

份说道：

> 我为 AP 历史做了一个演讲，AP 美国历史的议程早已经确定下来了。直到“德克萨斯州”对议程不满，希望 AP 美国历史有他们创始人的名字。他们想把自己的创始人写进历史，但这就好像是死去的白人没为这个国家的创立出力一样。①

真相工程在 2016 年 1 月发布了这段视频，仅在 YouTube 上就有超 12 万人观看。在一家星巴克的露台上，柯尔柏与两名记者进行了第一次面对面交谈。周围背景声音很大，几乎淹没了柯尔柏的声音。以下选取了柯尔伯起诉真相工程的部分内容：

> 在这次发生的私人谈话中，我的言论仅代表我的个人信仰。这次谈话既没有组织，也不正式。我说的话很多，各种各样的都有，有观点，有信仰，有讽刺，也有玩笑。②

柯尔伯还说：“我都没意识到我被录音了……我可不打算让我的评论成为帮副总统卡马拉·哈里斯制定政策的匿名研究。”③初审法院终止了诉讼，这像是惩罚真相工程行使了第一修正案赋予其的新闻采集权一样。柯尔柏对提交给陪审团的相关事实认定证据没有异议。初审法院判决支付给真相工

---

① Project Veritas, “Undercover Common Ⅱ: Another Top Publishing Exec: ‘It's never about the kids’”, January 14, 2016, YouTube video, 4:46.

② Kimberly Koerber v. Project Veritas, B291770 (Cal. Ct. App. Sep. 29, 2020).

③ Kimberly Koerber v. Cengage Learning, Inc., et al., Case No.: BC649878, Superior Court of California, Los Angeles County; (Declaration of Plaintiff in Opposition to Defendant Project Veritas' Special Motion to Strike, November 21, 2017).

程63000美元的律师费。[1] 柯尔柏对这一裁决提出上诉,上诉法院认为初审法院裁决正确,[2]她随后上诉至加州最高法院复审,但法院拒绝了。[3] 从表面上来看,柯尔柏的声明"照片和音频内容……我的名字和肖像对我来说是冒犯"十分荒谬,这可是她自己选择的说话方式。

真相工程的摄像机拍到的另一位高管是黛安·巴罗(Dianne Barrow),她是哈考特出版社幼儿教科书部门的战略客户经理,负责13州地区的销售。在一家星巴克,她向两位真相工程的记者解释了他们的运作系统:

巴罗:你不会认为教育出版公司是为了教育吧。不是的,是为了钱。[大笑]他们统一教育的标准,就是为了卖书。

记者:所以真是为了钱,不是为了孩子。

巴罗:你觉得呢?

……

记者:你看起来像是为了孩子,你看起像你知道……

巴罗:我讨厌孩子。[笑声]别自欺欺人了,我只是为了卖书。[4]

出版商迅速解雇了巴罗,并随即发表了一份脱罪声明:"哈考特出版社跟各位读者一样,对这些言论感到震惊……这

---

① Kimberly Koerber v. Project Veritas, (Attorney Fees Motion, December 19, 2019).

② Kimberly Koerber v. Project Veritas, (Second Appeal, January 7, 2020).

③ Kimberly Koerber v. Project Veritas, (Third Appeal, September 29, 2020).

④ Project Veritas, "Undercover Common Core Vid: Exec Says 'I hate kids... it's all about the money'", January 12, 2016, YouTube video, 7:49.

些言论绝不代表本社观点，也不代表本社4000多名员工的观点，他们每天都在竭诚为教师和学生服务。”①巴罗提起了诉讼，但被驳回了，法院判决他支付给真相工程73000美元的诉讼费。②

在符合公共利益和造成伤害的平衡式中，显然前者权重更大。数百万儿童的教育方式具有“深刻的公共重要性”，是首要的公共利益。虽然巴罗受到了伤害，但这伤害主要是不难恢复的自我伤害。

探讨双方同意法的论点以及评估边界管理，二者在评估对个人造成的伤害上很有帮助。双方同意法旨在禁止公布他人自愿告知内容。真相工程向马萨诸塞州第一巡回上诉法院提交了上诉书，意在推翻双方同意法，真相工程的律师表示：

所有这些论点都有一个激进的主张——无论在何地，每个人都享有在被记录前获得通知的权利……这种主张违背了普通法，扩大了隐私法的标准，因为**当一个人在公共场所站立、行走或进行活动时，他是知情并自愿地暴露他的存在、行动和联系，允许被其他人看到和记录的**……③

这一边界管理原则是如今大多数隐私分析的基础。一方面，“有一些私人和个人空间是政府无法触及的……无论通过欺骗还是武力胁迫的方式，当公共与私人的边界可以随意逾

---

① Matthew Renda, “Publishing Exec Blames Firing on Right-Wing Sting”, Courthouse News Service, June 23, 2017.

② Project Veritas, “Project Veritas Legal Victories: Dismissal Dianne Barrow v. Project Veritas”, ProjectVeritas. com.

③ Project Veritas Action Fund v. Rachael S. Rollins, 19 – 1640 1d, (U. S. Ct. App. Dec. 15, 2020).

越时,自由就没了"。[1] 如果声称个人有权不允许别人在波士顿广场或芬威球场,甚至在加利福尼亚的星巴克外的露台给他们拍照,那就太奇怪了。在现实中,人们走到公共场所,进入"生活的伴随状态",都是自愿暴露在他人面前的。

问题的核心其实是比记录人类互动更深层次的东西,它出现于现代科技之前,和人类互动本身一样古老,那就是——社会信任问题。每个人在对待不同程度信任对象时的态度各有不同。大家没有义务对别人自愿分享的东西进行保密。在录音设备出现之前,假朋友和间谍的存在都是有据可查的,比如莎翁笔下的台词"还有你吗,布鲁图?"[2]在电子记录出现之前,对话是可以转录的,也可以让记者记在笔记本上,甚至可以在事后回忆起来。1968 年,加州法院在起诉《时代周刊》一案中表明,调查性报道的"成功实践早于微型相机和电子设备的发明"。[3]

背叛和暴露的风险属于信任风险,这种风险并没有扼杀所有的社会交流。相反,自古以来,个人在决定是否向另一个人透露以及透露多少信息之前,都会衡量两人关系的牢固程度。在大多数情况下,背叛他人信任时也会违背自身利益。犹大可以作证,背叛对背叛者本身的伤害不亚于对"被背叛者的"伤害。

丑闻揭露者可以作证,就算是为了促进公众利益,背叛信任都是要付出代价的。例如,真相工程最近不得不花费 35 万

---

① Gary Marx, "Ethics of Undercover Investigations", *Encyclopedia of Applied Ethics*, 2ed, 2012: 442 - 451.

② Project Veritas Action Fund v. Rachael S. Rollins.

③ Dietemann v. Time, Incorporated.

美元的法律费用,只为了在一桩无关紧要的诉讼里捍卫自己公布当事人自愿分享内容的权利。泄密者,尤其是那些没有使用隐藏式录音设备的,往往要付出更大的代价。由于揭露雇主的不良行为而违反了保密协议,他们通常会失去工作,失去房屋,失去银行账户,失去家人。

厄普顿·辛克莱尔有着“救世主般的使命感”,他潜入芝加哥的食品加工厂,“记住他看到的细节,冲回自己房间,把一切都写下来”。[①] 1906 年他发表了黑幕揭露的经典著作《丛林》,这本书引发了食品工业的全面改革。和同时代写过贫民窟不堪生活条件的雅各布·里斯(Jacob Riis)一样,辛克莱尔觉得自己有权站在屋顶上大声喊出别人对他说过的话。

没有录音设备的话,事实有时会被歪曲。在 1906 年的一篇题为《丛林是真的吗》的文章中,辛克莱尔承认自己提供了一个经选择的真相版本,“保留了‘夸大报道’和‘解释’所报道内容的权利”。[②] 在录像中,说话者的说话节奏、语气和音调,以及录音中捕捉到的其他重要内容,限制了调查人员的“解释”能力。**秘密录音录像中有些信息能更准确地描述某一事件,完全禁止秘密录音录像只会让公众无法接触到这部分信息而已。**[③] 当然,正如路易斯安那州最高法院主张的,“隐私预期要是阻碍了有关事件的准确描述,社会就会认为这

---

① Anthony Arthur, *Radical Innocent*: *Upton Sinclair* (New York: Random House, 2006), 49.

② Arthur, *Radical Innocent*, 79.

③ Project Veritas Action Fund v. Rachael S. Rollins.

种隐私预期是不合理的”。[①]

摄像机对尊严的恶劣影响

正如鲍勃·迪伦(Bob Dylan)在《尊严》这首歌中暗示的,任何类型的录音,在其本质上往往与感觉一个人值得尊敬或尊重相冲突。如果说照片会给一些人带来麻烦,那么更先进的技术会给其他人带来更多的麻烦。一位联邦上诉法院法官说,允许人们的图像“以全彩和高保真方式向公众播放”可能会对“人的尊严产生最有害的影响”。[②]

当金·柯尔柏谈到真相工程捕获的“内容”时,她所说的“我的名字和肖像对我来说是冒犯”,说的是她的尊严问题,而不是隐私问题。法律学者多萝西·格兰西(Dorothy Glancy)观察到个人有一种与生俱来的心理完整性,以及一种要“控制反映和影响个人人格信息”的自然冲动。[③]

柯尔柏告诉法官:“我不想别人使用我的评论。”并不只有柯尔柏认为披露的信息要跟个人希望被认知的信息不同。尽管普遍认为大家首先关心的是相识的人如何看自己,但人们往往在对待不熟之人时更加诚实,对待陌生人也如此。这样会对个人产生更深远的伤害。布兰代斯大法官也认同这一

---

① State of Louisiana v. Charles W. Reeves, 427 So. 2d 403, 418 (Supreme Court of Louisiana. 1982).

② Dietemann v. Time, Incorporated.

③ Dorothy J. Glancy, “The Invention of the Right to Privacy”, *Arizona Law Review* 21, January 1, 1979.

说法,他赞同“每个人都应能控制自身生活细节的传播”。①

对于那些觉得自身尊严受到侵犯的人来说,叙述真实情况引发“正当的公共关切”并不重要。法律学者们一直在讨论,很少有人否认以下两点:一是侵犯隐私就是剥夺人的个性,②二是文明和公共责任之间必然会存在紧张关系。③ 每个人都暴露于公众面前,都从自身过往经历中知道公共监督会破坏尊严感。

掌控第一手资料传播的权利

1998 年,加州的一个案件中大量引用了布兰代斯大法官的观点。一档跟拍应急医学救援队真实经历的电视节目——《紧急救援》(*Emergency Response*),记录了露丝·舒尔曼(Ruth Shulman)和她的儿子在事故现场的情况。救援直升机运营商慈悲航空(Mercy Air)将舒尔曼送往医院。舒尔曼腰部以下都瘫痪了,她告诉救援人员她“只想死掉”,而直升机飞行员回答说:“你不想死的,女士。”西屋广播公司将这一期节目包装得令人毛骨悚然,虽然舒尔曼从未在这期节目中亮明身份,但她成功争辩说自己控制自身形象传播的权利被剥

① Diane L. Zimmerman, “Requiem for a Heavyweight”.

② Edward J. Bloustein, “Privacy as an Aspect of Human Dignity: An Answer to Dean Prosser”, *N. Y. U. Law Review* 962, 1964.

③ Robert C. Post, “The Social Foundations of Privacy: Community and Self in the Common Law Tort”, *California Law Review*, October 1989.

夺了。①

舒尔曼真正寻求的是能"掌控(自身)图像在电视上的使用",而柯尔柏则是寻求自身图像在 YouTube 上的使用。法律学者海曼·格罗斯(Hyman Gross)认为,非自愿地失去隐私可能会让受害者感到羞耻,"不是因为别人知道了什么,而是因为别人可能来决定谁应该知道,以及怎么利用他的隐私,而非受害者自己来"。②

多年以来,好心的法官用种种方式裁决隐私问题,但现实是,如果新闻报道对象真能控制自己形象传播,那新闻界就没法正常运转了。至于对拍摄对象造成的伤害,有些人坚持认为隐藏式摄像机在某种程度上更有害,同时也认为真相和对事件不那么准确描述比起来,真相似乎更有害。那为什么录音要比把他们所说的话写下来造成的伤害更大呢?秘密录音的批评者似乎更担心的是媒体而不是调查结果。毕竟,视频和事实都可能有损人的形象。

隐私边界

沃伦和布兰代斯还在他们《隐私权》一文中警告说,新的"机械装置"会使未来"小房间里说的悄悄话从房顶上大声宣

---

① Shulman v. Group W Productions Inc, 2d B081390 (Cal. Ct. App. 1996).

② Hyman Gross, "Privacy and Autonomy", in *Privacy and Personality*, ed. James Roland Pennock and John Chapman (London: Aldine Transaction, 2009), 177.

告出来”。[1]

真相工程不会将小房间的门打开,尽可能地避免法律学者所说的“以亲密和信任为特征的领域”,[2]或西塞拉·博克所说的“避难所”。[3] 即使是公众人物,他们生活的某些方面也是保密的,也应该要保密。真相工程尊重大家的这一权利。与《华盛顿邮报》不同,真相工程对记录信息和公布信息进行了区分。《华盛顿邮报》总编伦恩·唐尼(Len Downie)说:“有些东西我们是不会公布的,很多一直都不会公布。”[4]

真相工程拍到了一名教师联盟官员提议与两名卧底记者玩三人行,他说:“走,去酒吧玩三人行”,但真相工程在《教师联盟疯了》的报道中却没有报道这一事件。《教师联盟疯了》一文也没有提到滥用公共资金或隐瞒不当课堂行为的问题。一说起卧底报道,大家都默认有些秘密应该保密,特别是那些“伴随人类亲密关系”的秘密。[5] 这类秘密的披露很少会符合公共合法利益,而实施隐私边界符合国家的既得利益。

然而,有权势之人的行为,甚至是个人隐私行为,都可能成为涉及公共利益的问题。包括山姆·亚当斯(Sam Adams)在内的许多开国元勋都认为公众有权对公众人物的个人道德进行调查。约翰·亚当斯(John Adams)总统强有力地证明了公众诚信的首要地位:

---

① Warren and Brandeis, “The Right to Privacy”.

② Lyrissa Barnett Lidsky, “Intrusion and the Investigative Reporter”, *Texas Law Review* 71, no. 433 (1992 - 1993).

③ Bok, *Secrets*.

④ Downie, *The New Muckrakers*.

⑤ Bok, *Secrets*, 252.

共和国仅有一个地基,那就是公德。必须要在人民心中建立起对公共利益、荣誉、权力和荣耀的积极热情,否则就不会有共和政府,也不可能有真正的自由。这种公共的热情必须高于所有私人的热情。①

有一个问题丑闻揭露者必须要问问——政治家对家庭的不忠到底是不是公共诚信问题。在罗斯福总统任期内,媒体尊重罗斯福报道规则,即任何公众人物的私生活都只与其自身相关,除非影响到该人的公众表现。肯尼迪生活时代也遵循同样的报道规则。但在1969年,肯尼迪的弟弟泰德·肯尼迪在查帕奎迪克事件时妄图保护自己的职业生涯,使这一报道规则重新改变了。② 他的个人行为变成了政治行为。在此后的几年里,出现了许多高调的性行为不端案件,这些案件真正影响到了公共利益,但或许都没有1998年比尔·克林顿总统的丑闻或最近亨特·拜登差点让其父乔·拜登失去总统职位的轻率行为严重。

丑闻揭露者相信"权力越大,责任越大"。这句话是什么意思?电视评论家迈克尔·阿伦(Michael Arlen)说,"**调查记者是社会的看门狗,但是看门狗的问题在于,有时候他们会对午夜小贼和正午邮差发起同样的狂热攻击。**"③有些负责任的

---

① Letter from John Adams to Mercy Otis Warren, April 16, 1776, Founders Online, Archives. gov.

② Josh Sanburn, "'The Kennedy Machine Buried What Really Happened': Revisiting Chappaquiddick, 50 Years Later", *Vanity Fair Magazine*, July 17, 2019.

③ Michael J. Arlen, "The Prosecutor", in *New Challenges for Documentary*, ed. Alan Rosenthal (Berkeley: University of California Press, 1988), 328.

丑闻揭露者意识到了其中的区别。

关于隐私和保密的虚假主张

正如博克(Sissela Bok)所写,“记者应该只报道那些已经表示同意的人,这样的结论是错误的……那些利用保密来掩盖侵权行为的人往往会诉诸于虚假的隐私、保密或国家安全主张。对记者来说,重要的是不要从表面上去理解这些主张”。①

来看一下密歇根美国教师联盟案件。美国教师联盟的一名教师对一个10岁的孩子实施了性骚扰,联盟为解雇该教师协商赔偿了5万美元。真相工程揭露了这一事件,美国教师联盟由此起诉了真相工程。密歇根美国教师联盟主席大卫·赫克尔(David Hecker)毫不避讳地分享了他对真相工程提起诉讼的雄心。真相工程的律师保罗·梅尔西诺(Paul Mersino)问及他为何提起诉讼时,赫克没有隐瞒:

> 提起诉讼是为了以任何可能的方式阻止真相工程再做类似的事情,并且,我们也是这种行为的受害者,要让他们赔偿我们工会的损失……如果诉讼结果在某种程度上减缓或限制了真相工程的行动,那应该是,或将是一个伟大的结果。②

密歇根美国教师联盟对其压制言论自由的努力十分坦率,坦率得令人震惊。美国教师联盟在一份新闻稿里吹嘘说:

---

① Bok, *Secrets*.

② Project Veritas, “PV Releases Deposition Tapes Showing American Federation of Teachers Wants to Bleed Us Dry”, January 24, 2020, YouTube video, 5:27.

“一位联邦法官已经发布了一项关键裁决,允许美国教师联盟收集有关保守派打击组织真相工程的信息,真相工程已经陷入了困境,法律和财政压力越来越大。”[①]他们并没能高兴多久。此后不久,大法官琳达·帕克(Linda V. Parker)推翻了这一限制令,有力地捍卫了宪法第一修正案赋予的权利:

对于涉及事前限制的案件,法院必须考虑该发表是否“威胁到比第一修正案本身更基本的权益,而且对源于联邦法律的日常民事纠纷解决先决条件进行了放弃。只有当原告满足这个高标准时,法院才可发布限制令,禁止纯粹言论的发表”。原告并没有说服法院其商业利益是比被告的第一修正案权利更基本的权益。[②]

总而言之,**丑闻揭露者们在追求公共利益收集真实信息的过程中,会对某些个人造成不可避免的损害。然而,公众的知情权是至高无上的**。如果收集到的信息是准确且令人信服的,那么对受到损害的人来说,他们遭受的损害将可以使更多的人免受损害。

私人交谈

1977年,一家报社在芝加哥进行了史上雄心勃勃的卧底调查之一。那一年,芝加哥太阳报买下了一家酒吧,利用酒吧吸引芝加哥那些一看就不诚实的政客。这家名为“海市蜃

① Andrew Crook, “Judge Allows AFT to Examine Project Veritas Documents”, AFT Press Release, aft.org, July 20, 2018.

② AFT Michigan v. Project Veritas, Civil Case No. 17 – cv – 13292 (E. D. Mich. Dec. 27, 2017).

楼”的酒吧，其实际经营者为该报社记者，他们用隐藏式摄像机将政客们策划的一系列不正当交易统统记录了下来。[①] 可惜，普利策奖将海市蜃楼的故事拒之门外了，这意味着卧底新闻不再受到青睐了。

华盛顿邮报的本杰明·布拉德利（Benjamin Bradlee）和圣彼得堡时报的尤金·帕特森（Eugene Patterson）都认为记者本可以简单地采访那些被勒索的人，而不使用秘密记录的方式。但就像太阳时报的记者说的，这是不可能的，因为“没有人愿意公开发言，大家都害怕市政厅”。[②] 人们惧怕市政厅，这意味着除了秘密记录，没有其他办法能了解到真相了。

20 世纪 70 年代，企业营运者们都不愿公开发表言论，这背后的原因跟如今的个人和企业为何不敢揭露操控主流进步舆论者的原因差不多。最近大型科技公司态度强硬，像 Telegram 这样的应用程序开始流行起来，这类应用程序的加密平台允许用户“绕过当局”。[③]

尽管在某些情况下，恐怖分子也利用这些类似 Telegram 的渠道来购买枪支和安排集会，但一些人担心自己的声音被 Telegram 和其他加密渠道泄露而受到当权者审查，要在全世界组织抗议活动。正如《金融时报》所报道的，“Telegram 的技术使该应用程序很快就成为白俄罗斯人获得抗议活动信息

---

① Smith and Zekman, *The Mirage*.

② Smith and Zekman, *The Mirage*.

③ Ruth Fogarty, “French journalist goes undercover with Islamic State terror cell”, ABC News, July 11, 2016.

的主要来源”。[①] 事实上,今天的政治难民靠着加密应用程序继续挣扎着。《金融时报》补充说:“当局没办法关闭它们,这都是人们有目共睹的。”[②]

然而,Telegram 这类允许信息自由流动的加密应用程序已经受到,并将继续受到希望掌控舆论之人发起的攻击。为了接近一些在大多数情况下无法接触到的调查对象,丑闻揭露者不得不依靠经常受斥责的手段,而且他们知道自己的情报来源不保险。

引用著作

Alinsky, Saul D. *Rules for Radicals*. New York: Random House, 1971.

Arlen, Michael J. “The Prosecutor”, in *New Challenges for Documentary*. Edited by Alan Rosenthal. Berkeley: University of California Press, 1988.

Arthur, Anthony. *Radical Innocent: Upton Sinclair*. New York: Random House, 2006.

Bok, Sissela. *Secrets: On the Ethics of Concealment and Revelation*. New York: Random House, 1989.

Boorstin, Daniel J. *The Image: A Guide to Pseudo-Events in America*. New York: Vintage, 2012.

Downie, Leonard. *The New Muckrakers: An Inside Look at*

---

① James Shotter and Max Seddon, “How Belarus's protesters staged a digital revolution”, *Financial Times*, February 27, 2021.

② Shotter and Seddon, “How Belarus's protesters staged a digital revolution”.

America's Investigative Reporters. Washington: New Republic Book Company, 1976.

Gross, Hyman. "Privacy and Autonomy", in *Privacy and Personality*, ed. James Roland Pennock and John Chapman. London: Aldine Transaction, 2009.

Halberstam, David. *The Powers That Be*. Champaign, IL: University of Illinois Press, 2000.

Hedges, Chris. *Wages of Rebellion*. New York: Perseus Books Group, 2016.

Jefferson, Thomas. *The United States Declaration of Independence*. July 4,1776.

Meyer, Philip. *Ethical Journalism: A Guide for Students, Practitioners, and Consumers*. Harlow: Longman, 1987.

Sabato, Larry. *Feeding Frenzy: Attack Journalism and American Politics*. Baltimore: Lanahan Publishers, 2000.

Sinclair, Upton. *The Brass Check: A Study of American Journalism; Evidence and Reasons Behind the Media's Corruption*. Adansonia Press, First Published in 1919.

Smith, Zay and Pamela Zekman. *The Mirage*. New York: Random House, 1979.

Smolla, Rodney A. *Free Speech in an Open Society*. New York: Vintage Books, 1992.

Sontag, Susan. *On Photography*. New York: Picador, 1977.

Stanley, Jason. *How Propaganda Works*. Princeton: Princeton University Press, 2015.

Stephens, Mitchell. *The Rise of the Image, the Fall of the World*. Oxford: Oxford University Press, 1998.

期刊文章

Baker, Russ. "Truth, Lies, and Videotape: 'PrimeTime Live' and the Hidden Camera". *Columbia Journalism Review* 32, no. 2 (July-August 1993).

Bloustein, Edward J. "Privacy as an Aspect of Human Dignity: An Answer to Dean Prosser". *N. Y. U. Law Review* 962, 1964.

Boyce, Lieutenant Colonel Earl J. "Dear Editor". *Military Intelligence: From the Home of Intelligence* 12, no. 4 (October-December 1986).

Ettema, James. "Trying to stir public awareness". *The IRE Journal* (Summer 1989).

Ettema, James S. and Theodore L. Glasser. "Narrative Form and Moral Force: The Realization of Innocence and Guilt Through Investigative Journalism". *Journal of Communication* 38, no. 3 (Summer 1988).

Fulbright, J. William. "Fulbright on the Press". *Columbia Journalism Review* 40, no. 4 (November/December, 1975).

Glasser, Theodore. "On the Morality of Secretly Taped Interviews". *Nieman Reports* 39, no. 1 (Spring 1985).

Glancy, Dorothy J. "The Invention of the Right to Privacy". *Arizona Law Review* 21, January 1, 1979.

Guelzo, Allen C. "Public Sentiment Is Everything: Abraham Lincoln and the Power of Public Opinion". Lincoln and Liberty: Wisdom for the Ages. Edited by Lucas E. Morel (Lexington: University Press of Kentucky, 2014).

Lidsky, Lyrissa Barnett. "Intrusion and the Investigative Reporter".

Texas Law Review 71, no. 433 (1992 – 1993).

Marx, Gary. "Ethics of Undercover Investigations". *Encyclopedia of Applied Ethics*, 2ed, 2012: 442 – 451.

Marx, Gary. "Privacy and Technology". *Telektronik* (January 1996).

Marx, Gary. "Under-the-Covers Undercover Investigations: Some Reflections on the State's Use of Sex and Deception in Law Enforcement". *Criminal Justice Ethics* 11, no. 1 (Winter/Spring 1992).

Perry, Steven. *Communications Lawyer* 14, no. 3 (Fall 1996).

Post, Robert C. "The Social Foundations of Privacy: Community and Self in the Common Law Tort". *California Law Review* (October 1989).

Warren, Samuel D. and Louis D. Brandeis. "The Right to Privacy". *Harvard Law Review* 4, no. 5 (December 15, 1890).

Zimmerman, Diane L. "Requiem for a Heavyweight: A Farewell to Warren and Brandeis's Privacy Tort". *Cornell Law Review* 68, no. 3 (1983).

Zimmerman, Diane L. "I Spy: The Newsgatherer Under Cover". *University of Richmond Law Review* 33, no. 1185 (2000).

法庭案例

AFT Michigan v. Project Veritas, Civil Case No. 17 – cv – 13292 (E. D. Mich. Dec. 27, 2017).

Bartnicki v. Vopper. 532 U. S. 514 (2001).

Democracy Partners, et al. v. Project Veritas Action Fund, et al., United States District Court (D. D. C.), Civil No. 17 – CV – 1047; Memorandum Opinion March 31, 2020 (19 – 21).

Desnick v. American Broadcasting Companies, Inc. 44 F. 3d 1345, 1995 U. S. App. 23 Media L. Rep. 1161.

Detresa v. American Broadcasting Companies, Inc. No. 95 - 56748, 9d (U. S. App. 1997).

Dietemann v. Time, Incorporated. 284 F. Supp. 925 (C. D. Cal. 1968).

Kimberly Koerber v. Cengage Learning, Inc. , et al. , Case No. BC649878, Superior Court of California, Los Angeles County; (Declaration of Plaintiff in Opposition to Defendant Project Veritas' Special Motion to Strike, November 21, 2017).

Kimberly Koerber v. Project Veritas, B291770 (Cal. Ct. App. Sep. 29, 2020).

Martinez v. Holmes, 4d E002917 - AO (Cal. Ct. App. 1986).

Pennekamp v. Florida. 328 U. S. 331 (1946).

Project Veritas Action Fund v. Rachael S. Rollins, 19 - 1640 1d, (U. S. Ct. App. Dec. 15, 2020).

Sanders v. American Broadcasting Companies, Inc. 2d B094245 (Cal. Ct. App. 1997).

Shirley Teter v. Project Veritas Action Fund, et al. United States District Court, Civil No: 1:17 - cv - 256 (2019).

Ruth Shulman v. Group W Productions Inc. 2d B081390 (Cal. Ct. App. 1996).

State of Louisiana v. Charles W. Reeves, 427 So. 2d 403, 418 (Supreme Court of Louisiana, 1982).

Sullivan v. Gray, 117 Mich. App. 476, 324 N. W. 2d 58 (Mich. Ct. App. 1982).

The New York Times Company v. United States. 403 U. S. 713.

第八章　权力

党追求权力完全是为了自己……权力不是手段，而是目的……权力的目的就是权力。[①]

——乔治·奥威尔《一九八四》

人们最常撒什么谎？一个好的候选人就是权力。权力是工业和政府中人最能领会的语言。从其根本上来讲，权力是强制性的、操纵性的，而且具有潜在的破坏性。在不公正的社会里，权力可以用一个人撒谎后逃脱惩罚的能力来衡量。正如奥威尔所理解的，要维持这种权力，“一个人必须能够颠覆现实的感觉”。[②] 克里斯·赫奇斯(Chris Hedges)解释道：“感知的现实与真实的现实之间存在巨大差距，这是极权主义体系的特征。”[③]

丑闻揭露者让现实回归正轨。他们是新闻拳击手，从竞技场里走出来，爬进夹层，一拳打在贵宾区那些人扭曲的脸

---

① George Orwell, *1984* (New York: Signet Classics, 1950), 332.

② Orwell, *1984*, 271.

③ Chris Hedges, *Wages of Rebellion* (New York: Perseus Books Group, 2016), 55.

上。他们被告知不应该这么做,这违反了规则。但是当反对派武装起来并且十分危险的时候,他们不能按照英国昆斯伯里拳击规则来打这场比赛。丑闻揭露者们不仅破坏了舆论,还破坏了信息的传递方式,比如说让人们觉得传统媒体不可信了。他们没有在美国广播公司新闻网或者《纽约时报》上发布这条消息,而是超出了两者之外。

2019 年 11 月,真相工程曝光了美国广播公司"#爱泼斯坦隐瞒"事件,这在该公司引起了震动。《纽约邮报》报道称,内部调查显示"追溯到人力资源部和美国广播公司母公司迪士尼的最高层",迪士尼被迫翻阅"员工电子邮件和新闻日志,对员工进行盘问",试图找出是哪个员工揭露了隐瞒恋童癖行为。①

9 年前,美国广播公司的乔治·斯蒂芬诺伯罗斯(George Stephanopoulos)在电视直播节目中大胆地暗示丑闻揭露者是白人至上主义,这个谎言在博客中广泛流传。后来,**安德鲁·布赖特巴特(Andrew Breitbart)把这个新手拉到一边。"你以为你之前是在打球",安德鲁责备他,"这可是迪士尼,这可相当于大联盟比赛"**。

君特·瓦尔拉夫(Günter Wallraff)说:"我们的任务是为了不受欺骗而欺骗别人,是打破游戏规则,揭示权力的秘密规则。"丑闻揭露者做的事情是有必要的。瓦尔拉夫从过往经历中知道丑闻揭露者将面临什么:

[他的]对手是如此强大,和国家、工业和军队的巨大阴

① Emily Smith,"ABC Scrambles to Figure Out Identity of Amy Robach Leaker, Who Goes by 'Ignotus'", *Page Six*, November 12, 2019.

谋紧密联系。就这一点来说,任何其他方法都不可能成功。因此,认真对待揭露使命的人,都必须使用伪装和欺骗来"突破皇宫卫队的防线"。①

CBS 电视台《60 分钟》栏目出品人唐·休伊特为黑幕揭露辩护说:"这是小罪大过大善的问题……如果你通过违反'不得撒谎'的规定抓到了别人违法'不得偷窃'的行为,这是一个相当不错的取舍。"②

双重思想

在《一九八四》中,主人公温斯顿了解到伊曼纽尔·戈尔茨坦写的《寡头政治集体主义的理论和实践》,戈尔茨坦是一位传奇的异端分子。书中对噩梦般集体主义国家运作中"不可或缺"和"必不可少"的双重思想理论做了解释:

……在真正相信谎言的同时,故意说谎,忘记任何与自身信念不同的事实,然后,再次有必要时,只要有需要,就把它从遗忘中拉回来,否认客观现实的存在,同时考虑个人不承认的现实……甚至在使用双重思想这个词时,也必须践行双重思想。因为使用这个词时,人们就承认自己在篡改现实……③

为了对自己的不作为进行辩解,布莱恩·斯特尔特

① Gunter Wallraff, *The Undesirable Journalist* (Woodstock: The Overlook Press, 1979).

② Howard Kurtz, "Hidden Network Cameras: A Troubling Trend? Critics Complain of Deception as Dramatic Footage Yields High Ratings", *Washington Post*, November 30, 1992.

③ Orwell, *1984*, 270.

(Brian Stelter)被迫接受了双重思想。他甚至故意无视那些连《时代周刊》的沃泽尔(Warzel)都称之为“半个互联网上的大新闻”①,而且在这个过程中,他创造了一个新闻真空。这种情况并不罕见,CNN经常忽视那些无助于在进步派中获得同意的故事。

虽然在上一章中深入提及过,美国广播公司新闻主播艾米·罗巴赫于2019年12月拒绝报道她在热麦克风上大喊的“杰弗里·爱泼斯坦”的例子还是更突出。这段视频在互联网上掀起了轰动,造成了不可否认的影响。国会致函美国广播公司新闻部总裁詹姆斯·戈德斯顿(James Goldston),要求澄清此事。数以百万计的美国人看到了这段视频,但是CNN和《纽约时报》都没有提到这段视频。布莱恩·斯特尔特只是在简报中提到了这个故事,而且只是顺便提到。他拒绝引用真相工程的名字,而将视频的来源追溯到“一个支持特朗普的右翼活动组织”。斯特尔特的总结如下:

尽管如此,周二的视频片段还是引起了广泛的愤怒,尤其是右翼人士的愤怒,许多评论者利用它煽动对媒体的仇恨。就我个人而言,最令我不安的部分是爱泼斯坦利用高调且高价的律师来恐吓新闻媒体……②

斯特尔特拒绝在任何情况下提及真相工程,直到2020年2月26日他在推特上发文:

根据@ farhip的说法,美国广播公司新闻部已经暂停了记

① @cwarzel, Twitter, June 24, 2019.

② The Right Scoop,“CNN's Brian Stelter writes about the REAL villains of ABC News spiking the Epstein story”, therightscoop. com, November 6, 2019.

者大卫·赖特的工作,“因为他在真相工程的工作人员拍摄的一段视频中发表了不加掩饰的言论”。该视频还没有公布。①

另一个例子是人们在《纽约时报》执行主编迪安·巴奎(Dean Baquet)的采访中看到了工作中的双重思想。巴奎向时代周刊记者本·史密斯解释到为什么他们对当时的最高法院大法官候选人布雷特·卡瓦诺40年前的指控进行了报道。《纽约时报》在这些指控浮出水面的同一天,对这些长达40年的指控进行了报道,但是等了19天才提到塔拉·里德(Tara Reade)1993年的指控。里德女士指控总统候选人拜登“把她钉在参议院大楼的一堵墙上,把手伸进她的衣服下面,实施了性骚扰。”②巴奎说:

卡瓦诺已经在很大程度上身处公共讨论中了。由于一项非常严重的指控,卡瓦诺作为最高法院法官的地位受到了质疑。当我以公开的方式说的时候,我不是说以塔拉·里德的公开方式。如果你问普通的美国人,他们不知道里德的案子。③

巴奎的循环推理来自奥威尔。奥威尔在温斯顿意识到虚假信息塑造了他的思想时写道:“在童年时期经历的一次精心设计的心理训练,以及围绕着犯罪停止、黑白、双重思想等新词进行的分组训练,使他不愿意也不能对任何问题进行深入思考。”公民意识是国家控制公民的敌人。纳粹新闻部长约瑟夫·戈培尔(Joseph Goebbels)说,“宣传一旦变得太明显,就

---

① @brianstelter, Twitter, February 26, 2020.

② Ben Smith,“The Times Took 19 Days to Report an Accusation Against Biden. Here's Why”, *New York Times*, April 13, 2020.

③ Smith,“The Times Took 19 Days”.

会变得无力”。[①] 出于这个原因,就像小说中的戈尔茨坦指出的那样,“在处理事实时的灵活性”[②]对于国家保持其公民的无知状态至关重要。随着时间的推移,巴奎已经证明了自己足够灵活,至少可以让自己的听众保持无知状态。

一方面,除非媒体事先告知了相关情况,“普通人”是不可能知道某项指控的。专家们的意见相同,普遍持有的观点就在社会中占了上风。在“专家时代”,正如亨利·基辛格(Henry Kissinger)所指出的,专家的“支持者”只是“那些在普遍持有的观点中拥有既得利益的人。毕竟,高水平阐述和定义其共识使他成为专家”。[③]《时代周刊》的编辑说里德事件不是一个故事,使它在很大程度上成不了一个故事。博斯丁观察到,“说酒店是卓越的,实际上是使它变成了卓越的酒店”。[④]

另一方面,《纽约时报》的执行主编能够对什么有新闻价值、什么没有新闻价值进行评判,像艾特玛和格拉瑟说的,“与其说是对与错,不如说是重要或不重要”。[⑤] 巴奎假装他只是报道了具有新闻价值的东西,没有做出道德判断。但一位传

① Hans Speier,“Nazi Propaganda and Its Decline”, *Social Research* 10, no. 3 (September 1943): 358 - 377.

② Orwell, *1984*, 266 - 267.

③ Edward S. Herman and Noam Chomsky, *Manufacturing Consent: The Political Economy of the Mass Media* (New York: Knopf Doubleday Publishing Group, 2011), 23.

④ Daniel J. Boorstin, *The Image: A Guide to Pseudo-Events in America* (New York: Vintage, 2012).

⑤ James S. Ettema and Theodore L. Glasser, *Custodians of Conscience: Investigative Journalism and Public Virtue* (New York: Columbia University Press, 1998), 8.

播学者指出,“新闻判断就是道德判断”。[1] 确定什么是新闻价值,不可避免地需要作出道德判断。在展示了奥威尔称之为“起保护作用的愚蠢”时,[2]巴奎无法向本·史密斯解释《纽约时报》对待卡瓦诺和拜登的不同之处:

> 经历了哈维·韦恩斯坦(Harvey Weinstein)和所有事情之后,你做出了这些判断。这很主观。肯定主观。你只需要把所有的碎片加起来,尽可能多地和人谈谈,然后做个全面检查。没什么灵丹妙药。[3]

《华盛顿邮报》专栏作家卡勒姆·博切斯(Callum Borcher)对待新闻的态度,用“神奇”这个词来形容并不恰当。意识形态与真相的联系更紧密。在一系列专栏文章中,博切斯试图评估迈克尔·沃尔夫(Michael Wolff)的反特朗普著作《火与怒》(Fire and Fury)中描述的事件是否如沃尔夫所说的那样真实发生过。作为一名小报作家,沃尔夫没有使用任何录音设备,他被指责过于创造性地重现了与特朗普圈子里的人交谈时的场景和事件。博切斯与福克斯新闻主管罗杰·艾尔斯(Roger Ailes)曾有过一次经承认的非正式谈话,博切斯在艾尔斯去世后利用这次谈话,就算是富有同情心的记者也对他的利用举动感到烦躁。[4] 博切斯为沃尔夫辩护说,“没有证据

---

① Mark Lisheron, “Lying to Get the Truth”, *American Journalism Review* (October/November, 2007).

② Orwell, *1984*, 267.

③ Ben Smith, “The Times Took 19 Days”.

④ Eun Kyung Kim, “Michael Wolff says he ‘absolutely’ spoke to President Trump for his tell-all book”, Today. com, January 5, 2018.

表明,艾尔斯没有在《火与怒》中说过他说过的话”。[①] 艾尔斯难以反驳。

博切斯的“没有证据表明他没有说过他说的话”,这种像椒盐卷饼一样扭曲的表达方式当然是一种逻辑谬误。没人能否认,尤其是去世了的人。要一个人证明他没有说过什么,这违反了正当程序和常识的基本标准。但这确实让人想起了奥威尔的“犯罪停止”概念,奥威尔写道:“完全意义上的正统主义要求人们像柔术演员控制自己的身体一样彻底控制自己的心理过程。”[②]博切斯为了证明他写的文章是政治正确的,准备将逻辑扭曲到底。

共产党人的信仰

为什么好像暴徒、取消文化小团体和第一修正案反对群体正在占领上风?因为他们相信,因为他们有信仰,因为他们的信仰有热度,跟许多老牌自由主义者和温吞保守主义者的信仰不一样。1953 年,前共产党人惠特克·钱伯斯(Whittaker Chambers)在他与美国共产党人斗争的经典书籍《见证》中谈到了信仰的力量,甚至是对信仰邪恶事业的力量。钱伯斯认为,权力和金钱都不能打动共产党人,冒险也不能,能打动共产党人的是信仰;在最后的冲突中,只有平等的信仰才能战胜他们。共和党人可能不愿意问自己想身亡何

---

① Callum Borchers, "It's almost as though Michael Wolff is trying to make journalists look bad", *Washington Post*, January 10, 2018.

② Orwell, *1984*, 267.

处，但强硬的左派却不会有一丝犹豫。

钱伯斯写道，共产主义的革命核心是“坚持信念并付诸行动的力量。这是一种移山之力；也是一种经久不衰的动人之力。共产党人见证着他们的信仰。这是一种简单又理性的信仰，它激励着人们为他们的信仰而生或死”。①*

可以肯定地说，比起大多数基督徒，共产党人更相信他们的信仰。共产党人对事业的服务是一种义务，一种见证，也是一种牺牲。共产党人为了他所服务的事业，几乎会遭受，也会造成不同程度的不公正。钱伯斯说：“共产党人不会公开反对他的事业，因为这样做会违反纪律。纪律对于这个伟大的非宗教信仰来说，就像纪律之于军队一样，也像虔诚之于教堂一样重要。对共产党人来说，故意违反纪律是一种亵渎行为。”②**

钱伯斯写道：“一个真正的见证者，他的生活和信仰完全融为一体，当挑战来临时，他会不顾一切风险，接受一切后果，站出来为自己的信仰作证。”③***

与政无关，与权有关

反对揭露丑闻的争论很少涉及报道的真实性或虚假性。

---

① Whittaker Chambers, *Witness* (Washington: Regnery Publishing, 1969).

* 这里指的是美国共产党。——译者注

② Chambers, *Witness*.

** 这里指的是美国共产党。——译者注

③ Chambers, *Witness*.

*** 这里指的是美国共产党。——译者注

从根本上讲,都是在激烈争论权力。在大卫·哈伯斯塔姆(David Halberstam)关于媒体进化《存在的权力》(*The Powers That Be*)一书中,稻草人沉迷于被审查个人的性格和政治,很少考虑事实。如果在20世纪,媒介是信息,那么在21世纪,媒介似乎就是信使。泰尔资本董事总经理,数学家埃里克·韦恩斯坦(Eric Weinstein)声称,真相工程的记者们"染上了"意识形态色彩。韦恩斯坦恳求道:"如果你能把你的政治观点从这件事中剔除出去的话。"但事实上,电影实录这种艺术形式中涉及的政治因素比其他任何类型的报道都要少。

一提到最优秀的丑闻揭露者,厄普顿·辛克莱尔和君特·瓦尔拉夫很快就浮现在脑海中,他们都是政治动物,他们的报道都不可避免地带有意识形态的"色彩"。但只要报道的事实是真实的,这种色彩并不重要。一些丑闻揭露者甚至对观众把注意力集中在事实上而忽略意识形态感到失望!

辛克莱尔对《丛林》引发的影响感到失望。当时,他对自己揭露丑闻的行为"未能达到目的"表示失望。辛克莱尔写这本书是为了抗议那些他所认为的资本主义的野蛮行径。他的目标是帮助肉类加工工人,而不是提高肉类质量。"我瞄准的是公众的心脏",辛克莱写道,"却不小心打中了他的胃"。[①]辛克莱尔对杀害动物作为食物的兴趣不大,而对"不受控制的利润欲望造成了工业体系和机器的扭曲"兴趣更大。[②] 历史对辛克莱尔的记忆是他所揭露的事实,而不是他所宣扬的意

---

① Upton Sinclair, "What Life Means to Me", *The Cosmopolitan*, October 31, 1906: 591 – 595.

② Leon A. Harris, *Upton Sinclair: American Rebel* (New York: Thomas Y. Crowell Company, 1975).

识形态。温斯坦会不会为了从《丛林》中得到社会主义政治思想而去找寻厄普顿·辛克莱尔呢？韦恩斯坦抗议说："你为什么要追那颗橡果呢？"[1]如果事实是正确的，报道动机就不重要，而且从来都不重要。

事实上，为了突出韦恩斯坦请求"把你的政治观点剔除"的讽刺意味，可以想想真相工程曝光美国广播公司新闻记者大卫·赖特政治立场时所引发的反应。在镜头前，赖特承认自己是个社会主义者。赖特并没有受到指责，真相工程却因为将他的意识形态包含在报道中而受到诋毁，但披露他的意识形态让这份报告具有新闻价值。

真相工程：你认为自己是一个民主社会主义者吗？

赖特：不仅如此，我还认为自己是个社会主义者。[2]

赖特是一个诚实的社会主义者，这是他从美国广播公司下台的原因。他表示他的观点在美国广播公司中普遍存在，足以影响公司的新闻报道。他对真相工程的卧底记者说："我觉得我们没有足够的带宽给每个人一个公平的机会。我们应该……"他补充说了也许对他的职业生涯来说是致命的事情——**美国广播公司没有"对特朗普所做的事情给予肯定"**。美国广播公司无法处理事情真相，公司公关人员缩减了"公关"流程，迅速做出了回应：

---

① Eric Weinstein, "James O'Keefe on The Portal, Ep. #026 (w E Weinstein)-What is (and isn't) Journalism in the 21stC.", April 20, 2020, YouTube video, 2:25:27.

② Project Veritas, "'Socialist' ABC Reporter Admits Bosses Spike News Important to Voters, 'Don't Give Trump credit'", February 26, 2021, YouTube video, 7:31.

任何损害或将要损害我们公平公正声誉的行为都会伤害到美国广播公司和相关人员。大卫·赖特已被停职,为了避免任何偏见出现的可能性,他将在返工后重新调岗,不再参与政治报道。①

美国广播公司的反应正是丑闻揭露者所希望看到的反应,批评人士对真相工程分享了赖特对社会主义的诚实承认提出了异议,这似乎比美国广播公司的反应更加荒谬。当然,这个承认是有新闻价值的。推特名人们声称问题在于暴露了别人的政治观点。不,如果一个卧底记者揭露一个福克斯新闻制片人承认自己是法西斯,他们绝不会抗议。问题在于政治观点要正确,仅此而已。

"这真让人生气", Intercept 的艾达·查韦斯(Aida Chavez)在推特上说,"美国广播公司新闻部暂停了大卫·赖特的工作,因为他对一名卧底右翼特工说他认为自己是一名社会主义者……那媒体中的资本家是完全中立的、没有偏见的灯塔,是吗?"②甚至连埃兹拉·克莱因(Ezra Klein)都发表了评论,"如果赖特的工作有问题——造假、犯错、误导——他应该被解雇。但要是认为他不应该表达个人观点,或者在私人时间表达个人观点就十分荒谬了"。③

好在战士歌利亚对大卫的恐惧永远多于大卫对歌利亚的恐惧。当你与这些人近距离接触时,可以看到他们眼中的恐

---

① Paul Farhi, "ABC News suspends correspondent David Wright after comments about Trump coverage, socialism, in Project Veritas sting", *Washington Post*, February 26, 2020.

② @aidachavez, Twitter, deleted.

③ @ezraklein, Twitter, February 26, 2020.

惧。丑闻揭露者知道，当他伸出手想跟与这些人握手时，他就看到他们的目光开始闪躲了。

与《纽约时报》执行编辑的会面

2017年秋，真相工程发布了对《纽约时报》的调查报道，报道分为四个部分。该调查揭露了《纽约时报》受众策略编辑尼克·杜迪奇（Nick Dudich）承认自己的报道不客观。“我将是客观的。不，我不是”，这位29岁的年轻人讽刺地说道，他不知道自己的话正被真相工程记者上衣上的纽扣摄像机记录下来。

奇怪的是，杜迪奇随后声称前联邦调查局长詹姆斯·科米（James Comey）是他的教父。他这哗众取宠的说法被证明是假的。杜迪奇告诉卧底记者要“保密”，因为他的“朋友策划了YouTube的头版”[①]。事实证明，杜迪奇与YouTube品牌和多元化策划主管欧内斯特·佩蒂（Earnest Pettie）是非常亲密的朋友。杜迪奇承认，“我可以把这个节目放在我知道它会被扼杀的时间……实际上，我们刚刚做了一个关于Facebook的负面视频，我选择把它放在一个我知道不会有好结果的地方”。

佩蒂后来向一位卧底记者承认在某些情况下，为了使某些项目成为潮流，YouTube员工会进行干预：“……在这些情况下，我们会使用某种干预措施，以确保，比如……基本上鼓

① Project Veritas, "American Pravda, NYT Part I-Slanting the News & A Bizarre Comey Connection", October 10, 2017, YouTube video, 14:38.

励这个东西在那里出现。”[1]

杜迪奇对偏见影响新闻可及性的承认,当然是与《纽约时报》的道德准则背道而驰的,准则规定“新闻工作者不参与政治。工作人员……不得做任何可能引发对其职业中立性或《纽约时报》中立性质疑的事情”。[2] 仅此而已罢了。

《纽约时报》的另一名员工,主页资深编辑德西蕾·休(Desiree Shoe),在一次“非正式”谈话中透露了她带有政治偏见的议程。她在谈到特朗普时说:“很难不带偏见地描述(时任)总统。”至于(时任)副总统迈克·彭斯,“他非常虔诚。非常虔诚……**如果我们写他,写他有多疯狂,写他的政策有多荒唐,那么也许人们会读到,哇,我们不应该投票给他**”。[3]

休的《纽约时报》大家庭也不让人意外。2016 年 12 月,执行编辑迪安·巴奎承认,“我们没有宗教信仰”。[4] 他们显然没有。例如,2016 年 6 月脉冲夜总会(Pulse Night club)大屠杀之后,两名《纽约时报》“记者”写道,“一名共和党国会议员给他的同事读了一段《罗马书》中呼吁处决同性恋者的圣经诗句”。[5] 这节经文是《罗马书》1:18 – 32。《纽约时报》的

---

① Project Veritas, “American Pravda, NYT Part Ⅱ-Exploiting Social Media & Manipulating the News”, October 11, 2017, YouTube video, 11:37.

② “Ethical Journalism: A Handbook of Values and Practices for the News and Editorial Departments”, Section 62, *New York Times*, July 28, 2004.

③ Project Veritas, “American Pravda, NYT Part Ⅲ-Senior Homepage Editor Reveals Biased Political Agenda at NYT”, October 17, 2017, YouTube video, 13:17.

④ Bre Payton, “Top NYT Editor Confesses: We Don't Understand Religion At All”, *The Federalist*, December 12, 2016.

⑤ Jeremy W. Peters and Lizette Alvarez, “After Orlando, a Political Divide on Gay Rights Still Stands”, *New York Times*, June 15, 2016.

新闻值得一读，文章没有更正，仍然挂在该报的网站上。

在真相工程的录音带公布之后，巴奎解雇了真相工程报道的一名雇员。《纽约时报》发言人丹妮尔·罗德斯·哈(Danielle Rhoades Ha)说："根据我们在真相工程视频中看到的情况，最近一个初级雇员似乎违反了我们的道德标准，并且歪曲了他的角色。"[①]不久之后，《纽约时报》修改了社交媒体指导方针。新增加的内容包括："本报记者不得表达党派观点、宣传政治观点、为候选人背书或发表冒犯性言论。"[②]

迪安·巴奎无视自己的标准，在 C – SPAN 电视台播出的一次活动中称这位丑闻揭露者为"卑鄙小人"。巴奎并不完全反对宗教语言，他说丑闻揭露者"有罪"，而且运营着一个"卑鄙的组织"。巴奎承认，他的雇员尼克·杜迪奇"说了一些不该说的话。他说了一些伤害性的话，我会处理的"。[③] 奇怪，他怎么没有感谢真相工程让他注意到这一点呢。

无耻故事始于大人物对揭露者的人身攻击。真相工程的一名记者随后在纽约街头与巴奎和他的副总编相遇了。为了躲避该记者，他们躲进了布鲁克林格瓦纳斯附近的百吉饼市场。[④]

---

① "The Times Responds to Project Veritas Video", *New York Times*, October 10, 2017.

② "Social Media Guidelines for the Newsroom", *New York Times*, updated November 3, 2020.

③ Project Veritas, "O'Keefe Response: NYT Exec Editor Calls Him 'despicable', Says Veritas Videos, damaging'", October 13, 2017, YouTube video, 5:46.

④ Project Veritas, "Project Veritas Senior Journalist Christian Hartsock confronts NYT Executive Editor Dean Baquet", February 3, 2021, YouTube video, 1:33.

因为无法进行诽谤,这些精英们变得哑口无言。一年后,在匹兹堡杜肯大学为新闻界精英举办的象牙塔活动上,丑闻揭露者见到了迪安·巴奎。

在会议结束后的晚宴上,校长邀请这位丑闻揭露者发表一些感言。可以肯定地说,一些与会者并不认为真相工程所做的是新闻工作。这次会议和晚宴对这位丑闻揭露者来说是字面意义上的"一席之地",能跟这些杰出的记者们共处一室,他感到十分自豪,但鉴于真相工程曾一度把他们神圣的牛刺穿,他又为刚才的自豪而略感羞愧。

作为哥伦比亚大学新闻学院院长之一的斯里纳特·斯里尼瓦桑(Sreenath Sreenivasan)也是出席了。2011年,作为真相工程"抓住记者"系列节目的一部分,这位丑闻揭露者曾用麦克风与他对质。当时,斯里尼瓦桑从椅子上站起来,开始拍摄丑闻揭露者。"是著名的詹姆斯·奥基夫!"斯里尼瓦桑说,紧张地向后倒,摸索着他的手机,试图"反向伏击"。这不是个明智的选择,但训练有素的新闻系学生对这一事件嗤之以鼻,嘲笑着丑闻揭露者,还找角度保护尊师一点不令人意外。

这一次,当斯瑞尼瓦桑看到丑闻揭露者时,他尴尬地笑了。看起来有点不舒服,斯瑞尼瓦桑给了他一个湿面条握手礼。他尴尬地闲聊了一会儿,然后转向站在附近的一个人给了一个油水握手礼。

这位丑闻揭露者稍有点紧张,他决定去向《时代周刊》的迪安·巴奎打个招呼。他本以为巴奎会对"俱乐部"的同伴假装友好,维系社交和同事关系,也许会降低声音,温和地对抗。当然,巴奎也可能会说,"你让我们对尼克·杜迪奇的故事受益匪浅”,然后和丑闻揭露者握手,也许还会稍微表扬他一下,尽管他之前提出了批评。毕竟,这是一个庆祝第一修正案的会议。

然而,当丑闻揭露者靠近时,巴奎做了个鬼脸,做了个轻微的呜咽手势,然后迅速转过身去,甚至没有洒出他的霞多丽酒。他甚至不想承认揭露者的存在,更不用说直接看他了。“巴奎先生”,丑闻揭露者伸出手说。巴奎俯瞰匹兹堡天际线的玻璃墙之间,喃喃地说着一些难以理解的话。丑闻揭露者的手继续伸着,他站在那里,盯着那个穿着高领毛衣和西装外套的精英的背影,闻到了他的恐惧。《纽约时报》的执行编辑对 C-SPAN 说另一个人很卑鄙的,但现在这位编辑自己却羞于承认他的存在。所有这些都是在让公民知情的重要性的会议背景下发生的,太讽刺了。在那一刻,双方都在为性质不同但深刻程度相同的认识而努力。丑闻揭露者不得不接受这样一个事实:所谓的调查性新闻典范永远不会搭理他,而且可能不会大方承认他的人性。他内心的那一小部分仍然渴望得到合法媒体的认可和接受——他曾经每天早上都阅读《纽约时报》——但他永远不会得到。自怨自艾的情绪转瞬即逝。

与此同时,巴奎还在努力解决一个可能只会变得更加棘手的问题。尽管他所在的机构又强又大,但他不习惯让他自己或他的机构受制于人,这可以理解。真相工程体现着巴奎所珍视和公开支持的宪法第一修正案价值观,对于这个小得多的机构及其领导人,巴奎感到很焦虑,而且无法克制这种焦虑。他一定是感觉到自己的权力在衰弱。

如果巴奎至少坚持了他的一些原则,他就没什么好怕的。不愿意参与,这是守旧派对新世界的态度。如果巴奎诚实且正直的话,他至少会承认丑闻揭露者的出席,并讨论下是什么原因导致他“处理”了自己员工。正是因为真相工程,巴奎才会对杜迪奇采取纪律处分。看看以上巴奎的行为,就能明白对于以新闻为生的人来说,黑幕揭露调查报道的价值应该是不言而喻的。

面对这种终极讽刺,面对站在他身边的真相工程领导者,巴奎什么也做不了,只能像一只受惊的小狗一样退缩,绝望地希望揭露者会自己走开。没有摄像机来捕捉他的不安,他不必像在格林威治村的街上那样假模假样。在匹兹堡的那一刻,他不再是《纽约时报》的引领者,甚至不是像人们所说的那样是一个曾经的英雄,他现在成了一个参赛者。

他只是餐馆里的一个普通人。

丑闻揭露者把伸出的手收了回来。他内心深处寻求巴奎赞美的那 4% 的热情已降至 0。就这样,他的项圈完全脱落了。就像真相工程律师保罗·卡利后来告诉他的那样,“**当你不再在乎别人对你的看法时,你就获得了自由**”。

引用著作

Boorstin, Daniel J. *The Image: A Guide to Pseudo-Events in America*. New York: Vintage, 2012.

Chambers, Whittaker. *Witness*. Washington: Regnery Publishing, 1969.

Ettema, James S. and Theodore L. Glasser. *Custodians of Conscience: Investigative Journalism and Public Virtue*. New York: Columbia University Press, 1998.

Harris, Leon A. *Upton Sinclair: American Rebel*. New York:

Thomas Y. Crowell Company, 1975.

Hedges, Chris. *Wages of Rebellion*. New York: Perseus Books Group, 2016.

Herman, Edward S. and Noam Chomsky. *Manufacturing Consent: The Political Economy of the Mass Media*. New York: Knopf Doubleday Publishing Group, 2011.

Orwell, George. *1984*. New York: Signet Classics, 1950.

Wallraff, Gunter. *The Undesirable Journalist*. Woodstock: The Overlook Press, 1979.

期刊文章

Lisheron, Mark. "Lying to Get the Truth". *American Journalism Review* (October/November, 2007).

Speier, Hans. "Nazi Propaganda and Its Decline". *Social Research* 10, no. 3 (September 1943): 358 – 377.

第九章　宣传

经常重复的谎言变不成真理，但能一直传下去，一段时间后，没人能真正辨其真假。①

——莱奥波德·特尔曼(Leopold Tyrman)

诺姆·乔姆斯基(Noam Chomsky)和爱德华·赫尔曼(Edward Herman)在30多年前就指出："极权主义国家使用武力公开夺取权力，利用武力维护自己的权力，特殊利益集团则必须隐秘地维护民主。"②在民主共和国中，他们不会使用武力，而是非常低调地制造同意来控制信息流罢了。

公开宣传

在《一九八四》中，温斯顿在禁忌日记中写下一段不打算公开的文字时，他的心不禁沉了下去。"自由是说二加二等于

---

① Leopold Tyrmand, "The Media Shangri-La", *The American Scholar* 45, no. 1 (Winter 1976).

② Noam Chomsky, *Media Control: The Spectacular Achievements of Propaganda* (New York: Seven Stories Press, 2002).

四。承认这一点,其他一切就迎刃而解了。”[1]温斯顿知道哪些是真实的,但在奥威尔的反乌托邦世界里,真理是不允许被承认的。在极权主义国家,真相是受到严密保护的。人们有理由担心,要是自己公开说出了一些难以忽视的真相,有人就会把他们出卖,向国家告发他们。在《一九八四》中,专制的奥布莱恩最终找到了禁忌日记,日记中有温斯顿的断言:“自由就是说二加二等于四。”这句话带来的后果是痛苦残酷的。温斯顿被绑在刑具上时说:“我怎么才能不看到眼前的东西呢? 二加二等于四。”奥布莱恩回答说,“有时是四,有时是五,有时又是三,有时候答案又可以同时是这三个数字。你必须更加努力才行,变理智可不是件易事。”[2]

在极权主义国家,背叛和谎言是“一种存在形式”。自然地,公民们也害怕自己的邻居,甚至自己的家人出卖他们。不知情的持异议者会被送往劳改营。即便所有人都知道真相(除开那些故意视而不见的人),但出卖朋友和邻居的奖励往往大到足以压倒人类之间的共同纽带。就像虚拟世界里的温斯顿和女友茱莉亚一样,现实生活中的极权主义者毫不犹豫地将人类的亲密关系暴露无遗。人们被迫生活在谎言之中,“仅仅在肤浅的肉体意义上”[3]生存下来,变得冷酷无情,腐败堕落。索尔仁尼琴写道:

同背叛一样,永恒的谎言成了唯一安全的存在形式……没有一个人能在不撒谎的情况下完整打出一页字。孩子们还

---

① George Orwell, *1984* (New York: Signet Classics, 1950), 103.

② Orwell, *1984*, 316.

③ Solzhenitsyn, *The Gulag Archipelago*, 688.

小的时候,你就得决定最佳的培养方式,要不要从谎言开始,而不从真相开始培养(这样他们更容易活下去),然后永远在他们面前撒谎;或者冒着他们可能会犯错误,可能会泄密的风险,告诉他们真相。但这意味着你得从一开始就向他们灌输真相的残忍,然后像爸爸妈妈一样只能撒谎,就算在家门口也要撒谎。如果真选择从谎言开始培养,那大家宁愿不生孩子了。①

秘密宣传

奥威尔惧怕暴政和暴力审查的高压手段。英国作家奥尔德斯·赫胥黎(Aldous Huxley)比奥威尔早10年预言了一个"在自由条件下实现的"②,精神上更接近于当前媒体生态系统的,处于人为同意状态中的反乌托邦式未来。美国媒体在很大程度上是自由的,但却被迫在宣传方面采取比极权主义者更复杂的方式。大型媒体不是在单一地重复着同样的谎言,而是无休止地在一个主题上制造微小变化。虽然没有正式协调过,但主流说法给人的感觉像是有一只手在拨动预先选定的幻灯片。

媒体理论家尼尔·波兹曼(Neil Postman)将两种预言做了对比:"奥威尔害怕的是那些剥夺我们信息的人,赫胥黎担心的是人们在信息海洋中日益变得被动与自负。奥威尔害怕的是真理隐瞒不显露于人前,赫胥黎担心的是真理显露但淹

① Solzhenitsyn, *The Gulag Archipelago*, 692.

② Chomsky, *Media Control*, 37.

没于无关紧要的尘事中。"[①]赫胥黎担心人们会爱上压迫，并依附于那些使人丧失思考能力的科学技术。到目前为止，赫胥黎的预测更准确。单独看，是媒体利用了大众的虚荣心。合起来看，是媒体用"羞辱性的可怕力量"来恐吓大众。乔姆斯基写道，**"宣传之于民主，犹如棍棒之于极权国家"**。[②]

由大型媒体和大型科技公司组成的政治联盟《美国真理报》(*American Pravda*)提供了乔姆斯基所说的自由的"必要幻想"，[③]但这些幻想仍然是幻想。美国人在不知不觉中接受了好莱坞、硅谷以及主要新闻公司和教育机构强加给他们的秘密宣传，不论是部分接纳还是全盘吸收。人们错误地以为根本没宣传什么，这就证明了此种无休止宣传有多么成功。[④]小说里的超级恶棍凯撒·苏斯(Keyser Söze)提醒他的猎物——"魔鬼最大的诡计就是让世人相信他并不存在"。[⑤]

1917年，随着公共情报委员会(CPI)的成立，美国联邦政府正式进入宣传领域。[⑥]民主党总统伍德罗·威尔逊(Woodrow Wilson)任命职业调查记者乔治·克里尔(George Creel)领导该委员会，与美国国务卿、陆军部长和海军部长一

---

① Neil Postman and Andrew Postman, *Amusing Ourselves to Death: Public Discourse in the Age of Show Business* (New York: Penguin, 2005).

② Chomsky, *Media Control*, 20.

③ Noam Chomsky, *Necessary Illusions: Thought Control in Democratic Societies* (Brooklyn: South End Press, 1989).

④ Jason Stanley, *How Propaganda Works* (Princeton: Princeton University Press, 2015).

⑤ *The Usual Suspects*, directed by Bryan Singer, Bad Hat Harry Productions, 1995.

⑥ Michael Kazin, *The Populist Persuasion* (New York: Cornell University Press, 1995), 69.

起担任主席。公共情报委员会在美国对德宣战的一周后成立,其直接目标是塑造美国民众对“一战”的看法。尽管委员会有其最初使命,但美国为结束第一次世界大战所做的任何贡献(“一战”和“二战”间隔的20年中做的不算在内),都是滑向“老大哥”的第一步。

美国人的电视、电脑、智能手机上全天候不间断地播放着公关活动。美国的青少年每天都要花8小时左右在各种屏幕上,如今的现实就是如此。就好像威尔逊的公共情报委员会扩大了100倍,影响力无处不在。现在每个名人、记者和政治家都有一个公共平台,公众可以通过这些平台实时评论所有时事。世界从未如此紧密相连,也从未如此分离。

对于有批判性思维的人来说,这种内容的泛滥是一种幸福。只要触摸一个应用程序,就可获取世界各地的信息。可惜,并不是每个人都有批判性思维,那些没有批判性思维的人中,却有很多人有着大批粉丝。巴别塔般不和谐的声音让那些希望控制信息流的人有机可乘。乔姆斯基观察出,“美国是公关行业的先驱。正如美国领导人所说,美国要做的是‘控制公众的思想’”。[①] 即使是乔姆斯基也无法想象数万亿美元(10亿美元以上)的科技产业所拥有的影响力。[②] 对于今天的大多数人,尤其是年轻人来说,科技和广告是主要的信息来源。

一代人以前,广告商希望说服你买些什么。而今天,广告

---

① Chomsky, *Media Control*, 22.

② Aditi Ganguly, "Which 2 trillion Dollar Tech Giant Is a Better Buy: Apple or Microsoft?", StockNews. com, July 8, 2021.

商想要说服你如何去思考。这种信息传递在未来的几年里可能会改变,但全国上下不懈地宣传着社会正义,源源不断地向人们推销。这些新的、不断变化的媒体已经成熟,政治行动组织可以利用这些媒体有意无意地挤入美国人的思想中去。

爱德华·伯奈斯(Edward Bernays)是《宣传》(*Propaganda*)一书的作者,1995 年的讣告称他为"公共关系之父"。为了捍卫这一职业,他发表了以下言论,令人大开眼界:

如果所有人都必须自行琢磨每个问题所涉及的深奥的经济、政治和道德信息,人们就会发现得不出任何的结论。我们自愿同意看不见的政府来对信息进行筛选,将未决问题凸显出来,从而将我们的信息选择范围缩小到实际比例。[①]

伯奈斯坦承道:"调查记者是宣传者的天敌,因为前者服务于公众利益,而后者倾向于反对公众利益。"[②]这正是乔姆斯基反对而伯奈斯支持的,博奈斯认为民主的本质是"发动公众的同意"[③]新闻界传奇人物沃尔特·李普曼(Walter Lippmann)支持伯奈斯。事实上,也恰恰是李普曼创造了"制造同意"[④]这一术语,他认为这对于一个有凝聚力的社会来说是一件很必要的好事。和伯奈斯一样,李普曼把普通大众视为"旁观者"。他明显蔑视普通人,他认为"特殊阶层"需要创造"刻板印象"——李普曼将这个短语引进成一种常用说法——用来将复杂的数据放入有序的小模型中,可以帮助特殊阶层驯服

---

① Edward Bernays, *Propaganda* (New York: Ig Publishing, 2004), 38.

② Bernays, *Propaganda*, 26.

③ Bernays, *Propaganda*, 26.

④ Quoted in Chomsky, *Media Control*, 15.

“迷路的羊群”。①

被称为“建制派神学家”的雷茵霍尔德·尼布尔(Reinhold Niebuhr)是一位颇具影响力的美国知识分子,他也提出了同样的观点——由于“普通人的愚蠢”,需要“必要的幻想”和“过度简化”来“让普通人保持在正确方向上”。尼布尔补充道,“理性是一种非常狭隘的技能”。② 别对尼布尔的话感到奇怪,尼布尔可是前联邦调查局局长詹姆斯·科米手下的大将之一。乔纳森·格鲁伯(Jonathan Gruber)是奥巴马医改的设计师,他的思想跟尼布尔的思想有相似之处。格鲁伯在谈到2013年的平价医疗法案时说,“缺乏透明度是一个巨大的政治优势。大体上可以称之为美国选民的愚蠢或者其他什么,但这对通过法案来说十分重要”。③

相比之下,真正自由的媒体——丑闻揭露者——让人们能够为自己做决定。比如说真相工程的卧底视频将原本是不可接受或无法获取的原始信息摆在了人们的面前。通过直接向观众发布这些视觉材料,丑闻揭露者可以将伯奈斯学说中的“刻板印象”击碎,将“必要的幻想”颠覆。信息从哪里来与信息传递的内容比起来,前者的意义不大。斯诺登(Snowden)给大家提了个醒——“信息的内容是否真实,要比信息从哪里

---

① Walter Lippmann, *Public Opinion* (CreateSpace Independent Publishing Platform, 2013).

② As quoted in Chomsky, *Media Control*.

③ Patrick Howley, “Obamacare Architect: Lack of Transparency Was Key Because ‘Stupidity Of The American Voter’ Would Have Killed Obamacare”, *Daily Caller*, November 9, 2014.

来重要得多”。①

大型科技公司

说到底，美国媒体要比政府的三个权力机关还要强大。当你拉开大型媒体与大型科技公司之间的帷幕，就可以看得很清楚了。无论是二者一起合作，还是拆开单独来看，新闻机构都只是伪装于新闻报道组织罢了。

大型媒体和大型科技公司之间相互依赖，持久发展。媒体精英们与大型科技公司寡头一起，和自称客观的“事实核查员”大军合作，创造了一个垂直整合的宣传漩涡，系统性地破坏了公众获取信息的渠道。政治阴谋小团体的共生属性对真相来说是个灾难，对美国未来发展来说是个威胁。

谷歌项目经理里特什·拉赫卡尔（Ritesh Lakhkar）在2020年夏天向真相工程的卧底记者透露，②大型科技公司巨头们已经采取了可怕且愈渐普遍的做法——“扮演挑剔的上帝”。在那些自诩为“可信”但却偏心的腐败媒体要求下，科技巨头们协同一致将算法控制强加于公众身上，改变了公众获取信息的能力。现在越来越难获取到偏离公认正统叙事的信息了。社交媒体巨头轻轻松松开发出“影子禁令”和“减压”的招数，表演着“算法公平”，用自觉合适的方式对信息进行彻底审查。他们要受众看到他们想要受众看到的东西，还要受

① @Snowden, Twitter, December 16, 2020.

② Project Veritas, “Google Program Manager: Google ‘Trying to Play God’ via ‘Drivers of Algorithms’ in 2020 Election”, October 19, 2020, YouTube video, 8:43.

众多关注点后果。

大型科技公司越来越厚颜无耻，从亨特·拜登(Hunter Biden)的笔记本电脑丑闻就可窥一斑。距离美国近代史上最令人期待的大选不到三星期之时，纽约邮报记者艾玛·乔·莫里斯(Emma-Jo Morris)和加布里埃尔·弗朗鲁斯(Gabrielle Fonrouge)像温斯坦说的那样"滑动了磁盘"。2020年10月14日，二人发表了一篇爆炸性的文章——《电子邮件证据确凿，亨特·拜登将乌克兰商人介绍给了自己的副总统父亲》。[①] 从亨特·拜登的硬盘里找到的文件、图片和电子邮件往来证实了这篇文章的真实性。这些证据和这篇报道一样，既令人震惊，又极具破坏性。1976年小布什因饮酒驾车被拘留，这桩几十年前的酒驾事件在2000年大选前最后一刻被披露出来，几乎让大选朝着有利于阿尔·戈尔(Al Gore)的方向进行，这一则信息完全改变了游戏规则。

科技霸主、推特首席执行官激进主义者杰克·多尔西(Jack Dorsey)明白这篇报道会产生的潜在影响，他迅速展示了推特的政治力量。在这篇文章发表一个小时后，推特将其拦截了下来，发表了一份声明说：

《纽约邮报》的报道违反了禁止发布包含个人信息政策，而且这些报道材料是通过黑客手段非法获得的。[②]

推特用户不仅无法转发原帖，还被禁止链接到该文章。

---

① Emma-Jo Morris and Gabrielle Fonrouge, "Smoking-gun email reveals how Hunter Biden introduced Ukrainian businessman to VP dad", *New York Post*, October 14, 2020.

② Robert McMillan, "Twitter Unlocks New York Post Account After Two-Week Standoff", *The Wall Street Journal*, October 30, 2020.

接着，推特更进一步锁定了《纽约邮报》的主要账户。多尔西和他的同事们知道这样做可以大幅减缓这一信息病毒的传播，可以保护拜登和民主党。为了保证效率，**他们把这篇报道送进了一个无法访问的黑洞，以免传播到另一派那边去。**

随着能证明多尔西实施阴谋诡计的证据越积越多，多尔西本人也被传唤到国会听证会上，讨论他的党派审查制度，但收效甚微。差不多两周后，《纽约邮报》终于能登录自己的账户了，但损失已经造成了。推特高效地执行了多尔西下达的任务，宣称这台笔记本电脑像是一场骗局，很可能是俄罗斯人的阴谋。① 切尔西的人阻止了这篇报道向公众传播，加强了党派和媒体之间的伙伴关系。

2020 年 12 月，真相工程发布的秘密视频证实了大型媒体公司与大型科技公司之间的勾结，在网络世界掀起了轩然大波。在上帝的赐福和一位勇敢的内部人士的帮助下，真相工程几个月来一直在秘密录制着 CNN 主席杰夫·祖克（Jeff Zucker）与其高级幕僚的每日晨间电话。《纽约邮报》披露拜登父子与乌克兰的商业往来之后的几天里，CNN 的政治主管大卫·查连（David Chalian）吹嘘道：

> 显然，我们现在不会采用《纽约邮报》关于亨特·拜登的报道……②

"显然"这个词暴露了游戏规则。在 CNN 看来，放弃报道亨特·拜登的决定是显而易见的。否则谁会想这么做呢？

---

① Zack Budryk, "50 former intelligence officials warn NY Post story sounds like Russian disinformation", *The Hill*, October 20, 2020.

② The Rubin Report, "Leaked CNN Tapes Revealed: Project Veritas Exposes Media's Agenda", December 2, 2020, YouTube video, 37:00.

报道这件事就不利于把时任总统唐纳德·特朗普(Donald Trump)赶下台——这是查连和该台其他领导在过去4年里积极支持的一项事业。

明尼苏达州:工作中的宣传

在相对自由的社会里,宣传者的工作方式要么是制造假象,要么是忽略真相。真相工程可以证明,有时候两种做法兼而有之。2020年9月底,也就是大选前一个月左右,真相工程发布了一个爆炸性的选举欺诈新闻。这篇新闻涉及发生于明尼苏达州的大规模选票收割计划。选票收割指的是为优先候选人收集选票的做法。在过去,行动人员会在一个选区进行游说,确定其支持者。然后,到了选举当天就对这些支持者施压,让他们到投票站投票。派公共汽车到老人院、公共住房单位、甚至贫民窟去拉选民到投票站投票,这些都让城市的政治机器变得臭名远扬。①

近年来,选票收割者将缺席选票送往老年人社区、养老院和发展性精神障碍者的居所,然后收集这些选票,还经常威胁那些试图以错误方式投票的人。各州(包括明尼苏达州在内)在2018年和2020年放松了选票处理规则,这种收割行为便愈演愈烈。现在所有的选民都可以通过邮件获得一张选票,然后要么自己投票,要么让操作人员,也就是所谓的"选票

① PBS NewsHour, "What we know and don't know about these videos alleging illicit strategies by Democrats", October 19, 2016, YouTube video, 3:35.

收割者”来收集选票。①

在2020年选举舞弊之前,真相工程团队就已经在明尼苏达州驻扎了几个月,对当地已经相当熟悉了。好些卧底记者深深扎根于明尼阿波利斯的索马里社区,以该市第六区为中心展开调查。第六区是该州非法收割选票最严重的地方。

调查的线索从一条发展到多条,调查的来源从一个扩展到多个。丑闻揭露者勾画出了一个完整的选举欺诈生态系统。调查越深入,就越让大家了解到这个因其独特历史而与该州其他地区隔绝开来的地方。超过10万的明尼苏达人出生在索马里。在索马里裔美国人社区中,有许多成员是最近才从他们饱受战争蹂躏的土地上来到这里的。他们带来了部落忠诚的同时也带来了与军阀进行政治交易时形成的应对机制。腐败的选举生态系统便藏匿于语言和文化的幕布之后。人们很担忧进行这次调查的记者们是否会有危险。

协助调查之人本身就是索马里裔美国人社区的一员,所以真相工程的调查才顺利进行着。在协助人看来,他们所处的美国并不像他们期待的那样。当地政府和媒体要么选择忽视腐败,要么选择纵容腐败,他们只得依赖于真相工程来将腐败狠狠揭露出来。一位社区人士帮真相工程记录下了明尼阿波利斯街道中央发生的用现金换取选民登记表的经过。从没有人见过这样的事情,这种交易简直可耻。

选票收割者:你这么填表。填上姓名、地址、电话号码、身

---

① Chelsea Davidson, Michael Jacobs, Carlos Martinez, Spencer McManus, Ycgina Whang, "The 2020 Minnesota Primary in the Wake of the Coronavirus", The Lawfare blog, entry posted September 15, 2020.

份证号码，或者社会保障号码后四位。然后签上名。

选民：好，今晚交易就完成了是吗？

选票收割者：是的是的。现在拿着这些［现金］当零花吧。

选民：好的，我填好以后拿给你。

选票收割者：没问题，可以的。①

在这段录像中，选票收割者奥斯曼·阿里·达奎恩（Osman Ali Dahquane）不仅漠视法律，而且只对自己和同事们要承担的风险一清二楚：**“我们不介意违法。如果这个［计划］继续下去，很多人会进监狱，或者以后明尼阿波利斯市就没人投票了。这是非常腐败的。如果他们来找我们，那我们就有大麻烦了，大大的麻烦。”**

真相工程揭露的选票收割者中，最明目张胆的要属索马里裔美国政治活动家利班·穆罕默德（Liban Mohamed）了，他也被称为利班·奥斯曼（Liban Osman）。利班的哥哥贾马尔·奥斯曼（Jamal Osman）是2020年8月特别选举第六选区市议会席位的获胜者。这次选举对于真相工程的调查至关重要，因为选举和国会初选在同一天，调查记者们有机会观察到众议院议员伊尔汉·奥马尔（Ilhan Omar）的竞选活动以及她麾下政治活动人员的竞选活动。

尽管利班看起来像是特威德老板式的老派城市恶棍，但他却是一个掌握新型手段的自恋狂。他不仅仅吹嘘自己的罪

① Project Veritas, "Omar Connected Harvester SEEN Exchanging $200 for General Election Ballot. We don't care illegal", September 28, 2020, YouTube video, 13:49.

行,他还在 Snapchat 上拍摄了自己犯罪的视频。其中一段视频显示,他翻开一叠选票,就像在打牌一样,同时伴奏唱道:"凌晨两点,忙忙碌碌。"①

利班不止在一个视频里用英语和索马里语吹嘘自己为哥哥贾马尔收集选票的事迹。他完全不觉得羞耻。事实上,他好像觉得整个选举就是一场笑话。以下是我们发布的一段视频中利班所说的话:

数字不会说谎。数字不会说谎。你可以看到我的车都装满了。这些都是缺席者的选票。

你没发现吗?看看这些。我的车都装满了。这些都是给贾马尔·奥斯曼的选票。今天只搞到了 300 张[选票]给贾马尔·奥斯曼。

金钱就是一切。金钱是这个世界的国王。如果你没钱,你就不应该在这里,不用再说了。你明白我的意思吗?

金钱就是一切,竞选活动就是钱来操控的。你不能用从爷爷奶奶那儿拿到的 200 或 100 美元来竞选。可不能只用这些钱去竞选。你必须有投资才能去参加竞选。你需要筹集资金。②

利班嘲弄法律。他坚信自己的行为不会受到惩罚,胆子大到在自己的 Snapchat 主页上发出这些视频。但他不知道真相工程的一个线报来源关注了他的 Snapchat 账号 @kingLiban1,这位线报来源把他的视频都拍了下来。利班想删

① Project Veritas, "Ilhan Omar connected Ballot Harvester in cash-for-ballots scheme: 'Car is full' of absentee ballots", September 27, 2020, YouTube video, 16:42.

② Project Veritas, "Ilhan Omar connected Ballot Harvester".

视频的时候,已经太迟了。

真相工程记录利班经历的视频在各种社交媒体平台上的浏览量累计达数千万。《纽约邮报》在其头版刊登了一篇关于这段视频的报道。① 时任美国总统特朗普除了在推特上发布了这段视频外,还在他的集会上提到了这一事件。② 对真相工程团队成员来说,观察公众对视频的参与有点超现实了。观众们对发生在明尼苏达州的严重违法行为没有一丝怀疑。当然,除非这些观众跟差不多所有主流媒体的记者一样都站在民主党拜登那边,那他们肯定会极力怀疑。

在真相工程调查的众多犯罪中,没有一个罪犯像利班这样大胆地把自己吹嘘自己罪行的行为记录下来。真相工程并没有说利班车里有百倍于法定上限的选票,是利班自己在Snapchat个人资料上说的。他不仅仅是说了,他还吹嘘了一番,亮出了他的犯罪证据。利班自己发布的视频是他犯罪的铁证。然而,这一切只是说明了丑闻揭露者们对于大型媒体的堕落程度依旧很天真。

首先,"可信的记者"声称真相工程理解错了法律,明尼苏达州的选票收割没有限制票数。这一点都不奇怪,他们要么故意装出对明尼苏达州法律一无所知的样子,要么故意将法律条款报错。是,有一个法院对三票限制提出了质疑。是,州法官在质疑未解决之前暂停了法律的执行,但这项法律从

---

① Miranda Devine, "Project Veritas uncovers 'ballot harvesting fraud' in Minnesota", *New York Post*, September 27, 2020.

② Ariel Zilber, " Donald Trump demands US attorneys launch an investigation into Ilhan Omar following report her supporters 'illegally harvested ballots in Minnesota'", *Daily Mail*, September 28, 2020.

未被中止过。选票收割者要自担超三票限制的风险,他们也知道这一点。在明尼苏达州高等法院裁定该法律有效后,利班所做的一切都被证实是非法的。并不是真相工程说三张以上的选票是非法的,明尼苏达州最高法院也是这么说的。[1]大型媒体们呢?只有沉默。

Think Progress 创始人贾德·勒冈姆(Judd Legum,现在是 Popular Information 的创始人)、《新闻周刊》(*Newsweek*)的达拉·罗奇(Darragh Roche)和 Snopes 的贝萨妮亚·帕尔玛(Bethania Palma),这 3 位记者没有抓住重点,他们的不称职让他们光荣登上了我们的"耻辱墙"。真相工程坚持让这三个人改正错误,说出真相,但都被无视了。在真相工程的法律团队通知了他们各自公司的法律部门之前,这 3 位记者一直保持着沉默。跟大家想的一样,这 3 位"可信的记者"都获得了"撤回奖",真相工程最喜欢给帕尔马颁发的"撤回奖"。

Snopes 自诩为"研究都市传说、民间传说、神话、谣言和错误信息的权威互联网参考资料来源"。[2] 事实上,Snopes 却是一个左翼的虚假信息制造机器。Facebook 之类的主要社交媒体平台利用 Snopes 作为"事实核查器",证明其关闭个人资料页面和审查内容的行为是正确的,Snopes 的权力便源于此。

罗马诗人朱文诺(Juvenal)问了一个问题,这问题放在现在来问才最有意义:谁来监视这些监视者(*Quis custodiet ipsos*

---

① DSCC, et al. v. Simon, et al., Minnesota Supreme Court Case No. A20 – 1017 (September 4, 2020).

② Heather Murphy, "Snopes Retracts 60 Articles Plagiarized by Co-Founder: Our Staff Are Gutted", *New York Times*, August 13, 2021.

custodies)？[①] **谁人监管监管之人？现在这个问题可以换个更好的措词：谁来核查事实核查者？**这些事实核查员仅凭几句空口白话，便赋予了他人将旁人从其社交媒体平台上驱逐的权力，必须要有人站出来反对才行。几年前，真相工程接受了这个挑战，也没打算逃避。

真相工程于2020年9月27日发布了第一个明尼苏达州选票收割报道，报道的主角是利班。[②] 帕尔玛于9月28日下午4:27分发送了一封电子邮件，要求在她"歇业"的最后期限之前她要知道。显然，帕尔玛女士搞错了事实，她甚至都没问下法律是怎么规定的。无知，或者说是对真相的漠视，证据都摆在她和她的黑客同伙们眼前了，他们都可以把事实扭曲得足够离谱，然后声称证据是假的。

监督了明尼苏达州的调查工作许多天之后，丑闻揭露者来到亚利桑那州参加一个演讲会。当他还在飞机上的时候，就收到了一条来自我们公司通讯部门的消息，说《纽约时报》已经写了一篇关于明尼阿波利斯事件的文章。这篇文章的标题很尴尬——《研究人员说真相工程的视频是一场"协同虚假信息运动"》[③]，看着就让人觉得很糟糕。这篇文章的开头是这样的：

保守派活动人士詹姆斯·奥基夫(James O'Keefe)周日

---

① Juvenal, *Satire* 6, ed. Lindsay Watson and Patricia Watson (Cambridge: Cambridge University Press, 2014), lines 347 – 348.

② Project Veritas, "Ilhan Omar connected Ballot Harvester".

③ Maggie Astor, " Project Veritas Video Was a ' Coordinated Disinformation Campaign', Researchers Say", *New York Times*, September 29, 2020.

发布了一段欺骗性视频，声称众议员伊尔汉·奥马尔的竞选活动涉及非法收集选票。据斯坦福大学和华盛顿大学的研究人员称，这一事件的消息来源未经确认，且没有任何证据可证其真伪，很有可能是协同虚假信息运动的一部分。[①]

考虑到消息来源是《纽约时报》，丑闻揭露者确信这篇文章将会引爆宣传漩涡。《纽约时报》记者玛吉·阿斯特（Maggie Astor）明明也没有任何证据，但她还是声称这些视频都是骗人的。前文提过，即使在真相工程还未成立的时候，丑闻揭露者的所有调查也都是以视频为基础的，不像传统记者那样匆匆忙忙记笔记，真相工程的记者以视频为凭借。视频可以让观众看到被调查对象的嘴在动，听到他嘴里说出了什么话。这是视频作为直接媒介的本质魅力——像法国影片《真实电影》一样直接。在明尼苏达州，视频把观众带到了印刷品永远无法到达的地方。

言语和嘴部运动的一致性是至关重要的。在新冠疫情时期，口罩遮住了所有的非语言面部表情提示。白宫幕僚长马克·梅多斯（Mark Meadows）明白这一点，所以他在准备发言前将口罩从一群国会记者面前摘了下来。记者们抗议他的鲁莽，他却解释说他不会戴着口罩接受采访，因为口罩给了记者们太多的机会去错误引用他的话，甚至剪辑他说的话。[②]

但错误引用利班的话是不可能的。最能突出罪责的视频是利班自己录制，然后发布在 Snapchat 上的。即便如此，阿斯

---

① Astor, "Project Veritas Video Was a 'Coordinated Disinformation Campaign'".

② Rebecca Shabad, "Trump chief of staff Mark Meadows refuses to speak to reporters with mask on", ABC News, October 12, 2020.

特还是声称真相工程的"消息来源不明",没有任何"证据可证实"选票收割计划的存在。很显然,她肯定没看到视频中利班、奥斯曼·阿里·达奎恩和其他选票收割者明摆着犯下罪行以及讨论罪行的那部分。

最恼人的是阿斯特声称斯坦福大学和华盛顿大学的研究人员认为真相工程的调查"可能是协同虚假信息运动的一部分"。[1] 女士们先生们,新闻业已沦落至此啦——记者居然用"可能"这个词来引导重大新闻。阿斯特从一开始就承认,她没有任何证据能支撑她的观点,她纯粹是出于个人情感和推测写下了这篇文章。

《纽约时报》因采用"有待明确"的策略而臭名昭著。2020 年 10 月 15 日,科技专栏作家凯文·罗斯(Kevin Roose)发表了一篇题为《Facebook 和推特躲过了 2016 年的重演,点燃了 2020 年的风暴》的文章。[2] 在这篇专栏文章中,罗斯喋喋不休地谈论着俄罗斯人窃取了民主党全国委员的电子邮件,并将其交给维基解密(Wikileaks)的事情,但这一指控从未得到证实。然后,他转向亨特·拜登的笔记本电脑事件,赞扬着大型媒体和大型科技公司在压制相关报道方面的远见卓识。为了留个后手,罗斯补充了一个"有待明确"的警告:"有待明确的是,没有证据表明《纽约邮报》的报道与国外的虚假

---

① Astor, "Project Veritas Video Was a 'Coordinated Disinformation Campaign'".

② Kevin Roose, "Facebook and Twitter Dodge a 2016 Repeat, and Ignite a 2020 Firestorm", *New York Times*, October 15, 2020.

信息运动有关。"[1]罗斯算是基本上承认了他整篇文章都是在推测和猜测。亨特是俄罗斯虚假信息受害者这一荒谬的假设,是由希拉里是俄罗斯虚假信息受害者的这个不可靠的假设推导而来的。罗斯还说:"该报社是如何获得这些电子邮件的,这些邮件是否真实,仍然存在诸多疑问。即便如此,社交媒体公司也不会冒险。"[2]不冒险?不可能,他们串通一气要操纵选举,而《纽约时报》则尽着最大的努力给他们提供便利。

阿斯特甚至没有在文章中给真相工程一个"有待明确"的缓刑。跟罗斯的专栏不同,阿斯特的文章是以《纽约时报》新闻报道的形式发表在新闻版块的。阿斯特的陈述很可笑[3],"但是这些指控仅仅是那些在视频中与真相工程工作人员交谈的人,都不知道他们的名字,也没看到他们的脸"。阿斯特的声明让大家想起了奥威尔笔下大洋国中"党"的"最后、最重要的命令"——"拒绝你看到和听到的证据"。[4]

阿斯特的文章让人觉得奥威尔太有预见性了。"视频中没有任何材料实际上证明了选举舞弊",她的结论可是与事实完全相反呢。50 多年前,丹尼尔·布尔斯廷(Daniel Boorstin)写

---

① Roose,"Facebook and Twitter Dodge a 2016 Repeat, and Ignite a 2020 Firestorm".

② Roose,"Facebook and Twitter Dodge a 2016 Repeat, and Ignite a 2020 Firestorm".

③ Astor,"Project Veritas Video Was a 'Coordinated Disinformation Campaign'".

④ Orwell, *1984*, 103.

道，“制造可报道事件的权力就是制造经历的权力”，①好像他写这句话的时候想到的就是阿斯特一样。阿斯特的文字——“视频中没有任何材料实际上证明了选举舞弊”，为她的读者创造了一次尽管是“可以报道”的，但却是将所有证据都无视的报道经历。

阿斯特没有报道新闻，而是与斯坦福大学和华盛顿大学勾结，制造出了一个明显失实的叙述。这就是布尔斯廷所说的“伪事件”。阿斯特利用她的“操纵能力”，为她的预设读者创造了“比现实本身更有吸引力、更令人印象深刻、更有说服力”的幻想。② 通过声称真相工程的视频涉及“消息来源不明”和“没有证据可证实”，她精心制作了一篇完全人工合成且极其不道德的文章。她的文章是一种极端形式的心理投射，是对奥威尔小说的现实再现。

阿斯特还没说完。在文章的最后，她争辩说真相工程的宣传帖承诺视频将在周一发布，但视频却是在周日晚“《纽约时报》发布[（时任）特朗普总统纳税申报表]调查的几小时后”发布的。那些优秀的学术研究人员向阿斯特保证，这个发布时间绝不可能是巧合，他们称之为“9 月 28 日新闻发布日的超大营销”。③

这可太有趣了。阿斯特不仅指责了真相工程发布“欺骗性”视频，她还假设视频是专门用来抵消《纽约时报》特朗普

---

① Daniel J. Boorstin, *The Image*: *A Guide to Pseudo-Events in America* (New York: Vintage, 2012), 36.

② Boorstin, *The Image*.

③ Astor, "Project Veritas Video Was a 'Coordinated Disinformation Campaign'".

税收报道影响的，这也太疯狂了。事实上，当《纽约时报》发表特朗普税务报道的时候，真相工程团队担心这篇报道会限制视频曝光的影响力，所以差不多把视频的发布推迟了。如果阿斯特做了任何有过失的预测，其实印证了这句话：反面人物指责主人公的那些行为正是反面人物自己的行为或意图所在。同样，也有可能是只要真相工程透露了要发布一篇影响重大的选民欺诈报道，《纽约时报》就“恰巧”发布了有关特朗普纳税申报表的报道。

这个时刻是令人难忘的。如果阿斯特打电话来的话，丑闻揭露者肯定会告诉她他坐在办公桌前，盯着 6 个巨大的平板显示器，这些显示器就像 20 世纪 70 年代 KISS 音乐会上的马歇尔扬声器一样。真相工程的通信、制作和法律团队的成员们坐在桌子周围，其他工作人员围坐在房间里，准备发推或者回应众记者以及社交媒体重量级人物的电话。没有人料到《纽约时报》的税收报道。

真相工程制定了一种新的新闻发布策略。以前，他们在工作日上午 9 点左右发布新闻报道，会把报道提前提供给首选记者和媒体，禁运令会在视频发布后即告失效。这让记者和媒体有机会将故事写下来再发布。这一次，真相工程安排团队成员在周日晚上 9 点将报道发布于所有的真相工程网站和社交媒体平台上。只给社交媒体上一些“有影响力的人”发送了提前报道，而不发送给任何记者或媒体机构。真相工程工作人员认为，在晚上发布新闻可以吸引数百万在社交媒体上搜索新闻的人们的注意力，给记者和媒体足够的时间写周一的“反转”文章，各网站在周一更换新的报道故事。一些有影响力的人早就知道了这一战略的核心是对社交媒体的猛攻,但这一战略与真相工程过去实施的媒体禁运有很大的不同。

《纽约时报》也有类似的意思。丑闻揭露者相信这一策略的计划,便做出了即使在《纽约时报》早些时候发布新闻之后也坚持按计划走的决定。事情发生了,真相工程的报道把《纽约时报》的报道彻底击溃了。事实上,这个计划进行得很顺利,都让《纽约时报》觉得有必要随机招募一些学者来像研究科学现象一样研究我们的发布计划。

顺便说一下,《纽约时报》在写大肆宣传的税务报道——《长期隐瞒的记录显示特朗普长期亏损和避税多年》①时是没有任何记录在案的消息来源的,也没有任何证明文件的。尽管如此,阿斯特仍然觉得自己有资格教真相工程怎么做正确的调查性新闻。但让阿斯特认为《纽约时报》报道的影响已经被真相工程的一段丑闻揭露视频抵消了,在这一点上真相工程深感满意。人们说,当你接受谴责时,意味着你做得有点过头了

无论真相工程满意还是不满意,都不可否认《纽约时报》的影响力要比真相工程略大一些。在阅读了阿斯特的文章,知晓这篇文章会带来广泛的假新闻后,丑闻揭露者决定是时候反击了。要是编辑们不撤回这篇报道,真相工程就要起诉《纽约时报》。真相工程在某种程度上认为诉讼可以挽救《纽约时报》的生命。是的,《纽约时报》长期以来都是美国左派

---

① Russ Buettner, Susanne Craig, and Mike McIntire, "Long-Concealed Records Show Trump's Chronic Losses and Years of Tax Avoidance", *New York Times*, September 27, 2020.

上流社会的喉舌，尽管有这种偏向，但《纽约时报》历来没有辜负其“档案记录报”的声誉。

《纽约时报》的可信度并没有一下子崩塌而是从20世纪90年代末开始衰退。当时为了应对一系列对印刷新闻业及新闻业盈利能力影响的因素，《纽约时报》便推动其报社记者接受“解释”新闻，而非“报道”新闻。现在已经过去30年了，读者们看不到高质量的事实性新闻报道了。**传统的新闻编辑室已经被半真半假、含沙射影和意识形态所颠覆；都是每个记者对人和事的看法**。2020年7月，《纽约时报》专栏作家兼编辑巴里·维斯(Bari Weiss)在其公开辞职信中明确表示了这一观点，[①]她在信中写道：“新闻界里已经形成了一种新的共识，但也许是本报社的共识：真相不是一个集体发现的过程，而是少数摆脱偏见的人士所知的一种普遍接受的观念，这些人工作就是告知其他人真相。”[②]然而，《纽约时报》的作品却一如往常包装成新闻。

真相工程法律部觉得利比·洛克(Libby Locke)是美国最好的诽谤律师之一。利比曾成功起诉过《纽约时报》，如果有需要的话，她随时可以再次成功起诉《纽约时报》。利比·洛克女士是位伟大的律师。她最令人印象深刻的是她并不愿起诉。她确信《纽约时报》的行为是带有恶意的，且对真相工程进行了不公平的对待，但她更愿意私下与报社的高管接触，以避免一场旷日持久的诉讼。利比问，她是否至少可以先试

① Edmund Lee, “Bari Weiss Resigns From New York Times Opinion Post: In a letter posted online Tuesday, she cites ‘bullying by colleagues’ and an ‘illiberal environment’”, *New York Times*, July 14, 2020.

② Bari Weiss, “Resignation Letter”, bariweiss. com, July 14, 2020.

着和他们讲道理。她了解高管们，高管们也了解她，知道她只接证据确凿的案子。真相工程法律部同意她的做法。此外，如果《纽约时报》的法律部和编辑部领导层有任何不合理的行为，都将是佐证《纽约时报》恶意行为的附加证据。2020 年 10 月 16 日，洛克女士在给《纽约时报》高级副总裁兼副总法律顾问大卫·麦克劳（David McCraw）的一封信中做了如下声明：

我们对《纽约时报》一直当这些虚假和诽谤性的文章的后盾感到非常失望，《纽约时报》将这些文章描述为"很普通的研究报道"……但这些文章中没有一句话是想着从真相工程的角度考虑问题，更没有向《纽约时报》的读者透露这些"研究人员"是在进行纯粹的"猜测"还是——正如我们通过《纽约时报》和"选举诚信计划"网站的元数据最终证明的那样——《纽约时报》和"选举诚信计划"正在进行着他们自己的"协同虚假信息运动"。

利比在信的末尾总结了论点，指出《纽约时报》针对真相工程的行为是公然的假仁假义：

实际上，很明显《纽约时报》、斯坦福大学、华盛顿大学都在从事这项恶毒"研究"，也在干着这些文章指责真相工程在干的事情。他们的协同努力使《纽约时报》和研究人员在偏见的驱使下，破坏了那些对杰出民主党政治家产生不利影响的新闻报道，这也是《纽约时报》对真相工程报道抢了其特朗普税务报道风头的报复。简言之，很讽刺的是《纽约时报》的报道本身就是一场"协同虚假信息运动"的产物——是《纽约时报》与美国左派学者之间的合作，他们的目标是尽可能迅速且彻底地诋毁真相工程及其独创报道。

给《纽约时报》的信息很明确——要么撤回谎言，要么被起诉。几个星期之内，事情变得清晰起来，报社高管们不会让步，特别是在 11 月大选之前。他们的脚已深陷泥潭，没有收回的迹象。2020 年 10 月 30 日，真相工程在纽约州最高法院对《纽约时报》提起诉讼。[①] 丑闻揭露者真心希望《纽约时报》的股东们能意识到真相工程是不会败诉的，真相工程才会是这场官司的赢家。本书下一章会写到更多相关内容。

当然，一旦母舰发出了攻击信号，较小的卫星媒体就开始集火真相工程。这些年来，真相工程遭受了许多的诽谤攻击，但很少有像来自 KMSP-TV 电视台福克斯第九频道的攻击那样引人注目的。这家媒体的“调查性”记者汤姆·莱登（Tom Lyden）播出了对利班的采访，这次采访的标题很有说服力——“真相工程选民欺诈事件主角说他收受了贿赂”。[②] 当然，这个采访与阿斯特在《纽约时报》发表的热门文章也有关联。福克斯第九频道还发布了一张丑闻揭露者的照片，照片中正是 MyPillow 的 CEO 迈克·林戴尔（Mike Lindell），他是真相工程中具有影响力的人之一。这张照片旨在证明真相工程正在“协同”某种虚假信息活动。这些媒体黑客似乎从未听说过“禁运”这个词。

利班在莱登的采访中对真相工程的控诉一看就是不对的，只有“可信的记者”才会相信。事实上莱登和福克斯第九频道并没有打算对真相工程所揭露真相进行调查，他们完全

---

① Adam Klasfeld, “Project Veritas Sues New York Times for Calling Group ‘Deceptive’”, Law & Crime, October 30, 2020.

② Tom Lyden, “Subject of Project Veritas voter fraud story says he was offered bribe”, Fox 9 KMSP, October 6, 2020.

是在掩盖真相。以下是利班发表的一些妄论,福克斯第九频道对这些言论没有提出任何质疑:

在第一次采访中,利班·奥斯曼告诉福克斯第九频道的调查员,社区活动家奥马尔·贾马尔(Omar Jamal)向他提供了1万美元,让他说他正在为国会女议员伊尔汉·奥马尔收集选票……他之前没有见过奥马尔·贾马尔,贾马尔告诉他,只要他说他正在为国会女议员伊尔汉·奥马尔收集选票,真相工程就会给他1万美元。[①] ……在雪松河畔公寓外,是贾马尔把200美元交给了一名男子,这200美元是给索马里一个生病的亲戚准备的。[②]

尽管丑闻揭露者已经厌倦了,但仍然很难相信自己看到的一切,他坚定地回应说福克斯第九频道的报道是多么可悲,多么不专业。[③] 这次的回应视频在网上疯传。莱登先生还没听到真相工程的最后一句话——真相工程从来没有,也永远不会为了报道内容贿赂任何人。对于福克斯第九频道来说,允许利班发表这些言论,让他逍遥法外是很可耻的。

这位丑闻揭露者很困惑为什么莱登会这么轻易就上当,竟然相信200美元的现金交换并不像表面上那样是为了一张

---

① Lyden, "Subject of Project Veritas voter fraud story says he was offered bribe".

② Lyden, "Subject of Project Veritas voter fraud story says he was offered bribe".

③ Project Veritas, "James O'Keefe goes NUCLEAR in debunking bogus Fox 9 report that defends illegal ballot harvesting", October 6, 2020, YouTube video, 9:07.

投票,而是为了"给索马里一个生病的孩童治病"。[1] 福克斯第九频道邀请嘉宾参加节目,允许嘉宾在一点证据都没有的情况下编造不可信的故事,这是不是一种常见做法？从历史上看,记者的工作就是对质疑那些显然就是罪犯的人,仔细审查他们的故事,但在福克斯第九频道却不是这样的。往好的地方看看,大多数观众,至少是福克斯第九频道台新闻编辑部以外的观众,都有足够的常识来拒绝"索马里生病的孩童"这种愚蠢的托辞,而且知道这显然是选举舞弊交易。

如果说《纽约时报》和福克斯第九频道的攻击是正面赤裸的诽谤,那么《今日美国》(*USA Today*)的卡米尔·卡尔德拉(Camille Caldera)则是在侧面袭击真相工程。卡尔德拉写了一篇名为《事实核查:没有证据表明所谓的选民欺诈阴谋或证明该事件与众议员伊尔汉·奥马尔有关联》的文章,[2]文章里根本没什么事实。

首先,任何一个在文章开头声称"真相工程是右派组织"的记者,其实都已经亮明立场了。卡尔德拉的文章只是一位情绪激动的记者发表的又一篇毫无根据的热门文章,她显然是被真相工程明尼苏达州的调查发现给刺激到了。这篇充满谎言和欺骗的文章深刻误导着读者,也侮辱了读者的智商。看看下面的摘录,大家可自行判断一下:

穆罕默德的 Snapchat,可能是被断章取义了。比如说,其中一些视频好像是展示了他处理缺席选票的情形,但没有具

---

① Project Veritas, " Omar Connected Harvester SEEN Exchanging $ 200".

② Camille Caldera,"Fact check: No proof of alleged voter fraud scheme or connection to Rep. Ilhan Omar", *USA Today*, October 16, 2020.

体时间戳啊,这意味着这些片段也可能是在今年夏天明尼苏达州允许收集无限缺席选票那几周拍摄的。①

录像证据中根本没有“断章取义”的内容。卡尔德拉说不出任何一个欺骗性编辑片段,因为根本没有。真相工程公布了穆罕默德 Snapchat 上的全部内容。此外,调查结果清楚地显示利班的 Snapchat 视频日期为 2020 年 7 月 2 日。是利班自己用了 Snapchat 的滤镜,给视频标注了日期,而不是真相工程标的。另一个小小的诽谤如下:

7 月 28 日,一个地区法院推翻了明尼苏达州的三票限制。另一法院于 9 月 4 日恢复了该限制。如果穆罕默德在 Snapchat 上分享的活动发生在两次裁决之间,那么这些活动或许是合法的。②

“一地区法院在 7 月 28 日推翻了明尼苏达州的三票限制”,这一说法是完全错误的。从 7 月 28 日到 9 月 4 日,法院只是暂停了这项法律的执行,但明尼苏达州公民拥有超过三张选票始终是违法的。另外,在 7 月 2 日,也就是利班拍摄视频时,这项法律是在执行的。以下是《今日美国》对常识的最后一击:

我们的评级:假的

真相工程发现了一个与众议员伊尔汉·奥马尔有关的选举欺诈计划,这是假的……消息来源是匿名的,翻译也无法验证,所以奥马尔和所谓的欺诈没有任何关联……研究者称这

---

① Caldera,“Fact check: No proof of alleged voter fraud scheme”.

② Caldera,“Fact check: No proof of alleged voter fraud scheme”.

些视频为"协同虚假信息活动"的一部分。①

《今日美国》的"评级"决断是对新闻界的侮辱。证据都在视频里了,真相工程的调查是很容易证实的。众议员伊尔汉·奥马尔在视频中多次被称为非法收割选票计划的受益人。如果卡尔德拉对索马里语的翻译有任何疑问,她应该亲自检查翻译。此外,援引《纽约时报》关于"协同虚假信息运动"的指控,只是强调了《纽约时报》有能力发起自己主导的"协同虚假信息运动"而已。

《今日美国》是 Facebook 首选的事实核查伙伴之一。它的"事实核查"让 Facebook 将整个明尼苏达州的调查标记为"虚假信息"②。10 月 16 日,也就是《今日美国》文章发表的同一天,真相工程开始收到来自全国各地的短信,声称 Facebook 因这篇文章而对其视频进行了审查。**每个在 Facebook 上看到或分享这段视频的人都被告知,真相工程实质上只是耍着诡计的肮脏政治骗局。**

硅谷的大型科技公司寡头们一直想对真相工程采取行动。毕竟,在过去的几年里,丑闻揭露者已经多次揭露了他们的谎言和欺骗行为。Facebook 采取了攻势,尽其所能地阻止人们看到明尼苏达州的调查视频。尽管丑闻揭露者内心门清,但当 Facebook 的思想警察竟然堕落到宣布真相工程视频

---

① Caldera, "Fact check: No proof of alleged voter fraud scheme".

② Project Veritas, "LEGAL UPDATE: NYT FORCED by court to ANSWER Veritas's defamation allegations, STUNNING Admissions", April 28, 2021, YouTube video, 9:44.

为假时，他们也很震惊。①

在明尼阿波利斯，真相工程勾勒出了一个小规模选举舞弊生态系统。对明尼阿波利斯视频的整体反应，揭示了一个以《纽约时报》为中心的大规模多维数字化选举舞弊复合体。大型媒体和大型科技公司之间的勾结令人震惊。《纽约时报》肆无忌惮地制造着虚假信息，而《今日美国》对这些虚假信息给予了认可，Facebook 则利用了《今日美国》的认可，让真相工程没有资格在世界上最大的媒体平台之一（Facebook）发布能证实违法和不当行为的视频。如果这不是选举舞弊，那又是什么？这是不是意味着证据对于在他们的新闻生产来说不再重要了？如果是这样的话，奥威尔赢下了这一轮。

渴望被热爱，害怕被讨厌

真相工程发起了一项调查，想要确定谷歌可能存在的政治偏见。谷歌高管珍·玄内（Jen Gennai）在解释为什么谷歌这家科技巨头不应该被反托拉斯法拆分时被秘密录了下来，她解释说“小公司没有什么资源防止出现下一个特朗普的情况”。② 这不是一个谷歌高管愿意与媒体分享的，但是她被抓到后的确在一个媒体帖子上承认了她实际是说过这些话的。玄内写道：“我当时在一家餐馆和某人闲聊，用了一些不精确

---

① Project Veritas, “NYT FORCED by court to ANSWER Veritas's defamation allegations”.

② Project Veritas, “Veritas Re-Uploads Google Expose Taken Down By YouTube Ahead of White House Social Media Summit”, July 11, 2019, YouTube video, 25:10.

的语言。真相工程给我录下来了,干得好。"①还不止这些。玄内在秘密录音中承认了一些将要进行的技术改进:

2016 年我们都被耍了,不只是我们,大众也都被耍了,新闻媒体也被耍了,每个人都被耍了,所以我们很快就想,发生了什么,我们如何防止它再次发生……我们还在训练算法,比如,如果 2016 年的事件再次发生,结果会有所不同吗?②

玄内所说的"被耍了"意思是无法控制选举结果,谷歌决计不让这种情况再次发生。内幕文件显示,谷歌的"机器学习公平性"算法已经在运行了。当时的员工扎克·沃里斯(Zach Vorhies)将标题为《算法不公平的定义》的机密文件转发给了真相工程,文件中包含了以下内容:

"算法不公平"是指通过算法运算系统或算法辅助决策,对人们的种族、收入、性取向或性别等有关敏感特征进行分类,进而实行不公平或区分对待。③

谷歌的另一份机密文件以副标题的形式提出了一个问题——"如果表述的内容是准确的事实,这也算是算法不公平吗?"国会女议员黛比·莱斯科(Debbie Lesko)通过真相工程的视频了解到了谷歌给出的官方答案。她在一次国会听证会上大声讲了出来:

想象一下,在谷歌搜索首席执行官,搜出来的图片显示的

---

① Jen Gennai, "This is not how I expected Monday to go!", *Medium* blog, entry posted June 24, 2019.

② Gennai, "This is not how I expected Monday to go!"

③ Project Veritas, "Google 'Machine Learning Fairness' Whistleblower Goes Public, says: 'burden lifted off of my soul'", August 14, 2019, YouTube video, 19:34.

是占主导地位的男性。即使这是对真实世界的准确反应,但这也是算法不公平。在某些情况下,如果系统精准地对当前的现实世界造成了影响,那么不采取行动可能是合适的,而在另一些情况下,我们可能需要考虑如何通过产品干预,来帮助社会达到一个更加公平和公正的状态……①

莱斯科讲完后问出席会议的谷歌游说者:"斯莱特(Slater)先生,这是什么意思?"真相工程早就知道了这个问题的答案——珍·玄内在跟卧底记者的谈话中证实了该文件的主旨:

我们推出人工智能是因为人们并没有设置边界,他们没有规定什么是公平,什么是公正,所以我们想,我们是一个大公司,那我们来规定。②

谷歌内部人士扎克还说:"[谷歌高层]将根据他们认为的公平、他们的目的以及他们议程的一部分来定义现实。"③假如是这样的话,那证据就很多了,目前就有一名现任谷歌员工和一名谷歌高管在隐藏式摄像机前的证词记录,还有一份文件。然而,《纽约时报》还搞不清故事的来龙去脉。尽管谷歌给自己的任务是"防止出现下一个特朗普情况",但《纽约时报》似乎没有发现任何偏见。《纽约时报》记者查理·沃泽

---

① "Social Media and Content Monitoring: Executives from Facebook, Twitter and Google testified on Capitol Hill about efforts to counter online terror content, hate speech, and misinformation on their platforms", C-SPAN, June 26, 2019.

② Project Veritas, "Google 'Machine Learning Fairness' Whistleblower Goes Public".

③ Project Veritas, "Google 'Machine Learning Fairness' Whistleblower Goes Public".

尔(Charlie Warzel)虚伪地在推特上表达了自己的困惑:

所以在我看来,这个关于谷歌偏见的"调查"实际上只是一堆非技术性人员将算法偏见和政治偏见混为一谈。是我错了吗? 有没有关注我的技术大专家能跟我解释一下?①

当天下午,沃泽尔继续分享了他的意识流:

我的意思很明显,"举报者"的视频片段完全没有上下文,不值得认真对待。但关于公平和算法那部分,他们只是看到了偏见这个词,却没搞懂它的意思,是吧?②

沃泽尔的推很快被"比下去了",回复量远远多于转发量。这通常意味着读者们拒绝接受他的观点,或者至少选择了不支持他的观点。丑闻揭露者在推特上回敬了查理:

你们《纽约时报》的人靠匿名引用别人的话来维持生计。我们也听不到你引用的人的声音,也不清楚他们的上下文。现在你们却要拿一个举报者的职业生涯冒险,说这个采访是"没有上下文"的?③

沃泽尔在将丑闻揭露者的一系列论点定性为"不守信用"时并没有提到丑闻揭露者的名字。沃泽尔在推特上回应道:

我觉得我在这里看起来像个十足的笨蛋,因为我在尝试着花时间去回应那些看起来完全不守诚信的人。我懂了。我也知道这在半个互联网都算得上大新闻,我还在找寻解决方法(如果有的话)。④

---

① @cwarzel, Twitter, June 24, 2019.

② @cwarzel, Twitter, June 24, 2019.

③ @jamesokeefeiii, Twitter, June 24, 2019. 在该账号永久暂停前查阅。

④ @cwarzel, Twitter, June 24, 2019.

写这篇文章的时候,除了推特上那些已认证的媒体人士,CNN 的布莱恩 · 斯特尔特(Brian Stelter)和无党派评论员蒂姆 · 普尔(Tim Pool)之外,没有其他人回复这个帖子。布莱恩说:

看福克斯电视台时看到脱口秀在宣传真相工程,我想谷歌搜索下有没有可靠的新闻报道看看发生了什么……但是真找不到一个。①

大家对于斯特尔特缺乏自察意识特别印象深刻。他说他很难在谷歌上找到关于谷歌的材料,他没看到谷歌搜索中暗藏的讽刺。他的失察令人愤慨,以至于刷新了推特回复转发比的最大值。单就斯特尔特对沃泽尔的回应帖,仅有 533 人转发,却有超 4000 人回复。② 一位评论者说,"你在谷歌上搜索谷歌对其讨厌的搜索结果进行压制,还想获得可靠消息?这是盗梦空间级别的愚蠢"。③

之后,斯特尔特和谷歌旗下 YouTube 的首席执行官苏珊 · 沃西基(Susan Wojcicki)进行了一次访谈,这次访谈似乎揭示了斯特尔特屈服于谷歌认知失调的一个更深层次、更黑暗的原因。**从乔姆斯基和赫尔曼的"制造同意"视角来看,可以将斯特尔特看作屈服于"经济需要加上利益互惠,二者与强大的信息来源之间存在的共生关系"。**④

---

① @brianstelter, Twitter, June 24, 2019.

② @leninsidious, Twitter, June 26, 2019.

③ @navymig, Twitter, June 26, 2019.

④ Edward S. Herman and Noam Chomsky, *Manufacturing Consent: The Political Economy of the Mass Media* (New York: Knopf Doubleday Publishing Group, 2011), 18.

显然,斯特尔特跟沃西基和 YouTube 有着持续关系,他在 2020 年 4 月采访了沃西基。[①] 访谈围绕着 YouTube 决定从其平台上删除有关新型冠状病毒爆发的“医学上未经证实的”信息。在采访中,CNN 标题写道:“YouTube 如何在疫情期间处理错误信息。”[②]沃西基公开谈到了“将有问题信息删除”。当被要求量化和定义什么是“有问题”信息时,沃西基澄清说,“任何与世界卫生组织的建议和疾病预防控制中心的指导方针相违背的事情”。沃西基举的具体例子是那些鼓励老年人服用“维生素 C 和姜黄”的视频。[③]

斯特尔特没有质疑沃西基的论点,而是肯定了她对“权威来源”的信任。他再次问她是否“把撒谎撤下”,特别是撤下维生素 C 可以帮助人们的“谎言”。这里,斯特尔特和 CNN 依仗的是乔姆斯基和赫尔曼所说的“政府和专家提供的信息,由主要消息来源和权力代理人资助和批准”。[④]

这种依仗凸显了 CNN 与谷歌内部高层消息来源亲密关系但存在的紧张关系。通过在 YouTube 上“最大限度地接近参与者”,斯特尔特像乔姆斯基和赫尔曼所说的“最大限度地依赖这些参与者”[⑤]。斯特尔特有意识地决定“选择”谷歌或者 YouTube 作为一个高层次信息来源时,他已经把自己完全

---

① Brian Stelter, “YouTube CEO says people are discovering different kinds of videos as the pandemic rages”, CNN Business, April 24, 2020.

② “Inside YouTube's ‘numerous policy changes’ during the pandemic”, Reliable Sources, CNN, April 19, 2019.

③ “Inside YouTube's ‘numerous policy changes’ during the pandemic.”

④ Herman and Chomsky, *Manufacturing Consent*.

⑤ Herman and Chomsky, *Manufacturing Consent*.

置于谷歌的掌控之下了。如果 CNN 的一些理论与 YouTube 指导方针相冲撞, YouTube 可能会拒绝 CNN 访问其网站,而 CNN 对 YouTube 的需要远远超过 YouTube 对 CNN 的需要。"这种特别访问是有代价的。"①

引用著作

Bernays, Edward. *Propaganda.* New York: Ig Publishing, 2004.

Boorstin, Daniel J. *The Image: A Guide to Pseudo-Events in America.* New York: Vintage, 2012.

Chomsky, Noam. *Media Control: The Spectacular Achievements of Propaganda.* New York: Seven Stories Press, 2002.

Chomsky, Noam. *Necessary Illusions: Thought Control in Democratic Societies* (Brooklyn: South End Press, 1989).

Herman, Edward S. and Noam Chomsky. *Manufacturing Consent: The Political Economy of the Mass Media.* New York: Knopf Doubleday Publishing Group, 2011.

Juvenal. *Satire* 6. Edited by Lindsay Watson and Patricia Watson (Cambridge: Cambridge University Press, 2014).

Kazin, Michael. *The Populist Persuasion* (New York: Cornell University Press, 1995).

Lippman, Walter. *Public Opinion* (CreateSpace Independent Publishing Platform, 2013).

Orwell, George. *1984.* New York: Signet Classics, 1950.

Postman, Neil and Andrew Postman. *Amusing Ourselves to Death: Public Discourse in the Age of Show Business* (New York: Penguin,

① Herman and Chomsky, *Manufacturing Consent.*

2005).

Solzhenitsyn, Aleksandr. *The Gulag Archipelago*, Volume 2. New York: Harper Perennial Modern Classics, 2007.

Stanley, Jason. *How Propaganda Works*. Princeton: Princeton University Press, 2015.

期刊文章

Tyrmand, Leopold. "The Media Shangri-La." *The American Scholar* 45, no. 1 (Winter 1976).

法庭案例

DSCC, et al. v. Simon, et al., Minnesota Supreme Court Case No. A20 – 1017 (September 4, 2020).

第十章　诉讼

一个不敢让其人民在开放环境下辨别真相与谎言的国家，就是一个惧怕其人民的国家。①

——约翰·肯尼迪，1962

与大多数企业，甚至大多数非营利组织不同的是，真相工程采取的法律策略不是以商业需要或金钱利益为指导的。各企业在企业底线被触及时就会处理诉讼。此时，他们就抱怨在诉讼中除了律师之外没有赢家，然后付一些妨害费用来解决某些案子。

拒绝和解

反对派不理解真相工程的模式，他们更倾向于投射自己唯利是图的价值观，认识不到丑闻揭露者是受使命驱使而非金钱驱使的。对于真相工程来说，诉讼并不是一件需要摆脱的麻烦事。反而是一个机会，可以进一步将腐败媒体机构揭

① John F. Kennedy, "Address on the 20th Anniversary of the Voice of America", American Rhetoric Online Speech Bank, February 28, 1962.

露。要是利润导向的公司畏缩于“证据开示”(诉讼一方可迫使另一方回答问题的程序)的代价,那么真相工程欢迎来证据开示,丑闻揭露者们欢迎来检查、监督和批评。我们不害怕证据开示。这对丑闻揭露者来说才是关键所在。尽管真相工程已经在所有针对它的诉讼中赢下了官司,但“胜利”并不一定以判决的形式出现。真相工程的胜利在于揭露反对者的真实面目。证词合法迫使一方在宣誓后大声说出其保持沉默的部分。**通过启动证据开示程序,丑闻揭露者让他们的对手在不知情的情况下自己将自己揭露。**

每阶段12名陪审员

对于那些反对真相工程的批评者联盟来说,宣誓后的对话是一种诅咒。媒体学者保罗・S. 沃克斯(Paul S. Voakes)认为,记者“应该像在金鱼缸里一样进行调查性报道,或者像每阶段都有12名陪审员在监视一样进行调查性报道”。[①] 多年来,大型媒体一直无视“12名陪审员”法则。但证据开示却暴露了大型媒体们的弱点——报道草率、报道错误明显、报道不择手段,甚至还“恶意”报道。

丑闻揭露者很相信信息公开。在真相工程的诉讼里披露出的信息,没有一条造成过损害。但对于反对信息公开者来说,事后审查仍然是一个威胁。不应该呀,要是大型媒体在私

---

① Paul S. Voakes, “What Were You Thinking? A Survey of Journalists Who Were Sued for Invasion of Privacy”, *Journalism and Mass Communication Quarterly* 75, no. 2 (Summer, 1998): 378 – 393.

下里的行事也像他们公开宣称的那样，那还担心信息公开干什么。强制的信息公开意味着无法完全掌控那些可能会将媒体公司公共形象毁掉的内部沟通。CNN 技术总监查理·切斯特（Charlie Chester）在谈到 CNN 的新闻产品时说这就是“宣传”，他还向一名真相工程的卧底记者吹嘘说 CNN“把特朗普弄出局了”。①

“我们创造出一个我们一点都不了解的故事。我觉得这就是一种宣传。”切斯特坦白道。虽然他是在餐桌而不是证人席上说的，但他还是将本应保持沉默的话大声说了出来：媒体只不过是权力体系的延伸，媒体自身要为这个体系承担责任。卧底调查的目的是潜入生活中的证人席，将只有通过宣誓作证才能获得的真相揭露出来。

《纽约时报》撤诉动议驳回

证据开示打开了说谎者记载了共谋的笔记本。《纽约时报》的玛吉·阿斯特报道了学术研究人员对真相工程的评论，她写道，明尼苏达州的选票收割视频“很可能”是一场“协同虚假信息运动”的一部分。她之所以这样写，是因为在视频发布之前，真相工程禁止其他记者和网络名人搬运该视频。这挺有趣的，因为就在两年前，《纽约时报》发表了一篇题为《准备好，开始禁运》的文章，记者梅丽娜·德尔基奇（Melina

① Project Veritas，“PART 1：CNN Director ADMITS Network Engaged in ‘Propaganda’ to Remove Trump from Presidency”，April 13，2021，YouTube video，8:58.

Delkic)写道:

> 政府机构、医学期刊、戏剧团体、出版社和其他来源设置新闻禁运是新闻界的常见做法。新闻禁运是指某消息来源与记者或出版社之间达成协议,在给定的日期和时间之前不会发表该报道。①

那么,为什么《纽约时报》觉得有必要对真相工程平常使用的技巧进行报道呢?他们明明自己也在使用相同的技巧。答案很简单:真相工程代表着一种威胁。大型媒体已经渐渐无法控制信息的传播了。《纽约时报》在其网站的"新闻"使命宣言页上描绘了一幅自己处于媒体世界中明星地位的美好画面。自鸣得意的赞美之词在网页上比比皆是,盛赞着其报社记者"提供了读者需要的背景和分析,让读者更好地理解周围发生的事情。"②《纽约时报》称自己的"新闻报道帮助人们了解世界"。③ 这种华丽的语言让读者幻想到一个没有《纽约时报》的世界,在这个世界里,人们会迷失、漂泊,在无知中徘徊,等待《纽约时报》"可信赖的引导"引领他们归家。

看起来好像《纽约时报》的"观点报道"比新闻本身更重要似的。他们告诉读者,《纽约时报》的"观点报道"专栏超出了其让人们看到世界本来面目的使命,还"通过丰富的讨论和智慧的辩论来帮助人们幻想世界可能的样子。"④《纽约时报》向读者保证其报社的"观点记者是各自领域的专家,可在重大

---

① Melina Delkic, "Ready, Set, Embargo," *New York Times*, August 11, 2018.

② "Journalism", The New York Times Company.

③ "Journalism."

④ "Journalism."

问题上提供明智的见解”。[①] 要是《纽约时报》的编辑们能控制地球上的每一个系统,乌托邦也肯定会在他们的掌握之中。因为不能容忍那些切实的异议,他们便试图镇压真相工程在明尼苏达州的报道。丑闻揭露者便提起了诉讼。最终,《纽约时报》的编辑们承认,那篇抨击我们日常新闻禁运是“协同虚假信息运动”的文章,本身就是协同虚假信息运动。[②] 阿斯特报道中提到的研究人员在他们的文章发表之前给了她一份副本,而她也是等到禁运解除后才发表的。[③]

当然,阿斯特向大家没有透露这件事。大家只是在真相工程上法庭反对《纽约时报》的撤诉之后才知道的。在美国法律体系中,很少有人能对《纽约时报》做到这一步。根本就没有多少人起诉。自打 1964 年美国最高法院对《纽约时报》诉沙利文(*New York Times vs. Sullivan*)一案的审理以来,只有少数案件能在《纽约时报》的撤诉动议中继续把官司打下去。宪法学教授乔纳森·特利(Jonathan Turley)形容真相工程取得的是“重大”胜利。也如特利指出的那样,这或许可以解释为什么“它在主流媒体上鲜有报道”。[④]

通过驳回《纽约时报》提出的撤诉动议,真相工程对“档案记录报”进行了证据开示。特利指出,证据开示“对于一家

---

① “Journalism.”

② Project Veritas, “LEGAL UPDATE: NYT FORCED by court to ANSWER Veritas's defamation allegations”, April 18, 2021, YouTube video, 9:44.

③ Project Veritas, LEGAL UPDATE.

④ Jonathan Turley, “Project Veritas Wins Victory against *New York Times* in Defamation Action”, The Jonathan Turley blog, entry posted March 21, 2021.

新闻机构来说可能是极其困难的”。大型媒体害怕信息公开，因为这会暴露他们的新闻是主观、有偏见、根植于谎言之中的。特利称这种做法为“鼓吹性新闻”，但他并未对该做法发表评论。“民意调查显示，人们对媒体的信任度创下历史新低。”[①]盖洛普民意测验中心最近发现，只有36%的无党派人士相信媒体会“完整、准确、公正地”报道新闻[②]。2018年，《纽约时报》执行编辑将这种信任的丧失归咎于特朗普，称特朗普“把《纽约时报》的名声给毁坏了，不是我们的过错”。[③]当然，总是别人的错。《纽约时报》忽视了公众不信任媒体能准确报道新闻的问题。早在特朗普上台之前，公众对所有政治派别人士的信任度就一直在稳步下降，有些人甚至会觉得是在直线下降。2002年，大多数自我认同的无党派选民都很信任媒体。到了2016年，无党派人士对媒体的信任已经大打折扣了。到了2005年，只有70%的民主党人信任媒体。[④]到特朗普上任时，信任度已经暴跌了19个百分点，一直到媒体向这位前总统宣战时才有所恢复。大型媒体喜欢特朗普，因为特朗普是他们的替罪羊。将自身的衰落归咎于特朗普，大型媒体就不必聚焦于自己干的坏事上了。

事实上，是大型媒体们自己毁坏了自己的名声。在《纽约时报》一案中，阿斯特在新闻栏目中写道，真相工程的明尼苏

---

① Turley, “Project Veritas Wins Victory”.

② Megan Brenan, “Americans Remain Distrustful of Mass Media”, Gallup, September 30, 2020.

③ Dean Baquet interview with Christiane Amanpour, “NY Times editor: Trump has damaged the press”, Amanpour on CNN, January 12, 2018.

④ Megan Brenan, “Americans Remain Distrustful of Mass Media”.

达州选票收割视频调查是具有“欺骗性的”。**但被真相工程起诉后,《纽约时报》就声称阿斯特的叙述只是她个人“无法证实的观点表达”**[①]。这个影响很大,因为现行法律无法证明“观点”的真假。引申开来就是观点是无法被认定为事实的。《纽约时报》对阿斯特新闻文章的辩护,实际上是在说这不是基于事实写作的。这显然不是基于事实。《纽约时报》在回应诉讼的时候不得不承认阿斯特没有花心思去联系真相工程的任何消息来源证实事情的真假,也没有去熟悉明尼苏达州的法律。

总之,《纽约时报》没有向读者透露,他们当做“事实”阅读的“新闻”,(根据该社自身的说法)其实是“观点表达”。纽约州最高法院大法官查尔斯·伍德(Charles Wood)解释说,读者阅读新闻时“期待的是事实,而不是观点”。伍德继续说道:

被告在其文章中称视频具有“欺骗性”,但被告律师提供的“虚假信息”和“欺骗性”的词典释义也诠释了《纽约时报》记者玛吉·阿斯特和蒂凡尼·许(Tiffany Hsu)(正如他们现在声称的)没注意到在新闻文章中注入了自己的观点这一行为的性质。[②]

《纽约时报》显然很失望,因为他们再也不能在不告诉读者这是观点的情况下,为其非事实性的新闻文章作辩护,因此《纽约时报》对法院裁决提出了上诉。然而,该报的高管们仍

---

① Project Veritas,“LEGAL UPDATE”.

② Project Veritas v. The New York Times Company, Maggie Astor, Tiffany Hsu, and John Does 1 –5, No. 63921 Sup. Ct. NY (2020).

然搞不清楚公众对《纽约时报》失去信心的原因。特利写道，州最高法院对《纽约时报》真实面目的揭露“或许证明了这是一次极其重要的示警，警告媒体们发表模糊的观点和事实可能会付出高昂的代价”。代价将不仅仅是“失去核心信任”，还会“失去核心法律保护”。①

《纽约时报》争辩说他们报社当然也可以像其他任何所谓的“可信”报社那样，随心所欲发表他们想发表的，也不用管发表的东西是真是假。这样做的原因也很简单，就是其他人先起了头，打开了说真相工程坏话的闸门。《纽约时报》认为，真相工程基本上是“无法被诽谤”的。②

这是一家媒体的大胆声明，引用了包括维基百科在内的众多消息来源，证明真相工程是“党派狂热分子”，有“歪曲事实或背景的历史”，“运行着骗局”，“误导性地编辑视频”，以及以“欺骗性编辑视频”而闻名。③ 律师大卫·弗莱海特（David Freiheit）将这种辩解描述为“恶性循环”。实际上，纽约时报认为，“就因为真相工程是没法被诽谤的，就因为我们说了太多他们的坏话，说他们必定是坏的，他们不能起诉我们呀，他们不能因为我们说了他们的坏话就起诉我们吧”。④ 特利称这种辩白为“孤注一掷”，《纽约时报》“很可能失去法庭

① Turley, “Project Veritas Wins Victory”.

② Project Veritas, “New York Supreme Court Judge DENIES NYT ‘Motion To Dismiss’ In Veritas Defamation Lawsuit”, April 5, 2021, YouTube video, 18:03.

③ Project Veritas v. The New York Times Company et al.

④ Byron York, “The New York Times’s embarrassing defense in the Project Veritas case”, *Washington Examiner*, March 24, 2021.

的信任,凸显《纽约时报》宣称的偏见”。[①]

迪恩·巴奎最近承认,记者的工作是“做大家都在做的那种深度报道”,《纽约时报》并不是不喜欢调查性新闻报道,而是不喜欢真相工程做着真实的报道,而其记者却只能坐视他们新闻工作的开展。这种由嫉妒心理萌发出的精英主义心态,预先假定了只有《纽约时报》才可以有匿名的消息来源、卧底或者发布开创性报道。有不同的声音站了出来,自担风险向时代周刊编辑们自以为是的使命——将世界塑造成他们想要的样子——发起挑战。有人随时预备利用回声室效应帮《纽约时报》平息不同的声音,《纽约时报》的媒体盟友们一个接一个地将《纽约时报》记者的所谓观点引作新闻来报道,也不管其是真还是假。

《纽约时报》胆敢辩称说部分主流媒体之前对真相工程的负面报道,是对他们说真相工程具有欺骗性的主张的支持。大法官伍德并不认同这些说法。**“民意测验不能决定真相,也不能说明证据。”**伍德在驳斥《纽约时报》自夸言论时写道,“被告没有举证证明真相工程的报道视频具有欺骗性”。[②]

然而,要想通过诉讼来完成任何事情都是很困难的。马克·赫兹加德(Mark Hertsgaard)在《勇敢的心:斯诺登时代的告密》(*Bravehearts: Whistle-Blowing in the Age of Snowden*)一书中写道:“诉讼需要上法庭,法庭是现状的地盘。”[③]这算是承认了真相工程并不是唯一一个在法庭系统内寻求正义的。

---

① Turley,“Project Veritas Wins Victory”.

② Project Veritas v. The New York Times Company et al.

③ Mark Hertsgaard, *Bravehearts: Whistle-Blowing in the Age of Snowden* (New York: Hot Books, 2016), 65.

包括前副总统候选人莎拉·佩林(Sarah Palin)在内的其他人已经挺身而出了,通过诉讼来寻求解决办法。

2017年,《纽约时报》发表了一篇评论文章,试图将2011年亚利桑那州众议员盖比·吉福兹(Gabby Giffords)枪击惨案与萨拉·佩林(Sarah Palin)的政治行动委员会(PAC)发表的一份政治地图联系起来,该政治地图把靶子指向了不久之后的大选中的弱势对手。奇怪的是,这篇社论超链接了一篇美国广播公司的新闻文章,明确指出佩林的地图与那名精神错乱且无政治牵连的枪手射杀吉福兹这件事之间没有任何关联。[①] 攻击佩林的作者有社论专业编辑詹姆斯·本内特(James Bennet)和实际上的爱德华·伯尼斯(Edward L. Bernays)式宣传者,这些人处于观点报道最神圣堡垒的首席位置。本内特在宣誓后承认,他不知道任何能实际表明佩林和2011年的枪击事件有关联的事实。他自作主张得出了没有明确事实根据的新闻结论。他写的东西明显是虚假的,一次又一次地被驳倒,他自己的报社也驳倒过他的文章。事实上,就在本内特的社论发表的同一天,《纽约时报》又发表了一篇证实佩林的政治行动委员会政治地图与枪击案“没有关联”。[②] 事实核查机构PolitiFact将本内特的社论认定为“虚假”,而事实也确实如此。[③]

---

① Josh Gerstein, "Appeals court revives Palin libel suit against *New York Times*", Politico, August 6, 2019.

② Alexander Burns, "Shooting Is Latest Eruption in a Grim Ritual of Rage and Blame", *New York Times*, June 14, 2017.

③ John Kruzel, "No evidence Sarah Palin's PAC incited shooting of Rep. Gabby Giffords", PolitiFact. com, June 15, 2017.

尽管由于上诉,这个案子现已进入了审判阶段,但一个下级法院最初驳回了这个案子,让本内特保住了他的工作。多年后,本内特最终被迫辞职,但不是因为他写了一篇明显虚假的文章而辞职,而是因为他允许阿肯色州共和党参议员汤姆·科顿(Tom Cotton)在《纽约时报》上发表了一篇评论文章。①《纽约时报》可以接受虚假的文章,但不能接受不同的声音。

艾达·塔贝尔(Ida Tarbell)在调查标准石油公司(Standard Oil)时,曾因为自己的调查报道而上了法庭。斯蒂芬妮·戈顿(Stephanie Gorton)在最近对塔贝尔工作的回顾中评论道,“正是这些私人诉讼产出了记者以前从未报道过的故事”。②从历史角度来看,诽谤诉讼是一个“切入点”。经验丰富的资深记者丹尼尔·肖尔(Daniel Schorr)说:“你现在要做的就是提起诽谤诉讼……进行证据开示,让人们坐下来回答你想问的所有问题。”③

在今天的大多数情况下,媒体不会像有陪审团在监督他们一样报道新闻。事实上,许多媒体往往在做着相反的事情,他们只有在法律诉讼强制要求、可能被关停或遭受公众嘲笑的情况下才会充分审查自己的工作。媒体没有尽到自己的职责,普通人就会被卷入交叉争端之中,在一条推文发布的分秒

① Rishika Dugyala, “NYT opinion editor resigns after outrage over Tom Cotton op-ed”, Politico, June 7, 2020.

② Stephanie Gorton, “Ida Tarbell: Reporting the Oil Region”, Belt, March 3, 2020.

③ CUNY TV, “Television in America: An Autobiography-Daniel Schorr”, taped January 1, 2003, YouTube video, 55:53.

内被击中摧毁。

2020年2月，蒂姆·普尔在一个播客中说："问题在于，现在有很多人发现自己在公共领域的职业影响并不大，只是学者和记者，根本无法与《纽约时报》抗衡……他们起诉不起。"[①]普尔是对的，《纽约时报》以及它的媒体同行们都指望着这种不平衡，认为自己可以发动一场对手无法承受的消耗战。

很少有人敢对《纽约时报》采取比投诉更进一步的行动。真相工程做了，还要继续这样做下去，同时要帮助其他人也这么做。

在这个毫无悔意谎言四处弥漫、欺骗无处不在的时代，显然迫切需要为那些受到新闻界不公正迫害的人建立一个共享资金基金库。普尔称之为"人民诽谤防御基金会"。

而我们叫它真相工程法律部。

很明显，在臭味相投的编辑和制片人的专制控制下，信息不断走向集中控制，必须要有人站出来，找到其他方法来保护那些名誉受损但缺乏必要资金来打击这些大型媒体的人。像科温顿高中的高中生尼克·桑德曼（Nick Sandmann）这样的案子太多了。桑德曼唯一的罪行就是出现于共和党全国代表大会的第二夜"机遇之夜"活动上，这个错误的时间和错误的地点，戴上了一顶特朗普小红帽，上面写着"让美国再次伟大"，而运转中的摄像头把这个简单的举动记录了下来，诽谤

① Timcast IRL, "Project Veritas Scores EPIC Win Against New York Times, Making The NYT Look Like LOSERS", April 29, 2021, YouTube video, 15:21.

桑德曼“嘲弄原住民”的风暴正在到来。

真相工程法律部是一家为被诽谤者服务的律师事务所,旨在保护公民和记者免受媒体的不公平待遇而不收取任何费用,以免造成不必要的伤害。法律部为这些公民和记者提供资源和诉讼权力,让他们可以像我们一样反击《纽约时报》、推特和 CNN 这样的大型媒体。诉讼是一个令人遗憾但非常必要的现实。游戏已经从跳棋变成了国际象棋。什么都不做就是输了,输了就要被噤声,被压制,被迫退出民主参与。公民自治需要信息的控制权,放弃这种权力,就是让大型科技公司和大型媒体来掌控,来塑造未来。有人会谴责诉讼是背离了第一修正案,或是在攻击第一修正案。他们错了:对滥用第一修正案的人进行追责才是对宪法的捍卫。

言论自由倡导者亚历山大·米克尔约翰(Alexander Meiklejohn)写道:“第一修正案所保护之自由才是自治所在。”①正如米克尔约翰所理解的那样,自治取决于知情的公民:

> 公开讨论公共问题以及传播这些问题的相关信息和观点,必须要能有不受我们代理人限制的自由。尽管他们控制着我们,但在更深层意义上,我们也在控制着他们。在我们的控制上,他们没有任何权力。在他们的控制上,我们拥有主权权力。②

数十年的判例法清楚地表明,正是由于这个原因,美国的公职人员无权审查不同的声音。因此,在 1996 年,《通信规范

---

① Alexander Meiklejohn, “The First Amendment is an Absolute”, *The Supreme Court Review* 1961 (1961): 245 - 66.

② Meiklejohn, “The First Amendment”.

法》获得通过，沮丧的政府官员不能自己审查公民，于是便下令全面豁免大型科技公司和大型媒体公司审查普通公民的行为——实际上是把公共广场的控制权交到了不负责任的私人权力机构手里。在政府不加限制的情况下，大型科技公司和大型媒体欣然接过了审查的火炬，随意地禁止、削弱和诽谤那些他们不同意的人。但或许最令人震惊的是政府官员现在正使用他们创建的系统来完成法律规定公职人员不能做的事情——审查私人言论。在《通信规范法》出台之前，政府只是简单地删除他们不同意的言论，只是被告知不能这么做而已。[①] 现在，公职人员们要求删除他们不同意的言论，[②]露骨地威胁着大型科技公司，[③]这么做也不会受惩罚，除了克拉伦斯·托马斯(Clarence Thomas)以外，很少有法官将这种行为宣判为犯规。[④]

不讨论的行为是与自由社会完全对立的。米克尔约翰写道，"当我们试图创造和扩大自由的范围时，有必要进行这种普遍的讨论"。[⑤]

真相工程自创建以来一直是争取言论自由的斗争中的

① Island Trees Union Free School District v. Pico by Pico, 457 US 853 (1982).

② "Judicial Watch: Documents Show CA State Officials Coordinated with Big Tech to Censor Americans' Election Posts", Judicial Watch, April 27, 2021.

③ "Schiff Sends Letter to Google, Facebook Regarding Anti-Vaccine Misinformation", Adam Schiff, chiff. house. gov, February 14, 2019.

④ Betsy McCaughey, "Justice Thomas shows how we can end Big Tech censorship for good", *New York Post*, April 6, 2021.

⑤ Meiklejohn, "The First Amendment".

“先锋队”。而真相工程法律部则是在争取民主参与权的诉讼中打前锋,不惧对手的诽谤抹黑。丑闻揭露者不会被噤声,当权者试图通过诽谤来压制他人时,他也不会袖手旁观。米克尔约翰认为,“公民有权决定他们应该写些什么,更基本的,他们应该读些什么和看些什么的权力,这种权力可没有被授予给任何政府下属部门”。[①] 也没有被授权给推特,CNN 或者《纽约时报》中的任何一个。

尽管在华盛顿媒体圈子中,真相工程法律部有着明显的优秀品质,但要在法律斗争中孤军奋战是很难的。太多的记者因为害怕无法再立足于业内而拒绝起事。丑闻揭露者会替他们起事,对他们的尖锐批评和虚假主张做出坚定回应。随着真相工程法律部的成立,以前那些面对记者诽谤他们,毁掉他们职业生涯却无力反击的普通美国人,现在有了一位可以战斗的战士。每提起一次诽谤诉讼,我们都将大型媒体觉得自己永远不会被追责的信念削弱一点。每进行一次诽谤诉讼的证据开示,我们都将帷幕拉开一点,暴露出偏心的大型媒体那商业化的伪君子形象。沉默的大多数那绝望的哭喊——“我能做什么?”现在可以再次得到答案了。

站起来战斗。

我们支持你。

引用著作

Hertsgaard, Mark. *Bravehearts: Whistle-Blowing in the Age of Snowden*. New York: Hot Books, 2016.

---

① Meiklejohn,“The First Amendment”.

期刊文章

Meiklejohn, Alexander. "The First Amendment is an Absolute". *The Supreme Court Review* 1961 (1961).

Voakes, Paul S. "What Were You Thinking? A Survey of Journalists Who Were Sued for Invasion of Privacy". *Journalism and Mass Communication Quarterly* 75, no. 2, Summer 1998.

法庭案例

Island Trees Union Free School District v. Pico by Pico. 457 U. S. 853 (1982).

Project Veritas v. The New York Times Company, Maggie Astor, Tiffany Hsu, and John Does 1 – 5. No. 63921 Supreme Court of New York (2020).

第十一章　真相

在扩大的漩涡中一次次地旋转，
猎鹰听不见猎鹰人的声音；
一切分崩离析，中心无法保持；
纯粹的混乱放任于世，
血染的潮水四处翻涌。
淹没了纯真仪式；
好人已丧失信念，而坏人
仍满腔热情。①
——威廉·巴特勒·叶芝(William Butler Yeats)

2021 年 1 月 6 日最起码可以说是一个值得纪念的日子。真相工程 1 月 7 日收到了很多信息，有许多是绝望，也有许多是愤世嫉俗。比如：

“揭露他们不会有任何结果。”

“没有人会被逮捕或被追责。”

“你做的事毫无用处。”

---

① William Butler Yeats, *The Collected Poems of W. B. Yeats: A New Edition*. ed. Richard J. Finneran, (Palgrave, 2003), 187.

“我们已经曝光了,什么也没发生。”

“你太天真了,已经没有希望了。”

“真相会让你自由,纯粹是胡扯,因为对方根本没有道德。”

“精英们不受法律和秩序的约束。”

“你发现了很多东西,但都被疲于应对的共和党人忽视了。”

“我知道你在说别放弃,但我们大多数人都精疲力尽了。”

“言语,言语,言语,人们已经听到这样言语好几个月了,它们一直在走向同一个无底洞,不知所踪。但是谢谢你的言语。”

“当整个体系都在与之对抗的时候,很难抗争……真的。”

“真是无用的消息。”

“这么多的证据,连我们自己人都不会为我们而战。”

“也许50年后某些事情会开始改变,但我存疑。”

“我已经以某种形式向死亡投降了,因为我看不到奋斗的意义了。我唯一的愿望就是敌人在把我开膛破肚的时候也将我的勇气扑灭。当然这只是打个比方。”

可以理解如今的人们担心真正的政治迫害——遭媒体网站封禁,受到审查,可能遭到逮捕,以及被迫流放,这些是隐喻的,甚至可能就是字面上的。这并不是什么新鲜事。从共和国成立的第一天起,公民们就有充分的理由担心政治迫害。1798年,约翰·亚当斯总统签署了《惩治叛乱法》,该法案规定任何针对国会或总统的“虚假的、可耻的和恶意的写作”都是非法的,还规定共谋“反对政府的任何措施”都是非法的。[①]在该法实施的3年内,美国联邦法院就至少起诉了26名公民,其中许多是共和党报社的编辑,反对亚当斯政府。[②] 纵观美国历史,有很多奋起反抗权力滥用,积极进行反击的记者,最为突出的莫过于“丑闻揭露者”。这个词最早由罗斯福总统首次使用,既是一种警告,也是一种表扬。罗斯福说:**“对社会福祉来说,丑闻揭露者往往是不可或缺的,但前提是他们知道什么时候该停止揭露。”**[③]《大英百科全书》在这个定义上加了一点内容:

丑闻揭露者(muckraker),指的是认同“一战”前改革和揭露文学的美国作家团体成员。丑闻揭露者提供了详细、准确的新闻报道,描述了在工业化迅速发展的美国,大企业的权力所造成的政治腐败、经济腐败以及社会困难。[④]

揭露丑闻从来都不是件容易的事。丑闻揭露者听到,而且一直听到这么一句话:“他们会封杀你,把你关进监狱。”过去和现在,有许多市民认输说:“我受够了。现在是我追求自己利益的时候了。”1月7日,一位评论者绝望地说道:“什么都无所谓。”但确实有的是有所谓的。从美国丑闻揭露者的角度来看,我们唯一需要担心的是绝望本身。

---

① “Transcript of Alien and Sedition Acts (1798)”, ourdocuments. gov.

② History. com Editors, “Alien and Sedition Acts”, History. com, updated March 5, 2020.

③ Theodore Roosevelt, “The Man with the Muck Rake”, American Experience, PBS, April 15, 1906.

④ Britannica, T. Editors of Encyclopaedia, “Muckraker”, *Encyclopedia Britannica*, April 14, 2020.

那些表达不满的人们——我们姑且称他们为士气低落者——他们认为世界上的正义正在被摧毁,但对追求正义充满了激情。有人认为正义是一种幻觉,是空想,在最好的情况下都很难实现,在最坏的情况下就完全不可能实现了,于是开始怀疑真理本身是否存在。但当媒体报道了一些真实的东西时,他们又对此表示怀疑,这也能理解。像亨特·斯托克顿·汤普森说的,“在专业的新闻工作中,绝对的真相是必需品,但非常罕见且危险”。①

那些士气低落的人对“保守主义运动”很失望。运动之所以失败,是因为一旦运动达成了有限的目标,它就只会专注于维持自己的商业必要:买我的书,看我们的白皮书,赞助我们的会议。运动领袖们不愿意识到这些说服和影响的手段已算不上是最有效的了。事实上,这些手段的效用是最小的了。只有公布的事实很重要,且制度性的权利却还没能保障这一事实的情况下,事实调查才能起作用。太多的组织,甚至慈善组织将金钱和评级当成自己的最终目标。甚至连最崇高的运动也难免受到蓝领哲学家埃里克·霍弗(Eric Hoffer)名言的影响,“开始的群众运动最终变成了非法的勾当,变成了狂热崇拜,或者变成了企业集团”。②

相比之下,颠覆和变革需要像意大利共产主义者安东尼奥·葛兰西(Antonio Gramsci)一个世纪前设想的那样,在社会制度中漫长地前行。**接下来的几年里,大选的钟摆又可能**

---

① Hunter Thompson, *The Great Shark Hunt* (New York: Simon & Schuster, 2003), 71.

② Eric Hoffer, *The Temper of Our Time* (New York: Harper & Row, 1969), 60.

会摆回来,随着时间推移,共和党右派为维持现状而战,民主党左派则继续其百年征程,而中间的温和派已支撑不下去了。

在某种程度上,差不多每一个人,至少是每一个相信共和政府的人都对选举感到失望。国会将责任推卸给一个永久的非选举产生的行政国,白宫通过行政命令掌控了大部分剩余权力,下一届政府的行政命令往往又会消除这些剩余权力,代议制民主已经变得没什么意义了。政府已经陷入了一种愈演愈烈的僵化状态。多年来,这个世界上最伟大的审议机构已被分割成一小片一小片,结果就是,截止本书撰写之际,一位来自西弗吉尼亚州的默默无闻的参议员在规定着国家议程。

正如丹·普费弗(Dan Pfeiffer)所认为的,“为政治权力而争取政治权力的做法是一种非道德的(通常也是不道德的)虚无主义”。[①] 普费弗曾是白宫的工作人员,他应该知道在把权力让给虚无主义者的过程中,我们已经开始接受这个世界的现状——国会审议通过法律的目的不是帮助社会,而是引诱选民,扩大执政党权力,决定谁是赢家,谁是输家。激进分子索尔·阿林斯基(Saul Alinsky)是一个现实主义者。他在半个多世纪前写道:“在这个世界上,非理性就像人的影子一样跟在人左右,以至于出于错误的缘由却做了正确的事情。后来,我们为了公正又把正确的缘由找出来。这不是个纯真如天使的世界,而是各自选择立场的世界,人们在这个世界里谈论着道德原则,却按照权力原则来行事。”[②]

---

① Dan Pfeiffer, *Un-Trumping America: A Plan to Make America a Democracy Again* (New York: Twelve, 2020), 10.

② Saul D. Alinsky, *Rules for Radicals* (New York: Random House, 1971), 13.

不幸的是,随着钟摆来回摆动,我们的权利变少了。这种倒退让士气低落者的痛苦感和徒劳感越来越强烈。他们把这种痛苦投射到那些采取行动的人身上,以此来将他们自己的冷眼旁观,以及其他和他们一样的人的冷眼旁观合理化,这可以理解。在这种精神上、道德上、法律上和政治上的萎靡深渊中,美国丑闻揭露者有不同的角度看待事情,他们看起来像是完全癫狂了。

“每一个优秀的调查记者都必须有点癫狂”,新闻学者詹姆斯·戴格特(James Dygert)写道,“不仅必须展现出记者的惯常技能和特点,而且必须要超越,随时准备尝试不可能的事情”。戴格特认为,成功只能源于坚持,一种近乎痴迷的坚持。“从现实来讲,因为无法得知真相,也无法获得证据,所以如果失败是不可避免的,那么进一步继续下去只是在做无用功,在浪费时间。调查性报道记者们不能接受,他争论着,咆哮着,恳求着大家不要投降。”最后,戴格特写道,“没有所谓的失败”。①

真正的激情支撑着丑闻揭露者的痴迷。陀思妥耶夫斯基(Dostoevsky)在他1877年的短篇小说《一个荒唐人的梦》中描写了一个绝望的人在经历了一个变革性的梦之后,精神极大地觉醒了。当这个人再次醒来,看到周围的黑暗世界,他领悟了那唤醒他精神的普遍永恒真理——像爱自己一样爱别人是多么重要的事情。陀思妥耶夫斯基写道:“不需要其他的。这样就已经可以解决一切问题了。是的,当然这只不过是一个已经被重复和重读了数百万次的古老真理——但它仍然没

---

① James Dygert, *Investigative Journalist*, 117.

有生根。”①

陀思妥耶夫斯基知道另一种景象。在《卡拉马佐夫兄弟》(*The Brothers Karamazov*)中,他描述了一个人在缺乏真正激情时会发生什么:

一个人如果对谁也不尊重,也就没有了爱;没有了爱,他沉迷于消遣与情欲,沉迷于原始的感官享受,于罪恶的泥淖中完全堕落,沦为兽类,而一切都始于对他人和自己的连篇谎话。②

为了避免美国成为一个懦弱的国家,公民就必须要战斗。对于美国丑闻揭露者来说,争取真相的斗争要比现在所有的斗争重要得多。给人民施加压力,这是丑闻揭露者永恒的使命。通过制造狂热来羞辱腐败者是永远不会过时的做法,最初的丑闻揭露者称这种狂热为“义愤填膺”。士气低落者和他们的盟友可能想不被打扰,只想静静地待着,但是正如经典电影《网络》(*Network*)中愤怒的主持人霍华德·比厄(Howard Beale)那句经典台词:“我是不会抛弃你的,我要你愤慨起来,你是个人,该死的,我的生命是有价值的……我真的气疯了,我再也受不了了。”③

为正义而战,坚持原则。将他们的谎言曝光的确是经常撒谎的人所害怕的事情之一。公民们必须像索尔仁尼琴那一

---

① Fyodor Dostoevsky, *Notes from Underground*, *White Nights*, *The Dream of a Ridiculous Man*, *and Selections from The House of the Dead* (New York: New American Library, 1961), 229.

② Fyodor Dostoevsky, *The Brothers Karamazov* (New York: Farrar, Straus and Giroux, 2002), 44.

③ *Network*, directed by Sidney Lumet, Metro-Goldwyn-Mayer, 1976.

样有意识地做出选择,而“不靠谎言生活”。[1] 如果接受了谎言,就是在对说谎者助纣为虐。如果屈服于虚无主义和徒劳,就会招致腐败。如果只为自己着想,那最终可能会将自己的兄弟姐妹出卖。这不是普通公民想要的社会。像陀思妥耶夫斯基笔下那个没有激情的人一样,公民们可以选择说“什么都不重要”,将自己的生活视野仅限于物质享受和非道德政治结果上。但是如果公民们选择了正直的道路,不论这条路通向何方,就会将自己的存在高贵化,赋予自己生命的意义和目的。为什么不这样活着呢?

至于对政治迫害的担忧,需要说明的是:公民必须愿意献出自己的名誉,不怕损害,不怕生活发生翻天覆地的变化。必须要做好被诽谤,被审判,甚至进监狱的准备。

美国丑闻揭露者已经历过了以上的一些,甚至经历过了全部,所以知道媒体审判的残酷,明白盟友会背叛,清楚他所爱之人会身陷地狱,他甚至也许可以描出监狱里的陈设。这些伤害会伤害到他们,有时痛楚来得很重,但却不足以将一场意志坚定的运动扼杀。

美国丑闻揭露者也明白,通往真相的道路,有痛苦,也有牺牲。惠特克·钱伯斯写道:“你会知道生活是痛苦的,我们每个人都始终被钉在自己的十字架上。当你知道地球上的每一个男人、女人和孩子都是如此时,你就会变得更加明智。”[2] 但痛苦确实使人明智。

---

① Solzhenitsyn, *The Gulag Archipelago*, 692.

② Whittaker Chambers, *Witness* (Washington: Regnery Publishing, 1969), introduction, xlx.

丑闻揭露者梦想着有一支军队,这支军队由愿意为揭露真相而战斗,愿意忍受战斗痛苦,愿意讲真话的人们组成。对他们来说,噩梦就是这个梦想没有实现。更恐怖的噩梦是,一个没有信仰的社会,一个人类没有什么意义,人类已经失去价值的社会,一个美国人用酒精、毒品、抗焦虑药物、电子游戏、网飞公司和权力政治来浇灭他们无声痛苦的社会。钱伯斯写道,“人类社会,就像人一样,依靠信仰而生,信仰消亡时,人类社会也会死亡”。①

索尔仁尼琴花了五十多年的时间来学习,他阅读了成千上万的书籍,收集了一场杀害6000多万人的革命的第一手资料。在“清理废墟”之后,索尔仁尼琴得出了一个不容置疑的结论:“为什么这一切都发生了,因为人类已经忘记了上帝。”②

试想一下,如果所有坚定的公民一起站起来,拿出相机,揭露他们中间的骗子。想象一下,如果在这场游戏中有着真实身份的人们——大型科技公司的业内人士、大型媒体杂志、各类国家深层人员——遵循他们的良知。如果洛蕾塔·林奇(Loretta Lynch)把她和比尔·克林顿在凤凰城停机坪上的秘密会面录了下来,会怎么样?如果底特律、费城和亚特兰大的计票室现场直播,会怎么样?如果所有的政府官员都恐惧于滥用权力时被记录下来,会怎么样?如果我们的领导人知道他们才是正被监视的人,他们就不会那么倾向于监视我们了。

---

① Chambers, *Witness*, introduction, xxxiv.

② Aleksandr Solzhenitsyn, “‘Men Have Forgotten God’: Aleksandr Solzhenitsyn’s 1983 Templeton Address”, *National Review*, December 11, 2018.

想象一下,潜入邪恶的敌方政权的地堡,在黑暗中发出光芒。这将改变一切,创造共识,使民众知情。这就是目的本身,而不是为达到政治目的的手段。就像石头打败剪刀一样,光明正义打败邪恶腐败。美国的丑闻揭露者知道这道光芒会闪耀,也知道唯一能让它停止闪耀的就是阻止它闪耀。唯一能阻止受鼓舞公民的就是他们自己。我们会胜利的,因为正义要比邪恶更强大,正义永远值得我们为之奋斗。事实上,我们不会输,我们已经赢了。事情总会结束的。正如非洲谚语所说,"如果内部没有敌人,外部的敌人就不能伤害我们"。[①]林肯曾说过,从外部是摧毁不了美国的,如果美国摇摇欲坠,那可能是因为"分裂的房子无法挺立"。[②]

10 年前,丑闻揭露者在联邦缓刑期间里度过他生命中最黑暗的日子,他不能旅行,不能工作,似乎失去了所有的希望。但家人告诉他,**"即使有一个人愿意倾听,也要将真相说出"**。丘吉尔提醒他的听众:"没有人能确保战争胜利,只有努力赢得胜利。"[③]只要还有一口气,只要有勇敢的盟友愿意揭露丑闻,美国丑闻揭露者就不会放弃,不会屈服。这些有价值的灵魂是给揭露者带来希望的燃料。他们使腐败的政治领导人无能为力。

1 月那个影响重大的日子似乎只是徒劳,但之后有成千上万条愤世嫉俗的推文和电子邮件发布,这里面也有一丝希望的曙光,获得重生的勇敢灵魂不止几个。丑闻揭露者明白,

---

① Anonymous.

② Abraham Lincoln,"House Divided Speech, June 16, 1858", Abraham Lincoln Online, 2018.

③ Winston Churchill, *Their Finest Hour* (London: Cassell, 1947), 434.

一个英勇的战士愿意参与进来,为国家做出个人牺牲,他一人就可抵消一万个抱怨的人。

2021 年 1 月 6 日,华盛顿特区,一位勇敢的联邦工作人员看着国会大厦被占领的现场直播,对丑闻揭露者说:“就是这样。我要把一切都录下来。只要不是什么机密,人们就有权知道。人们必须要知道这种腐败。”当被问及是否担心可能的报复时,他回答说:“让他们来找我吧,我已经准备好了。只要你不停下腐败,我就不会停下披露。”这位勇敢的人发自内心地相信将真相交予人们(*veritas ad populum*)的信念,这是最重要的事业。

美国丑闻揭露者的工作就是揭露真相。为什么真相很重要?林肯说,从根本上来讲公众情绪“就是一切。掌握了公众的情绪,做什么都不会失败;没有掌握,做什么都不会成功。因此,塑造公众情绪的人,要比制定法规或宣布裁决的人走得更远,因为他可以左右法规和裁决执行的可能性”。① 同样要记住,斗争中也有愉悦。面对逆境的勇气,是从逆境存在时就有的美德。没有人比墨西哥革命家埃米利亚诺·萨帕塔(Emiliano Zapata)将这一美德更好地纪念。他说,**“我宁愿站着死,也不跪着生”**。(*Prefiero morir de pie que vivir de rodillas*)②历史学家托马斯·巴宾顿·麦考利(Thomas Babington Macaulay)让我们想起,在罗马共和国早期的英雄时代,贺拉提斯英勇地抵御入侵

---

① Abraham Lincoln, “First Debate: Ottawa, Illinois, Mr. Lincoln's Speech”, Lincoln Home, nps. gov, August 21, 1858.

② Gerald H. Anderson and Thomas F. Stransky, *Mission Trends: Liberation Theologies in North America and Europe* (Grand Rapids: Wm. B. Eerdmans Publishing Co., 1979), 281.

的伊特鲁里亚人，保卫了苏布利肯桥：

于是，城门的守将贺拉提斯这样说：

对于世上生灵万物，

死亡终将来临。

若为守护先祖的遗骨，

与信仰的神殿，

直面强敌，

力战而死，

没有别的死亡方式能如此崇高。[①]

尽管经常面临可怕的困境，丑闻揭露者依然是专制者的天敌。专制者最害怕的是新闻自由。然而，长久以来，记者们却一直在逃避自由的责任，他们更愿意像乔姆斯基和赫尔曼所写的那样维护“我们社会中授权知情者的规范秩序”。[②] 多年来，普通公民除了抱怨媒体之外，几乎别无他法。那些日子已经过去了。今天，真正的新闻不是处于存在的状态，而是处于行动的状态——观察、记录、为越来越多的平台提供内容。一个平台将丑闻揭露者除名，其他平台上也会有谈论他们的声音——用最高法院的话来说，这些平台就是“现代公共广场”。[③] 只要故事足够使人信服，人们就会谈论它们。爱国者

---

① Thomas Babington, “Macaulay”, Representative Poetry Online, University of Toronto, 217 – 224.

② Edward S. Herman and Noam Chomsky, *Manufacturing Consent: The Political Economy of the Mass Media* (New York: Knopf Doubleday Publishing Group, 2011), 19.

③ Barak Richman and Francis Fukuyama, “How to Quiet the Megaphones of Facebook, Google and Twitter”, *Wall Street Journal*, updated February 12, 2021.

会通过代理发行的方式将这些故事推向主流传播。这种非正式联播就是所谓的地下出版物(*samizdat*),或者叫作“个人出版物”。

无论何时何地,平台不是王道,内容才是。只要故事足够使人信服,它就能强行进入主流传播。大型媒体们轻松地充当着国家宣传者,丑闻揭露者们就必须要成为公众良知的守护者。丑闻揭露者去巡逻看管道德秩序的边界,唤起公民们的义愤填膺。就算丑闻揭露者因为报道内容而被钉死在十字架上,他也知道新一代的英雄将会崛起,而这样做时,最终会将希望带给那些绝望的人。

勇敢点。

做点什么。

引用著作

Alinsky, Saul D. *Rules for Radicals*. New York: Random House, 1971.

Anderson, Gerald H. and Thomas F. Stransky. *Mission Trends: Liberation The ologies in North America and Europe*. Grand Rapids: Wm. B. Eerdmans Publishing Co. , 1979.

Chambers, Whittaker. *Witness.* Washington: Regnery Publishing, 1969.

Churchill, Winston. *Their Finest Hour*. London: Cassell, 1947.

Dostoevsky, Fyodor. *The Brothers Karamazov*. New York: Farrar, Strauss and Giroux, 2002.

Dygert, James H. *The Investigative Journalist: Folk Heroes of a New Era.* Hoboken: Prentice-Hall, 1976.

Herman, Edward S. and Noam Chomsky. *Manufacturing Consent: The Political Economy of the Mass Media.* New York: Knopf Doubleday Publishing Group, 2011.

Hoffer, Eric. *The Temper of Our Time.* New York: Harper & Row, 1969.

Pfeiffer, *Dan. Un-Trumping America: A Plan to Make America a Democracy Again.* New York: Twelve, 2020.

Solzhenitsyn, Aleksandr. *The Gulag Archipelago*, Volume 2. New York: Harper Perennial Modern Classics, 2007.

Thompson, Hunter S. *The Great Shark Hunt.* New York: Simon & Schuster, 2003.

Yeats, William Butler. *The Collected Poems of W. B. Yeats: A New Edition.* Edited by Richard J. Finneran, (Palgrave, 2003).